北京市哲学社会科学重点规划项目
（项目编号：10AbJG366）

中国都市经济研究基地系列研究 2014（一）

“去工业化”之都市金融中心研究：以北京为例

北京市哲学社会科学规划办公室
北京市教育委员会
中国都市经济研究基地

刘　伟／主　编
黄桂田／副主编
冯　科／著

北京大学出版社
PEKING UNIVERSITY PRESS

图书在版编目(CIP)数据

“去工业化”之都市金融中心研究:以北京为例/冯科著.—北京:北京大学出版社,2014.11

(中国都市经济研究基地系列研究.2014;1)

ISBN 978-7-301-25082-2

Ⅰ.①去… Ⅱ.①冯… Ⅲ.①区域金融中心—研究—北京市 Ⅳ.①F832.71

中国版本图书馆CIP数据核字(2014)第277815号

书　　名:“去工业化”之都市金融中心研究:以北京为例

著作责任者:冯　科　著

责任编辑:郝小楠

标准书号:ISBN 978-7-301-25082-2/F·4088

出版发行:北京大学出版社

地　　址:北京市海淀区成府路205号　100871

网　　址:http://www.pup.cn

电子信箱:em@pup.cn　　QQ:552063295

新浪微博:@北京大学出版社　@北京大学出版社经管图书

电　　话:邮购部62752015　发行部62750672　编辑部62752926

出版部62754962

印 刷 者:北京大学印刷厂

经 销 者:新华书店

965毫米×1300毫米　16开本　13.5印张　221千字

2014年11月第1版　2014年11月第1次印刷

定　　价:38.00元

前　言

近年来，北京市的产业结构变迁具有强制变迁的特点，即由中央政府与北京市政府联合推动，特别是利用2008年举办北京奥运会的契机，关停并转移了大批产能落后和高污染、高能耗的工业企业。这样的一个“去工业化”过程，在某种程度上导致北京的GDP增长速度存在下降压力。那么，如何弥补“去工业化”带来的增长速度损失？针对这些问题，北京依托其经济发展水平、地理位置及决策中心的信息优势，正在构建金融中心，吸引金融业企业在北京聚集，目前已形成了第三产业特别是金融业的规模经济优势和集聚效应。

而现在的情形一方面是金融业的集聚及其经济增长速度加快；另一方面是第二产业相关企业的迁出及其经济增长速度放缓。那么，总的经济增长速度如何？这就要看金融企业的集聚效应和规模效应能否吸引更多的金融企业落户北京，并在多大程度上优化北京的产业结构和经济竞争力。在理论上，影响产业空间集聚的因素有知识外溢效应、劳动力池效应、中间投入品效应、本地市场效应等。此外，各区域自身外部条件也是影响产业集聚程度的重要因素，如交通发达的区域更容易成为交通指向型产业的集聚地。

为了理清这些问题，探索北京构建金融中心的可行性及其最优路径，本研究从如下几方面展开了论述：一是纵向地考察国际金融中心的历史演变，探讨国际金融中心是如何沿着世界经济、金融的发展以及外部环境的变化而演进。在这里，本研究以具有重大影响的金融中心如佛罗伦萨、布鲁日、安特卫普、阿姆斯特丹、伦敦、纽约、东京、法兰克福、香港和新加坡作为研究对象，并且按照时间发展顺序对其进行逐一考察。大体来看，每个国际金融中心的建立与形成都是有其内在优势的，如政府的大力支持，良好的金融环境、监管环境，优质的税收政策，稳定的社会环境，完善的市场体系等因素。同时，各个中心的兴衰离不开政治经济事件的影响。

二是把北京与上海、香港、东京三个典型的金融中心构建因素进行比较分析,横向地考察北京构建金融中心的优势和劣势。首先,对于北京而言,建设金融中心最大的竞争对手是上海,通过比较北京和上海的优势和劣势,有助于认清当前形势,进行合理规划。其次,通过与香港金融市场的比较,有利于找出北京的差距并进行改进。最后,东京和北京有着更多的相似之处。与香港不同,北京和东京在建设金融中心的过程中,必须将金融中心对国内地区的辐射效应以及整个国家对于世界的经济影响力乃至政治影响力纳入考虑范围,因此,通过比较分析,我们可以较为清晰地了解北京构建金融中心的国内国外环境。

三是纵向地考察了北京产业结构变迁史,试图从产业优化和选择视角探索北京构建金融中心的必要性和可能性。结合北京经济发展的自身需求和北京经济建设的政策,以及北京不断向国际先进案例学习和接轨的两条主线,从历史的角度考察了新中国成立前至今北京经济发展的情况,梳理了北京产业结构的发展调整,以及在这种产业结构变迁的过程中北京金融环境的变化,从而把握北京的产业结构变迁及其金融中心构建的趋势。

四是通过实证分析,划分了北京的显著优势产业、潜在优势产业和比较劣势产业。在现有的资源禀赋条件下,相对于批发业、零售业等潜在优势行业以及仓储业、交通运输业、邮政业等比较劣势行业,北京市在科学研究、技术服务与地质勘查业,租赁和商务服务业,信息传输、计算机服务和软件业,以及金融业发展方面具有显著比较优势。此外,对北京市金融发展与经济增长相关性的实证分析发现,北京市的银行业发展和证券市场发展是经济增长的格兰杰原因,保险市场发展不是经济增长的格兰杰原因。经济增长对三个市场的发展均没有格兰杰意义上的因果关系。因此,北京金融中心的形成和发展应选择"供给推动型"的发展路径,即所谓的政府主导模式。

总之,本研究提出:首先,中国可以借西方发达国家被经济危机拖累的契机而大力发展本国经济、提升产品竞争力和输出资本,以此推动金融中心的建设。其次,北京金融中心的发展,必须立足于中国的综合国力、合理的经济结构、不断提升的企业自主创新能力、完善的金融体制、健全的市场经济体制、成熟的宏观经济调控体系和稳定的国内政治经济环境。

最后，中国可以通过把握和运用关键事件的方法来推动北京国际金融中心的建设。在此基础上，本研究提出了构建债券交易中心、债券审批中心、产权交易中心、传统银行金融产品创新中心、金融数据集聚中心、金融学术会议中心、碳交易中心、政府推动的金融产业集聚中心以及证券、保险产品的研发与审批中心等十大金融中心的构想。

目 录

第1章 导 论

本章主要阐述本书的研究背景、目的和意义，确立研究思路和方法，概括可能的创新和不足之处，最后给出本书的结构安排。

1.1 研究背景

近年来，北京市的产业结构变迁具有强制制度变迁的特点，即由中央政府与北京市政府联合推动，特别是利用2008年举办北京奥运会的契机，关停并转移了大批产能落后和高污染、高能耗的工业企业。这样的一个“去工业化”过程，某种程度上导致北京的GDP增速存在下降压力。为弥补增速损失，需要重构全新的产业体系。众所周知，产业转移、产业结构优化与经济增长之间具有内在联系：经济增长能够带动整个产业结构的优化和升级；不同的经济发展水平表现为不同的产业结构；而产业结构是否合理制约着主导产业的更替，进而制约着经济增长速度。如罗斯托所说，主导产业将会带动整个经济的共同增长。因此，北京优化产业结构的实质，归根结底是重新确立新的主导产业。

那么，北京应当确立什么样的主导产业？从结果来看，北京依托其经济发展水平、地理位置优越及决策中心的信息优势，目前已形成了第三产业，特别是金融业的规模经济优势和集聚效应。我们选择金融产业作为北京市的主导产业，以金融业集聚促成都市金融中心建设，带动商贸发展，并在不断优化的产业结构调整中，使金融服务业逐步成为支撑北京经济长期、持续和健康发展的主导产业。

为此，本研究需要从理论和实证两方面回答如下问题：选择金融服务业作为北京市主导行业的理论和实践依据是什么？影响北京金融中心构建的因素有哪些？北京构建金融主导产业与其他地方相比有什么优势和劣势？北京金融服务业对其经济增长的贡献率是多少？北京市的金融服务业对其他产业的带动效应如何？北京是否具备发展“金融总部经济”

构建都市金融中心的物质基础和人力资本?北京的政治中心地位对其构建金融中心的约束如何?

1.2 研究目的和意义

本研究以北京为例研究"去工业化"的都市金融中心构建。我们知道,政府主导下的金融中心构建形成了金融业的规模经济优势和集聚效应。但是,依靠目前的经济发展水平,北京市构建金融中心的条件是否成熟尚需仔细考证。此外,随着北京金融中心构建过程的逐步深入,一方面,将加快经济重心从制造业转向服务业,从而对传统制造业构成直接冲击;另一方面,金融中心的构建促使租金提升,间接加重了很多第二产业的企业负担,迫使它们迁出北京。对传统制造业和重工业企业的挤出效应,必然会降低北京的经济增长速度。

本研究主要考察北京市在构建金融中心的过程中,"去工业化"对经济的影响程度,考察金融企业的集聚效应和规模效应对北京市经济的影响程度,以及政府应采取何种措施促使金融机构集聚。其价值在于,目前对北京市产业升级的探讨研究,受数据、理论视角和研发方法等限制,主要局限于对部分产业、行业的描述性研究,缺乏对北京市如何选择主导产业的论证性研究,更缺乏对金融产业影响北京市经济增长的实证研究和对未来产业结构演化趋势的分析。

1.3 研究思路和方法

本研究的主要理论基础是产业结构演进和优化理论、产业选择理论、产业集聚理论、区域金融学、路径依赖理论和国际金融中心分类理论,并通过对国内外金融中心地理环境、经济环境、历史因素、金融发展程度的比较分析,研究北京金融产业集聚模式,探讨其集聚效应。在此基础上,利用最新数据实证分析北京第三产业及金融业集聚程度、北京金融业投入产出效率状况、北京金融业对其经济增长的贡献度。最后,针对北京金融业发展中的优势和劣势,提出了北京构建金融中心的策略选择和潜在政策建议,包括借鉴伦敦和纽约金融中心崛起的成功经验,利用关键事件促成北京金融中心的建设;构建十大金融中心的设想。同时,研究指出,在淘汰低端制造业、推动产业结构升级和构建金融中心的过程中,不能放弃高端制造业,否则就会出现产业空心化问题,这不仅会抵消金融产业的集聚效应和规模效应,而且可能引发严重的社会问题。唯有如此,才能构建全新的产业结构体系,促进北京经济可持续、健康的发展。具体来说,本研究的主要研究方法包括:

一是文献分析法。对国内外产业结构演进和优化理论、产业选择理论、产业集聚理论、区域金融学、路径依赖理论和国际金融中心分类理论进行深入剖析,借鉴其合理因素,在此基础上实证分析北京金融业对经济增长的贡献。

二是数理统计法。采用 DEA 方法,选取 BCC 模型从地区、行业和时期三个维度检验了北京市金融业投入产出效率。通过比较各种产业集聚度度量方法的优劣,并结合行业特征和数据的可得性,用区位熵法测度了北京市第三产业的集聚程度。以审批金融为逻辑起点,结合已有研究对审批金融价值进行估算。

三是经济计量法。建立计量模型对金融主导产业的未来演变趋势进行预测。通过协整、格兰杰检验分析了北京金融业发展对其经济增长的影响方式及大小;分析了审批金融对北京经济增长及其福利的影响。

1.4 研究创新与不足

本书研究重点是:从理论和实证两方面分析北京市产业结构变迁对经济发展的重要意义、金融业集聚效益和规模效益、产业结构变迁和金融中心构建的内在问题,以及构建金融中心的机遇和挑战。本研究的创新之处主要包括如下几个方面:

第一,本研究首次对金融中心构建中金融企业集聚导致第二产业企业迁移对经济增长的影响进行实证分析,利用微观数据和投入产出模型进行论证。结合北京市的资源禀赋以及国家培育和发展战略性新兴产业的现实要求,认为显著优势行业中的金融业在产业发展中作用突出,应成为推动北京市经济发展的主导产业。

第二,目前北京市正在调整产业结构,加快发展第三产业,构建金融中心。这种产业调整过程有两个显著特征:一是许多产业内企业在地理上的集中,二是产业之间的经济联系程度加深,因而体现为产业集聚过程。因此,本研究从规模效应、集聚效应角度出发对产业集聚度进行实证分析。

第三,目前国内尚未有关于审批金融概念、估值及其影响的系统研究,缺乏基本的分析框架,据此,本研究以北京为例,运用寻租理论对审批金融及其价值进行估算,实证分析审批金融对其他产业的影响,从而在审批金融研究方面做些初步的尝试性工作。

第四,首次提出了构建十大金融中心的设想。这十大金融中心是:债券交易中心、债券审批中心、产权交易中心、传统银行金融产品创新中心、金融数据集聚中心、金融学术会议中心、碳交易中心、政府推动的金融产业集聚中心以及证券、保险产品的研发与审批中心等十大金融中心。

第五,根据北京的特点,本研究指出了北京金融中心构建中需要剔除的部分,如证券、期货交易等,从而避免由市场波动所引发的突发事件影响政治稳定性。

本研究主要创新点着眼于研究内容以及金融中心构建体系。在量化和实证研究产业变迁对于北京经济增长的影响上还面临一定的局限性;此外,还需进一步从微观层面研究产业结构高度变迁和第二产业企业迁出对北京市经济的影响。

1.5 研究框架

本研究主要分为三大部分,第一部分主要是提出问题,包括4章。第1章是导论,提出本研究的研究背景、目的、意义;研究思路、框架和方法;研究的重点、难点和创新之处。第2章是理论综述,回顾了产业结构理论、金融中心演进理论以及北京构建金融中心的相关研究。第3章是国际金融中心的历史变迁,分阶段考察了金融中心的萌芽、发展、形成、成熟和多元化演进过程。第4章对北京与东亚主要金融中心进行对比分析,指出北京构建金融中心的优势、劣势,提出本研究的中心问题。

第二部分是研究问题的分析,包括五章。第5章从北京产业结构变迁的角度考察了北京构建金融中心的现状及其必要性。第6章对北京市产业结构与经济发展进行了实证研究,并提出了一些政策建议。第7章通过比较各种产业集聚度度量方法的优劣,用区位熵法测度了北京市第三产业的集聚程度,找出了比较优势行业和比较劣势行业。第8章采用DEA方法,选取BCC模型从地区、行业和时期三个维度检验了北京市金融业投入产出效率。第9章在梳理金融业发展与经济增长理论以及实证研究的基础上,通过协整、格兰杰检验分析了北京金融业发展对其经济增长的影响方式及大小。基本结论是,北京市金融发展对经济增长具有显著的促进作用,但是银行业、证券市场和保险市场对经济增长的影响程度不一。

第三部分是研究问题的解决。第10章重点分析了十大金融中心当中的审批金融中心。在这里,以审批金融为逻辑起点,结合已有研究对审批金融价值进行估算,通过协整、格兰杰检验等实证研究,分析了审批金融对北京经济增长及其福利的影响。基本结论是,审批金融容易导致某些产业如餐饮住宿业的畸形发展,而对另一些产业如中介服务的影响具有不确定性,但是对公共福利有负面效应。第11章在路径依赖框架下,分析和总结了伦敦和纽约金融中心演进过程中的关键事件、后续效应和经验启示。在此基础上,结合北京经济金融发展现状,提出了北京金融中心建设能够运用的关键事件及路径选择。第12章给出了建立"十大中心"的建议与规划。第13章对研究进行了总结,并给出了适宜的相关政策建议。

第2章　相关研究综述

本章将从产业结构的一般理论、金融中心构建和北京金融中心构建的相关研究等三个方面对北京金融中心构建的相关理论进行综述。

2.1　产业结构的一般理论

2.1.1　产业结构演进和优化理论

现代经济学将一国经济的发展归结为三个层面的变化：总量的增长、结构的演进、制度的改善。而这些变化又归结为国民生活质量的提高。其中，对经济结构的分析，主要集中于产业结构的演进之上。

去工业化后实现主导产业向金融产业转移可以看作是产业转移与产业结构优化如何促进经济增长的问题。国外有关产业转移、产业结构优化与经济增长之间关系的研究起步很早，并已取得许多研究成果。

配第-克拉克定理很好地解释了产业结构演变规律。Petty(1691)①指出随着经济的发展，工业将比农业占有更重要的位置，而商业又将比工业占有更重要的位置。Clark(1940)②发现了劳动力在产业发展过程中在三次产业间的分布规律以及人均国民收入与三次产业结构变动的内在联系，即随着人均国民收入的增长，首先，对工业制成品的需求不断增加，对农产品的需求不断下降；然后，对服务的需求将不断上升，而对工业制成品的需求将不断下降。这就是所谓的"配第-克拉克定理"，即随着经济的发展或者人均实际收入的提高，劳动力在三次产业间的分布存在着此消彼长的演进规律，即劳动力将首先从第一产业流向第二产业，然后再从第二产业流向第三产业。该定理已被众多学者的实证研究所证实。

配第-克拉克定理对于中国现阶段的发展来说也是合理的。仅从北

---

① 威廉·配第．政治算术[M]．北京：中国社会科学出版社，2010.

② Clark C. The Conditions of Economic Progress[M]. London：Macmillan，1940.

京市而言,第一产业和第二产业比重已经很小,并且还在不断降低,第三产业已经成为北京市的主导产业。与此同时,在新技术的推动下,第三产业内部也发生着变化——第三产业正在从以满足生活消费为主转向以为物质生产服务为主,在为生产服务的行业中,知识密集型的第三产业部门日益重要。从这个趋势来看,对于北京市来说,金融业成为其主导产业有着历史和现实的必然性。

Hoffmann(1931)①根据近 20 个国家的时间序列数据,论证并分析了制造业中的消费资料工业与生产资料工业间的比例关系随着工业化的进程所产生的变化,并建立了"霍夫曼比例"说,即消费资料工业的净产值与生产资料工业的净产值的比值。工业化程度也即经济发展水平越高,霍夫曼比例越低。按照这一理论,一国工业化的进程被划分为四个阶段:在一国工业化第一阶段,资本资料工业的生产不发达,消费资料工业的生产在制造业中占主导地位,此时的霍夫曼比例为 5(±1);在工业化第二阶段,虽然资本资料工业开始发展,但是其规模仍比消费资料工业小,此时的霍夫曼比例为 2.5(±1);在工业化第三阶段,消费资料工业和资本资料工业的规模大体相当,霍夫曼比例是 1(±0.5);在工业化第四阶段,资本资料工业的规模超过了消费资料工业的规模,霍夫曼比例 <1。这一划分表明,在一国工业化的进程中,霍夫曼比例呈下降趋势。

不少人运用霍夫曼比例的统计分析结果来测试某些国家的工业化水平,但我们在运用这一比例时,要注意到不同国家间情况的差异。

20 世纪下半叶以来,国外学者从经济结构的视角研究了工业化进行中的国家(或是发达国家进行工业化的历史阶段)的经济增长问题。他们的研究表明,产业结构变迁对经济总体的产出增长产生了显著影响。Kuznets(1957)②用自己提出的一种劳动生产率分解式对发达国家的经济增长进行实证研究,结果表明产业结构变迁及其导致的劳动力资源的再配置对发达国家的劳动生产率增长率的贡献率在 10%—30%。Chenery(1979)③认为发展中国家进行结构转变,特别是在非平衡条件下(市场要

---

① Hoffmann W. Stadien und Typen der Industrialisierung. Ein Beitrag zur quantitativen Analyse historische Wirtschaftsprozesse[M]. Manchester University Press, 1931.

② Kuznets S. Quantitative Aspects of the Economic Growth of Nations: II. Industrial Distribution of National Product and Labor Force[J]. Economic Development and Cultural Change,1957:1—111.

③ Chenery H. B., Elkington H. Structural Change and Development Policy[M]. Oxford University Press, 1979.

素分割和调整之后)能够加速经济增长。他的"标准型结构"大大深化了人们对产业结构变动及其一般趋势的认识,描述了经济增长过程中产业部门之间的相互依存关系,揭示了产业结构变化在经济发展中的重要作用。他认为对经济增长产生最直接、最重要影响的是产业结构的变化,产业结构变动的主要表现是三次产业结构的变动和三次产业的内部升级。产业结构的转变必须适应经济增长的要求,经济发展本身可以被看作是经济结构持续的一系列互相关联的变化。Chenery et al. (1986)①利用世界银行的多国数据对世界上 101 个国家的 1950—1970 年的结构变迁和经济增长进行实证研究,结果表明产业结构变迁导致的资本和劳动要素的再配置对全要素生产率增长有着显著影响。Kuznets(1989)②研究认为,从产值结构来看,产业结构变动体现了某些产业的快速发展。研究经济增长首先要注意那些快速增长的现代部门,当这些部门与其他经济部门之间具有稳定的、普遍的、重大的联系时,经济整体才能得到快速的发展,促使产值结构特别是劳动力结构产生急剧、显著的变化,可见产业结构变化在现代经济增长中起到重要作用。Kuznets 还认为,经济增长是个总量的过程,部门的变化同总量变化之间相互联系,只有将部门变化结合到总量变化之中,才可以对它们加以比较;也只有总量的高增长率才能引起产业结构的高变换率,缺乏足够的总量变化将会严重限制结构变化的可能性。Kuznets 还认为决定产业结构转变的因素首先是技术进步,其次是技术变化的速度,两者影响产业结构转变的大小。

产业结构的演进表现在产业结构的优化上,而产业结构的优化包括两个方面:一是产业结构的合理化,即提高产业之间有机联系的聚合质量,可以用产业之间的关系均衡程度和产业之间的关联作用程度来表示。二是产业结构的高度化,产业结构从较低水准向较高水准的发展过程,可以用第二、第三产业之间的比重,资金与技术知识密集型产业的比重以及中间产品与最终产品产业的比重来测度。

2.1.2 产业选择理论

国外对于产业选择理论的研究主要是以国家层面的主导产业为研究

---

① Chenery H. B., Robinson S., Syrquin M. Industrialization and Growth[M]. New York: Oxford University Press, 1986.

② Kuznets S. The Pattern of Shift of Labor Force from Agriculture[J]. Economic Development, Family and Income Distribution, 1989.

对象，其研究主要基于如下四种理论。

第一，比较优势理论。Ricardo（1817）①认为，生产技术的相对差别以及由此产生的相对成本的差别是国际贸易的基础。每个国家都应该集中生产并出口自己具有“比较优势”的产品。由于比较优势理论的普遍适用性，在本章中，我们将比较优势理论拓展到产业选择的领域里。由于任何一个地区都不能发展所有的产业，因而一个地区在对其将要发展的产业进行选择时，应该大力发展本地区具有比较优势的产业，产业结构政策不能仅仅停留在目前的支柱产业上，而应该通过国家政策的扶持、支援，用动态眼光看待产业的潜在优势，协助有潜在优势的有效产业发展。

第二，Hirschman 产业关联理论。依据投入产出的基本原理，提出优先考虑那些对较多产业有带动作用和促进作用的产业。Hirschman（1958）②认为不平衡增长是经济发展的最佳方式，他提出了“发展是一连串不均衡的锁链”的命题。他认为，由于资金短缺等方面的原因，发展中国家不可能在所有的产业部门同时进行投资。当投资资源有限时，实施优先发展的不平衡增长战略是发展中国家取得经济增长最有效的途径。发展中国家应当投资合适的重点产业，重点产业即在产业关联链中与其前向产业和后向产业在投入产出关系中关联系数最高，且该产业的发展对其前向、后向产业的发展有较大促进作用的产业。他认为，投资“关联效应”大的产业的效益会大于投资“关联效应”小的产业。因此，在不平衡增长的过程，应该由“关联效应”大的产业的牵动来实现。投资重点产业后，再经由关联效应、诱发性投资等的作用来带动其他产业的发展，以此来达到产业结构升级、经济发展的目标。此外，他还提出了实现不平衡增长的两条路径：一是“短缺发展”，二是“过剩发展”。现在，金融业已经成为北京市的主导产业，金融业也成为北京“关联效应”最大的产业，其前向关联产业有房地产业等，其后向关联产业有 IT 业等。如果能够在北京建立金融中心，将有助于通过金融业这一主导产业来实现北京及周边地区的不平衡增长。

第三，Rostow 经济增长理论。Rostow（1971）③认为各国的整个经济的增长是因为一些关键的产业及产业部门的迅速扩大，以此直接或间接

① Ricardo David. Principles of Political Economy and Taxation[J]. John Murray Press, 1817.
② Hirschman A. O. The Strategy of Economic Development[M]. Yale University Press, 1958.
③ Rostow W. W. Politics and the Stages of Growth[M]. CUP Archive, 1971.

地引起了整个国民经济的增长,这些产业即为主导产业。它们产生的扩散效应包括回顾效应、旁侧效应和前向效应。主导产业除了能够产生扩散效应外,还应该具备高创新率和高速增长的能力。鉴于主导产业的作用,他认为应该选择具有较强扩散效应的产业作为主导产业,将主导产业的产业优势辐射传递到产业关联链上的各产业中,以带动整个产业结构的升级,促进区域经济的全面发展。他还认为主导产业会随着经济发展而变化,对此他做了详细的解释。他把经济成长阶段划分为六个阶段,分别为传统社会、为起飞创造前提、起飞、成熟、高额群众消费、追求生活质量。他认为,经济成长阶段更替的表现是主导产业部门的次序变化。

第四,筱原三代平产业选择准则理论。筱原三代平(1957)①提出了主导产业的选择标准,即需求收入弹性基准和生产率上升基准率。需求收入弹性表示了需求增长对收入增长的依存度,因此,在收入水平提高过程中,他将需求增长快的产业选为主导产业。

虽然产业结构理论有其自身的理论架构和逻辑体系,但有很大部分适用于金融中心建设的研究。就北京而言,第一产业所占比重已经很小,第二产业的比重也比较小,并在不断降低,第三产业已经成为北京的主导产业。在新技术的推动下,第三产业内部也正发生着深刻的变化,第三产业正在从以满足生活消费为主转向以为物质生产服务为主,在为生产服务的行业中,知识密集型的第三产业部门日益重要。当前,北京以金融业为主导部门的产业结构已经初步形成,金融业已成为北京“关联效应”和“扩散效应”最大的产业。就像 Hirschman 不平衡增长理论和 Rostow 主导产业理论所表明的那样,在北京构建金融中心有助于通过金融业这一产业来实现北京及周边地区的不平衡增长过程。

因此,本研究将从研究北京的产业结构演化历史入手,分析北京产业结构演化的历史过程,发现其中的规律和特点,并与其他典型城市进行比较,通过北京自身特点与借鉴其他城市相结合,分析北京金融发展的现状、金融中心构建的优势、劣势及发展路径,从而进行规范分析。此外,产业结构理论应与金融集聚理论相结合,将金融集聚作为产业结构变迁的一个重要时间窗口。

---

① 筱原三代平. 產業構造と投資配分[J]. 一橋大學經濟研究所,1957.

2.1.3 产业结构变迁理论在中国的应用

对于产业结构变迁的理论和实证分析，国内已有大量学者进行了研究。

郭克莎(1998)[①]研究了中国经济类型结构的变动对工业的影响。他分析了各经济类型的工业投入和产业构成的变动，得出了中国工业经济类型结构变动的基本特点。他认为产业结构的偏差是由于实际上三次产业比重与理论上三次产业比重的不同，产业结构偏差制约了中国经济的增长。因此他认为有必要进行产业结构调整。吕铁、周叔莲(1999)[②]认为中国的产业结构状况不能适应经济集约型增长的方式。产业结构的问题除了存在于三个产业关系之间，更存在于各产业内部，尤其是工业内部的结构水平较低。曾经的粗放型经济发展战略只在数量上推进了工业化，而基本忽视了工业内部结构的升级。在新的经济发展阶段里，工业结构升级是集约型经济增长最重要的推动力量。王岳平(2000)[③]将生产部门结构和消费结构结合起来，他认为消费结构与满足消费需求所带动的生产部门结构之间存在差异。这表明在考虑消费对生产结构的影响时，不能只考虑直接消费结构的差异，还必须考虑消费对生产的间接拉动差异。大部分工业行业对消费需求依存度早已开始下降，取而代之的是对其的投资需求的依存度上升。黄继忠(2001)[④]认为区域经济的高速增长以及效益最大化可以通过安排产业结构间的不平衡来实现。他将为最大化资源配置效率而进行的产业间的非均衡增长视为不平衡增长。刘伟、李绍荣(2002)[⑤]认为第一产业和第二产业对经济规模具有正效应，而第三产业的结构扩张会降低这种正效应。只有改造传统的生产方式和农业结构并同时改革传统的工业生产结构和生产组织形式，中国经济才能维持长期稳定的经济高增长。扩大第三产业在国内生产总值中的比重虽然提高了劳动生产率，但是降低了经济增长规模。由此可以推断，如果第三产业在国内生产总值中的比重超过一定限度，就会导致经济衰退。因此，不能盲目追求第三产业发展，单方面地强调发展第三产业，只会使经济出

---

① 郭克莎. 工业增长质量研究[M]. 北京：经济管理出版社，1998.

② 吕铁，周叔莲. 中国的产业结构升级与经济增长方式转变[J]. 管理世界，1999(1).

③ 王岳平. 我国产业结构的投入产出关联分析[J]. 管理世界，2000(4).

④ 黄继忠. 区域内经济不平衡增长论[M]. 北京：经济管理出版社，2001.

⑤ 刘伟，李绍荣. 产业结构与经济增长[J]. 中国工业经济，2002(5).

现短期增长,而后却步入长期的经济衰退,应该在发展第一和第二产业的前提下发展第三产业。范方志、张立军(2003)[①]通过对中国东、中、西部地区产业结构与金融结构转变的实证分析,得出中国各地区产业结构升级与金融深化程度的提高呈正相关。他们提出可以通过考察某些地区的实际情况,培育区域性的金融增长极,成立区域金融中心。李诚固、韩守庆、郑文升(2004)[②]认为如果北京、上海等大城市的产业结构具有知识化、外向化、生态化、整合化的特征,就能使得北京、上海等城市成为高校密集、产业合理聚集的生态型国际都市。廖明球、东朝晖、曹永凯(2005)[③]从供给和需求两个方面研究了北京的奥运经济和经济结构调整。他们通过构建模型,研究认为,北京应该进一步加快工业内部结构的优化升级,在发展第三产业的同时还要大力发展新兴工业,走一条低耗能、低污染、低水耗、科技含量高的新型工业化道路,着重振兴现代制造业,以此来实现工业化的现代化,使第一、二、三产业之间协调发展。奥运的影响也能够使北京市的体育、文化、旅游、房地产和环保产业加快发展。纪玉山、吴勇民(2006)[④]对产业结构与经济增长两者关系进行了实证研究,得出人均 GDP 增长主要源于第三产业产值比重增加。他们认为这一结论是中国应该大力发展第三产业的实证证据,尤其是大力发展第三产业中具有较高附加值的产业,如知识产业、信息产业以及高新技术产业。王岳平、葛岳静(2007)[⑤]认为中国目前地区之间产业结构有严重的趋同性。而在不同省市、地区之间,由于地理、历史、观念等因素的影响,市场要素流动存在壁垒,这阻碍了地区优势的发挥,降低了资源配置的效率,进而影响了全国范围内的生产力合理布局。何德旭、姚战琪(2008)[⑥]认为中国的产业结构调整和转型具有就业结构转换效应和第三产业结构升级效应。他们指出中国产业结构调整的方向是以高新技术产业为驱动

---

① 范方志,张立军. 中国地区金融结构转变与产业结构升级研究[J]. 金融研究,2003(11).

② 李诚固,韩守庆,郑文升. 城市产业结构升级的城市化响应研究[J]. 城市规划,2004(4).

③ 廖明球,东朝晖,曹永凯. 北京奥运经济和经济结构调整研究[J]. 经济与管理研究,2005(7).

④ 纪玉山,吴勇民. 我国产业结构与经济增长关系之协整模型的建立与实现[J]. 当代经济研究,2006(6).

⑤ 王岳平,葛岳静. 我国产业结构的投入产出关联特征分析[J]. 管理世界,2007(2).

⑥ 何德旭,姚战琪. 中国产业结构调整的效应优化升级目标和政策措施[J]. 中国工业经济,2008(5).

力，用现代服务业和现代制造业带动产业结构的整体升级。张辉、王晓霞(2009)①认为产业结构变迁对经济增长的贡献与两个因素有关，一是不同产业之间的资源配置效率的差距，二是资源在产业之间转移的方向和幅度。不同产业之间的资源配置效率的差距越大，产业结构变迁对经济增长的贡献越大。付凌晖(2010)②通过对经济增长总量与产业结构升级之间的关系进行实证研究，得出了中国经济总量增长对产业结构升级的推动效应明显，而产业结构高级化却未对经济增长产生显著的促进作用的结论。干春晖、郑若谷、余典范(2011)③通过计量模型研究了产业结构合理化和产业结构高级化对经济波动的影响。产业结构合理化有助于抑制经济波动，因此它与经济增长之间的关系较稳定，而产业结构高级化是经济波动的一个重要来源，因此它的影响具有不确定性。现阶段中国产业结构合理化对经济发展的贡献要远远大于产业结构高级化。他们建议在强调产业结构合理化的同时，要积极突破制约产业结构高级化效应的限制条件，这样才能发挥产业转型与升级对经济增长的持续推动作用。陈斌开、林毅夫(2012)④认为政府为支持违背本国比较优势的资本密集型产业的发展，会通过金融抑制的方式来降低其生产成本。因此，政府发展战略是造成金融抑制的根本原因。虽然，目前中国政府逐步放弃重工业优先发展的战略，但之前的"重工战略"形成的产业结构体系还未完全改变，因此，金融抑制仍然是中国金融体系的重要特征。金碚(2013)⑤认为，采取非市场的行政性手段是无法达到产业结构调整的预期目标的，调整产业结构主要应依靠公平竞争的市场力量，这样才能趋近产业结构调整的目标。

综上所述，以上研究所用的方法层出不穷，也都认为产业结构优化对经济增长有促进作用。然而，由于数据和计量方法的差异，以上研究关于产业结构对经济增长的影响的性质和程度没有一致的结论。除此之外，以上研究也未对产业结构推动经济发展的内在经济机理进行深入探讨，

① 张辉，王晓霞.北京市产业结构变迁对经济增长贡献的实证研究[J].经济科学，2009(4).

② 付凌晖.我国产业结构高级化与经济增长关系的实证研究[J].统计研究，2010(8).

③ 干春晖，郑若谷，余典范.中国产业结构变迁对经济增长和波动的影响[J].经济研究，2011(5).

④ 陈斌开，林毅夫.金融抑制，产业结构与收入分配[J].世界经济，2012(1).

⑤ 金碚.加快腹地经济发展是中国工业化中期的战略方向[J].区域经济评论，2013(1).

更缺乏指出具体哪个产业才可以成为支撑北京长期经济增长的主导行业的相关研究。

2.2 金融中心构建理论

近年来,由于中国各地政府深刻认识到金融业和金融中心在促进经济持续增长方面有着不可替代的作用,许多城市都提出了构建金融中心的目标,在全国范围内掀起了争建金融中心的热潮。但我国目前对金融中心形成和发展内在规律的认识不足,使得国内城市争建金融中心所形成的竞争态势是一种无序竞争,既造成了资源的浪费又影响了金融中心的发展质量和建设速度。

2.2.1 金融中心的界定

Kindleberger(1974)[①]认为金融中心是承担着资金交易中介和跨区域价值贮藏功能的中心区——它会影响不同地区间的资金交付和转移,可以对个人和企业的储蓄及投资进行跨时结算,并将资本从储蓄者手中转移至投资者手中。Johnson(1976)[②]认为地区性金融中心是利用总部设在国际金融中心的大型国际金融机构和设在当地的分支机构,向当地居民提供这些大机构提供的金融服务便利,而并非利用这些金融中心的国际窗口为本国或本地金融机构开辟国际市场。Reed(1980)[③]确立了一套金融中心的界定标准。他通过大量数据对 17 个位于亚洲的金融中心城市进行层级划分。他发现近 50 年来,亚洲金融中心规模差距逐步缩小。Reed(1981)[④]认为世界各大金融中心具有明显的层级结构特征——伦敦是当时最大的国际金融中心;纽约和东京位于第二级;阿姆斯特丹、芝加哥、法兰克福、汉堡、香港、巴黎、旧金山和苏黎世属于第三级;其他金融中心城市分属于第四级和第五级。

---

① Kindleberger C. P. The Formation of Financial Centers: A Study in Comparative Economic History[J]. Princeton,1974.

② Johnson H. G. Panama as a Regional Financial Center: A Preliminary Analysis of Development Contribution[J]. Economic Development and Cultural Change, 1976, 24(2): 261—286.

③ Reed H. C. The Ascent of Tokyo as an International Financial Center[J]. Journal of International Business Studies, 1980: 19—35.

④ Reed H. C. The Preeminence of International Financial Centers[M]. New York: Praeger, 1981.

饶余庆(1997)①认为金融中心是这样的一个都市,在这个都市中,金融机构高度集中,各类金融市场能自由生存和发展,金融活动与交易更有效率地进行。刘文朝(2001)②认为金融中心是金融组织和金融市场高度集中,在资金的筹集、分配、流动等方面起着枢纽作用的中心城市。王力、黄育华(2004)③认为金融中心是凭借优越的经济、政治和地理条件,先进的交通、通信等基础设施,能够为众多金融机构提供多种金融中介服务的全球性、国家性或区域性资本集散地和金融交易清算地。金融中心本质上承担了金融中介的功能,但其中介功能与金融中介机构不同,金融中心是金融机构、金融中介集中交易的场所。他们还认为一个金融中心可以有以下发展过程:地方性金融中心、地方区域性金融中心、全国性金融中心、区域性金融中心、全球性金融中心。

上述文献分别从不同角度对金融中心进行了定义,虽然侧重面不同,但都揭示了金融中心的一般特点,即金融机构集聚,目的是提高金融交易的效率。

2.2.2 国际金融中心分类理论

Dufey and Giddy(1978)④根据金融中心的不同发展阶段以及它所提供的服务,把金融中心分为传统中心、离岸转口埠和离岸金融中心。McCarthy(1979)⑤从国际金融中心的性质角度出发,将金融中心划分为名义中心和功能中心。前者指的是国际性金融机构在此注册和记账却不发生实质性业务活动,这样做的目的是避税和规避监管。后者指的是国际性金融机构和金融市场聚集以提供各类金融服务等实质性金融活动,并创造就业和收入机会的城市。Park and Essayyad(1989)⑥结合经济学和地理学创立了一套分类标准,他将离岸金融中心分为主要中心、记账中心、

---

① 饶余庆.亚洲货币危机的影响与教训[J].开放导报,1997(11).

② 刘文朝.重庆区域金融中心研究[M].重庆:重庆出版社,2001.

③ 王力,黄育华.中国建设国际金融中心的对策思考[J].中国城市经济,2004(12).

④ Dufey, Gunter, Ian H. Giddy. The International Money Market[M]. Prentice Hall International, 1978.

⑤ McCarthy. Offshore Banking Center: Benefits and Costs[M]. Financial and Development, 1979.

⑥ Yoon S. Park, Musa Essayyad. International Banking and Financial Centers [M]. Springer Netherlands, 1989.

集资中心、托收中心四类。在此基础上,饶余庆(1987)①将功能中心细分为一体化中心和隔离性中心两类。一体化中心是指将本国和外国的金融机构一视同仁,允许它们进行任何境内外金融业务。隔离性中心是将境内外市场严格分开,外资金融机构只能开展境外业务。Ho, Scott and Wong(1991)②以金融业务涉及的地理范围为标准,将国际金融中心分为国内金融中心、全球性金融中心和境外金融中心。杨雅惠(1993)③以境内外金融业务是否区隔为标准,将国际金融中心分为境外金融中心、限制性境内外互通金融中心、内外一体的真正国际金融中心。

学者研究金融中心特征和功能的角度的不同,使得金融中心的分类标准也不同。因此,很难简单地判断哪一种方法正确,哪一种错误。根据研究内容的不同,选取不同的分类方法,或者同时采用多种分类方法,或者根据研究的需要提出新的分类方法,都是可行的选择。

2.2.3 金融中心形成机制

研究金融中心的一个不可回避的问题就是金融中心是如何形成的,关于这一领域有大量文献。许多学者从不同的视角研究了金融中心的形成机制。现有的研究认为金融中心是一个介于金融学和城市经济学之间的边缘问题。本研究按照研究进展的脉络,分别从金融地理学、金融集聚以及制度分析这三个角度梳理有关金融中心形成机制的文献,从理论层面上揭示了金融中心的形成机制。

第一,金融地理学。金融地理学研究的主要内容是从地理学的视角来阐释金融中心的形成规律,是近年来兴起的一门边缘学科。金融地理学是从金融中心的环境和自身特征对其进行的研究和探讨,它的一个重要研究领域是用一系列强有力的理论工具说明和解释区域金融中心的发展。

Laulajainen(2003)④认为从地理意义上解释金融中心的形成是必要的,因为在现实经济世界中,实际的金融景观具有极端的异质性和不规则

① 饶余庆.金融创新与金融业革命的涵义和影响[J].中山大学学报(哲学社会科学版),1987(1).

② Richard Yan-ki Ho, Robert Haney Scott, Kie Ann Wong. The Hong Kong Financial System [M]. Oxford University Press, 1991.

③ 杨雅惠.台湾金融政策及其影响[J].金融研究,1993(3).

④ Risto Laulajainen. Financial Geography: A Banker's View[M]. London: Routledge, 2003.

性，是完全不同质的。Kaufman(2001)①认为金融中心城市的兴起与衰落与这些地方作为主要首都、商贸中心、中央银行总部、交通枢纽所在地点的地位变迁以及战争的影响有关。Taylor(2003)②从伦敦金融服务业产业集群的视角出发，通过实证研究，指出金融集聚的根本原因是经济行为的社会根植性。对于伦敦来说，良好的声誉、高素质的专业人才、接近顾客等因素推动伦敦金融产业集群发展。潘英丽(2003)③认为金融中心有其集聚效应和外部规模经济效应。她认为吸引金融机构空间集聚的四大因素是监管环境与税收制度、电信设施的先进性与安全可靠性、人力资源的质量与规模以及地区成本优势。

第二，金融集聚理论。金融集聚理论是从金融集聚效益的视角对金融中心进行理论阐释，金融中心的形成是为了获取金融集聚效益。我们一般把外部规模经济作为分析的切入点，以便从集聚经济角度解释金融中心的形成机制。规模经济在加强银行之间协作、密切联系生产者与消费者、共享基础设施等方面起着重要的作用，能够促进金融业集聚，从而加速金融中心的形成。Kindleberger(1974)④认为金融市场组织中的规模经济是国际金融中心形成的主要向心力。Pandit and Cook(2003)⑤分别从供给和需求两个方面分析了金融机构集聚的机理，他们认为促进金融集聚的原因很大部分源自外部性。潘英丽(2003)⑥认为集中交易能够大幅度提高近距离沟通的便利和交易的效率，以此来体现金融中心的集聚效益。外部规模经济的效益主要体现在提高市场流动性，降低融资成本和投资风险。黄解宇、杨再斌(2006)⑦认为金融机构集聚的直接原因是

---

① Kaufman G. Emerging Economies and International Financial Centers[J]. Review of Pacific Basin Financial Markets and Policies, 2001(4): 365—377.

② Taylor P. J. World City Network: A Global Urban Analysis[M]. Routledge, 2003.

③ 潘英丽. 论金融中心形成的微观基础——金融机构的空间聚集[J]. 上海财经大学学报, 2003(5).

④ Kindleberger C. P. The Formation of Financial Centers: A stady in Comparative Economic History[M]. Princeton Press, 1974.

⑤ Pandit N. R., Cook G. The Benefits of Industrial Clustering: Insights from the British Financial Services Industry at Three Locations[J]. Journal of Financial Services Marketing, 2003(3): 230—245.

⑥ 潘英丽. 论金融中心形成的微观基础——金融机构的空间聚集[J]. 上海财经大学学报, 2003(5).

⑦ 黄解宇, 杨再斌. 金融集聚论: 金融中心形成的理论与实践解析[M]. 北京: 中国社会科学出版社, 2006.

金融集聚的规模经济效益,他们从金融集聚的角度分析了金融中心的形成机制,揭示了金融中心形成过程中的基础因素。

第三,制度分析。随着新制度经济学理论的影响不断扩大,一些专家和学者认为,如果要更加充分地理解社会经济景观形成与演变的过程,就要对经济活动所赖以运行的并受其影响的制度因素给予足够的关注。结合制度环境和制度安排以及它们两者的关系,可以更好地解释金融中心的形成以及演化的路径。最近关于金融中心形成机制的实证研究认为,良好的法律、金融、产权制度保障在金融中心的形成过程中比区位因素还要重要。Martin(2000)①认为是不同的制度路径导致了不同的金融景观,制度会将路径依赖传授到经济过程。Kaufman(2001)②认为完备的法律体系和严格信息披露制度是形成金融中心所应具备的最重要条件。王力、黄育华(2004)③认为经济和金融业发展的自然过程很大程度上决定了金融中心的形成,但是监管制度和政府政策发挥着更重要的推动作用。尤其是金融中心形成的初期,政府提供的政策优惠和制度环境,鼓励金融机构前来投资和设立办事机构,会加快金融中心缓慢的自然集聚和形成进程。

目前的研究认为,金融中心是一个包含诸多历史性的偶然因素的演变结果,它的形成受到金融集聚、制度创新和地理位置等因素的综合影响。虽然还没有一套成熟的理论能够完整地解释金融中心的演变规律,但以上三种不同的理论研究为中国金融中心的构建提供了有益的启示,丰富了我们对金融中心形成机制的认识。

2.2.4 金融中心的实证研究

本研究将作为金融中心的北京与上海、香港、深圳等进行比较,进而分析其各自的优劣和特点,涉及的范围包括发展模式、定位、功能、地位等多个方面。

第一,金融中心的比较研究。张雁翎(1998)④将北京、上海和香港的

---

① Martin, Ron. Institutional Approaches in Economic Geography[M]. A Companion to Economic Geography, 2000.

② Kaufman G. Emerging Economies and International Financial Centers[J]. Review of Pacific Basin Financial Markets and Policies, 2001(4): 365—377.

③ 王力,黄育华.建设金融中心的机遇与战略[J].农村金融研究,2004(11).

④ 张雁翎.沪港金融中心地位比较与探析[J].上海综合经济,1998(6).

金融发展和金融市场进行了比较，香港在股票市场、黄金市场、外汇市场和银行业的国际地位明显要高于北京、上海，且监管制度和金融运作较完善，法制较健全，资金吞吐量较大。刘琪（2003）[①]通过分析北京丰富的资源、上海利好的发展环境和香港明显的离岸优势等特点，提出了三大金融中心利用各自特点实现共存的观点。倪鹏飞、孙承平（2005）[②]利用相关方法计量得出中国43个主要城市的金融功能竞争力指数，研究表明，全国性金融中心为上海、北京；区域性金融中心为广州、青岛、武汉、厦门、重庆、大连、西安。他们利用模糊曲线模型对金融中心定位假设进行了实证研究，结果表明金融功能的影响因素根据重要程度依次为国内外金融资本数量、国际金融产业聚集、科技竞争优势、经济区位便利度、生活环境优势、国内金融产业聚集、金融业人才规模、法制健全程度等。黄解宇、杨再斌（2006）[③]从金融集聚的视角分析了北京、上海和深圳的金融中心之争，他们认为金融中心的功能定位有三个层次，即单一功能型、复合型、全能型，研究结果表明上海是全能型。赵晓斌、王坦（2006）[④]研究预测了中国主要经济中心，包括北京、上海、广州和深圳在区域内金融地位的未来发展，并指出最有条件成为中国最大金融中心的是北京。张红（2007）[⑤]将上海与香港做了对比，认为两者在金融业发展、金融市场开放程度、经济总量、产业结构、对外贸易等方面存在较大差距，建议加强上海的基础设施建设并强化上海的经济辐射功能。王倩、薛波（2007）[⑥]从国际银行服务、外汇交易服务、风险管理、财富管理四个方面对上海和香港进行了比较，研究结果显示，在诸多方面香港优于上海，但是在商品期货方面上海处于领先地位，所以上海国际金融中心的趋势和方向是多功能的、开放型的，应以产品开发为重点，以市场为导向，以金融期货的推出和人民币衍生品交易的发展为突破。薛金房（2009）[⑦]通过评价指标体系对中国36

---

① 刘琪．中国三大金融中心何以共存[J]．国际融资，2003(11)．

② 倪鹏飞，孙承平．中国城市：金融中心的定位研究[J]．财贸经济，2005(2)．

③ 黄解宇，杨再斌．金融集聚论：金融中心形成的理论与实践解析[M]．北京：中国社会科学出版社，2006．

④ 赵晓斌，王坦．跨国公司总部与中国金融中心发展——金融地理学的视角与应用[J]．城市规划，2006(S1)．

⑤ 张红．沪港国际金融中心比较研究[J]．现代经济（现代物业下半月刊），2007(8)．

⑥ 王倩，薛波．香港，新加坡和上海国际金融中心的比较研究[J]．亚太经济，2007(6)．

⑦ 薛金房．我国金融中心综合评价分析及发展战略目标定位[J]．金融理论与实践，2009(1)．

个区域金融中心进行了综合实力的对比,研究结果表明上海、北京分列第一、第二名。他认为北京、上海、香港三个国际化一级中心是由东部沿海地区通过竞争形成的。其中,北京是金融产业调控中心,定位辐射环渤海经济区;上海定位辐射沿江经济带和长三角经济区,香港定位辐射珠三角经济区。陆磊(2009)①认为金融资源配置的分散性和金融交易的集中性是金融中心的本质特征。在现有决策体制下,金融中心建设仍主要依赖于特许权和行政审批,所以,从金融发展初始条件和现有经济制度来看,金融资源的分配权导致只有北京才具备建设中国金融中心的条件。张建森、魏佳臻(2012)②从金融机构、金融业务、金融人才和金融环境四个层面,对沪京深三地的金融国际化现状进行描述,并与伦敦、纽约、香港、新加坡等知名国际金融中心相互比较,分析总结三地在金融国际化方面的优势和不足,由此提出沪京深三地提升金融国际化水平的一些政策建议。

第二,北京金融中心的构建。国内学者对北京金融中心的研究主要集中在定位、优劣势、路径、机遇与挑战等几个方面。陶冶(2006)③认为,发展国际金融中心对于北京有非常重大的意义。虽然对于发展成为国际金融中心,北京有着得天独厚的地理、环境、人才优势,但是北京在金融开放程度方面还有待加大。陈志(2007)④认为,北京的竞争优势在于它是金融决策中心;上海的竞争优势在于它的市场决策权;而香港的竞争优势在于它拥有"自由港"特点。对比三个城市,他提出了国际金融中心的建设模式,即把北京建设成"金融信息港"。白洁(2009)⑤认为北京的优势在于其是政治文化中心、监管中心和金融信息中心。上海拥有完善的金融交易中心,在资本市场、期货市场、外汇交易市场和黄金交易市场方面有优势,在交易功能上优于北京。贺强等(2006)⑥首先回顾了中国金融中心百年间的演变过程,然后对中国金融中心的分布格局与层次进行了简析,在此基础上对北京金融发展中的战略问题以及金融中心建设等方面的问题进行了分析,并提出了一些观点和建议。张旭路(2009)⑦认为

---

① 陆磊. 中国的区域金融中心模式:市场选择与金融创新[J]. 南方金融,2009(6).

② 张建森,魏佳臻. 沪京深三地金融国际化比较[J]. 开放导报,2012(6).

③ 陶冶. 北京发展国际金融中心战略分析[J]. 中国流通经济,2006(3).

④ 陈志. 新一轮上海国际金融中心建设的战略定位与推进策略[J]. 上海金融,2007(6).

⑤ 白洁. 北京国际金融中心构建研究[D]. 首都经济贸易大学,2009.

⑥ 贺强,祁敬宇,王翠琳. 我国金融开放进程与金融监管的国内外协调[J]. 价格理论与实践,2006(10).

⑦ 张旭路. 北京构建国际金融中心定位问题研究[J]. 技术经济与管理研究,2009(5).

北京凭借其各种丰富的资源已经具备了成为金融中心的潜质，他还提出为避免金融中心的重复建设问题，北京可以从国际、国内以及市内金融功能区三个角度，对其未来金融中心的功能进行不同层次定位。夏本翠(2009)[①]认为目前金融业已经成为北京主导产业，金融业在北京具有一定程度的集聚，但北京也存在金融市场体系欠缺、横向经济联系松散等障碍。她还认为北京构建金融中心应当强化政府调控的导向作用，选择政府主导模式。她指出北京构建金融中心应当立足于环渤海湾经济圈，重点强化北京金融决策中心、北京金融管理中心、金融信息中心的地位。

综上所述，研究金融中心构建的一般理论，既给本研究提供了一个规范的分析框架，也从历史和其他城市的角度对北京金融中心构建的路径提供借鉴。当然，根据本研究的特点和需求，形成自身对金融中心构建一般理论的看法，以供进一步研究或其他研究参考。但综合北京构建金融中心的文献可以看到，虽然不同学者都尝试从不同角度论证北京构建金融中心的必要性和可行性，但在两个方面有所欠缺：一是缺乏定量分析，二是缺乏从产业结构角度分析金融业主导产业地位的研究。事实上，从产业结构的一般理论，到金融中心建设的一般理论，再到北京构建金融中心的相关研究，其框架是一脉相承的。基于此，本研究的重点在于从产业结构变迁的视角研究北京构建金融中心的路径，着重将产业结构理论与金融中心构建理论相结合，同时针对现有研究中较缺乏的定量实证研究，力求设计出一个良好的指标和评价体系，进而分析北京建设金融中心的效应。

① 夏本翠.北京金融中心构建的问题研究[D].北京工商大学硕士学位论文,2009.

第3章 国际金融中心的历史变迁

历史是一部深刻的教科书。本章通过对国际金融中心历史变迁的考察，探讨了国际金融中心是如何沿着金融和世界经济的发展以及外部环境的变化而演进。本章将世界经济发展过程中具有重大影响的金融中心作为研究对象，并且按照时间发展顺序对其进行逐一考察。

3.1 国际金融中心的萌芽：佛罗伦萨与布鲁日

14世纪初叶，随着贸易与金融业的不断发展，在以意大利为中心的地中海地区和北欧的狭窄海域上的低地国家产生了两个著名的金融中心：意大利南部的佛罗伦萨和北部的布鲁日。①

3.1.1 佛罗伦萨

地中海地处欧、亚、非三大洲之间，沟通了大西洋、印度洋和黑海。极其重要的地理位置和便利的水上交通，使它自古以来就是世界东西方贸易往来活动最频繁的地区。佛罗伦萨、热那亚和威尼斯等地中海沿岸城市都非常富足但金融发展程度却不相同。其中，热那亚以工商业发达著称，威尼斯是一个在进行工业和金融业转变的商业城市，其金融转变程度上远远赶不上佛罗伦萨——威尼斯没有像佛罗伦萨那样，在汇票和复式记账方面进行创新，它的绝大多数贸易也都是在佛罗伦萨筹措资金的。②佛罗伦萨自13世纪起主要依靠银行业而日益富足。1338年，佛罗伦萨一地就有80家独立的“商业银行”。③ 这些银行是家族经营的，14世纪佛罗伦萨的巴尔迪(Bardi)家族、佩鲁兹(Peruzzi)家族、埃库奥利(Aiccuoli)

① 余秀荣. 国际金融中心历史变迁与功能演进研究[D]. 辽宁大学,2009.
② 查尔斯·P. 金德尔伯格. 世界经济霸权(1500—1990)[M]. 北京：商务印书馆,2003.
③ 厉以宁. 资本主义的起源：比较经济史研究[M]. 北京：商务印书馆,2004.

家族,15 世纪的梅迪西(Medici)家族,都是当时名闻西欧的金融家族。[①] 他们的家族银行在意大利境内外都有很大影响,分支机构遍布各地,如巴尔迪家族的银行,在 14 世纪初,不仅在意大利各城市有分号,还在英国、法国、尼德兰、西班牙、近东一带设有分号;15 世纪梅迪西银行在威尼斯、热那亚、米兰和罗马设有分行,在伦敦、布鲁日、日内瓦和里昂有代表机构,在贝克设立一家代理行。[②] 他们的家族制银行同封建君主、诸侯、城市政府的关系异常密切。它们借钱给后者,目的不是获得利息(有关利息的法律禁止收取利息),而是从后者那里得到庇护与特权。[③] 也正是因为这种情况,封建君主、诸侯赖账仅是导致他们衰败的主要原因之一。另一个主要原因是,它们同政权有着密切的联系,一旦政权更迭,它们也随之失势,甚至破产。[④]

著名的佛罗伦萨大商业和大金融家族在欧洲银行业中起着骨干和引领的作用,为后来的金融革命做出了准备,他们在技术上进行了很多创新。例如,13 世纪佛罗伦萨的银行家们发明了汇票。[⑤] 当汇票普遍使用后,商人们就可以不带任何现金在集市上贸易,这促进了贸易的发展,从而大大方便了交易,降低了交易成本,提高了交易效率。此外,汇票还具有远期交易功能。在集市中,新贸易产生的新债权债务关系可以通过开具新汇票的方法转移到下一次集市。如果商人之间找不到相互了解并同意使用这种支付方式的对象,这种交易就无法进行。因此,付款人就会去找商业银行家,请商业银行家开出汇票,银行家汇票的信誉比普通商人更高,于是汇票制度得到了广泛的运用。[⑥]

但在中世纪,汇票必须出售,不能贴现,因为贴现意味着收取利息,罗马教会认为这是高利贷而予以禁止。为绕过这一问题,汇票购买者通常按低于受票人最终向持票人付款的兑换率购进汇票,所以,他得到了利息等价金额,同时也提供了信用。可见,汇票是一种货币替代物,汇票交易包含了信用,或者说是一种制度创新[⑦],推动了现代意义上的银行的发展。

---

① 卡洛·M. 奇波拉. 欧洲经济史(第二卷)[M]. 北京:商务印书馆,1988.
② 查尔斯·P. 金德尔伯格. 西欧金融史[M]. 北京:中国金融出版社,1991.
③ 查尔斯·P. 金德尔伯格. 世界经济霸权(1500—1990)[M]. 北京:商务印书馆,2003.
④ 厉以宁. 资本主义的起源:比较经济史研究[M]. 北京:商务印书馆,2004.
⑤ 查尔斯·P. 金德尔伯格. 西欧金融史[M]. 北京:中国金融出版社,1991.
⑥ 孔祥毅. 金融票号史论[M]. 北京:中国金融出版社,2003.
⑦ 查尔斯·P. 金德尔伯格. 西欧金融史[M]. 北京:中国金融出版社,1991.

3.1.2 布鲁日

13 世纪之前及其后一段时间,北海和波罗的海地区是一个独立的贸易体系,将该体系联为一体的重要纽带是汉萨同盟。该同盟是一种松散联合,主要由卢贝克、汉堡、科隆、罗斯托克等德国城市组成,从事布鲁日到俄罗斯诺夫哥罗德州的贸易,偶尔穿越俄罗斯到达黑海,再继续向北到达挪威的卑尔根,并且不时也经大西洋和比斯开湾到达伊比利亚和地中海。作为汉萨同盟发展贸易的西部主要港口,当时的布鲁日构成了中世纪世界贸易的一个转运地。一方面,它充当地中海和北欧之间的中转站;另一方面,它还作为英国和法国香巴尼商品交易市场之间的中转站。

中世纪末期,布鲁日既是商品交易中心,又是各类货币荟萃的场所。集市贸易具有国际贸易的性质,不同国家的商人带来不同的货币,这些货币的成色和重量很不一样,交换时常常会遇到困难;此外,还有伪造货币和货币成色被人为地降低的问题;另外,还存在金银货币之间的兑换比例问题。于是一些普通商品经营者开始兼营钱币的兑换业务,他们就是最早的货币经营商。随着他们资信的扩大,又逐渐发展成代为保管现款,进而办理借贷。而这种兑换或存款、放款业务的利润未必不如商品经营业务丰厚,于是又有了专业化组织的产生。

在布鲁日,金融家有三类:当铺老板、货币兑换者和银行家。1369 年,在布鲁日有 15 家独立的“商业银行”。[①] 布鲁日金融中心与佛罗伦萨金融中心有着密切的联系,意大利的银行家在布鲁日设立分行或代表处,并向布鲁日提供贷款。同时,布鲁日还是低地国家和地中海贸易款项结算的中介。如果低地国家需要汇款罗马,商人往往首先从低地国家购买商品到布鲁日销售,换取当地货币后,再从意大利银行家手里按罗马的汇率牌价购买汇票。

3.2 国际金融中心的雏形:安特卫普与阿姆斯特丹

15 世纪末,西欧封建社会开始瓦解,资本主义生产关系开始萌芽。因此,1500—1750 年两个半世纪是人类从农业经济时代跨入工业经济时代的过渡时期。这个时期,欧洲金融中心也主要在国际贸易的中心城市

① 卡洛·M. 奇波拉. 欧洲经济史(第二卷)[M]. 北京:商务印书馆,1988.

诞生，主要有16世纪的安特卫普和17世纪的阿姆斯特丹以及18世纪初开始渐渐崛起的伦敦金融中心，由于伦敦国际金融中心的繁荣主要表现在工业革命之后的19世纪，因而关于伦敦金融中心的问题集中在工业革命时代进行阐述。

3.2.1 安特卫普

新航线开辟和欧洲地理大发现后，欧洲经济中心由地中海沿岸转向了大西洋沿岸城市。随着新航线开辟，远程贸易航船吨位的提高，而且由于河道的淤塞较大的船只不能到达布鲁日，而安特卫普处在大西洋沿岸，处理这些船只比较容易，因而，很多船只开始选择安特卫普作为停靠的港口。① 这样，15世纪末，安特卫普依靠优越的地理位置成为欧洲新的商贸中心，并适应了商贸发展对金融的新需求而成为16世纪欧洲著名金融中心。

16世纪中期是安特卫普的全盛时期，每年都有上千艘船出入这个港口，来自海外的商品大都在此集散。为了适应扩大的贸易交易的需要，安特卫普率先增加了商品交易市场交易的次数，由欧洲集市贸易每年两次，扩展到每年四次，以满足商贸的需求。后来又建立永久性的商品交易市场，全年开放，1531年安特卫普创造性地建立了世界上第一个商品交易所，不仅取代了集市的贸易功能，而且也取代了集市的金融职能，成为欧洲各国学习的榜样。②

安特卫普还创造性地将商品交易会与当时的两个金融交易市场联系在一起，将信贷同货物紧密联系在一起。然后它又发展出商品交易会之间流动的纯粹金融汇票，利率为3个月2%或3%。③ 到1630年，最富有的公司已不再经营商品，而经营汇票。商贸的发展还吸引了金融人才聚集此地，许多意大利的银行家和德国的银行家为了赢得安特卫普巨大的市场并控制国际商业和金融，大批涌入安特卫普，不断拓展金融业务，带来资金和金融技术，并发展成为欧洲金融中心、国际票据中心、贸易结算中心以及资金借贷中心。

---

① 孔祥毅. 金融票号史论[M]. 北京：中国金融出版社，2003.
② 查尔斯·P. 金德尔伯格. 世界经济霸权（1500—1990）[M]. 北京：商务印书馆，2003.
③ 同上。

3.2.2 阿姆斯特丹

在国际金融中心的发展史中,荷兰阿姆斯特丹是世界上第一个真正意义上的国际性金融中心。阿姆斯特丹不仅有规模巨大的联合储蓄,还有近代意义上的银行,发达的资本市场,聚集了大量的金融人才、众多的投资技巧和丰富的金融产品,市场参与者具有广泛的国际性。

世界上第一个资产阶级共和国是于 16 世纪末建立的荷兰共和国。需要指出的是,这里所说的荷兰资本主义与英国资本主义有很大区别。一般认为,荷兰属于商业资本主义国家,即商业资本在社会经济生活中处在主导地位;而英国则属于工业资本主义国家,即产业革命后,工业资本在社会经济生活中处于主导地位。不过不可否认的是,英国资本主义的产生和发展过程要比荷兰更具有典型意义。独立之后,荷兰的经济开始飞速发展,不过荷兰以商业称霸世界而非以工业立国。为了发展海上贸易,荷兰大力发展航运和造船业,17 世纪中期,全世界商船总数的二分之一是荷兰人的商船。17 世纪以后,荷兰共和国兴起,阿姆斯特丹成为欧洲最大的商港,很快就成为欧洲最大的“仓储中心”、世界商品集散地和欧洲金融中心。

从本质上看,17 世纪荷兰的经济发展归功于制度的变换。从市场信息成本来说,阿姆斯特丹从 16 世纪末就开始公布行情,便于商人获取市场信息,复式簿记已被广泛使用;在合同谈判成本方面,荷兰推广了经纪人制度;在合同履行成本方面,荷兰建立了公证人制度。① 与此同时,荷兰人还通过有效的金融创新将金融业和商业体系相互贯通起来,将股票交易所、银行、保险、信用以及有限责任公司有机地统一成一个相互贯通的金融和商业体系。②

1609 年,在阿姆斯特丹诞生了世界历史上第一个股票交易所,此举使得东印度公司的股票既不用付红利也能得到投资者青睐。阿姆斯特丹的股票交易所中活跃着 1 000 多名股票经纪人。活跃的证券交易使阿姆斯特丹证券交易所除了吸引大资本家外,还吸引了普通的老百姓。荷兰人还发明了最早的股市操纵技术,例如对敲、卖空、逼空股票等,进行期

---

① 克莱德 · 里德. 交易成本和十七世纪西欧的有差别的成长[J]. 经济史杂志,1973(3).
② 约翰 · S. 戈登. 伟大的博弈:华尔街金融帝国的崛起[M]. 北京:中信出版社,2005.

货、期权、商品投机、股票投机、政府债券投机等。[①]

1609年荷兰创立了第一家现代意义上的银行——阿姆斯特丹银行，它为国际结算提供了巨大便利。[②] 因此，阿姆斯特丹银行很快就成为欧洲的储蓄和兑换中心。此外，阿姆斯特丹银行还是历史上第一家取消金属币兑换义务而发行银行券的银行，更是第一家拥有现代意义上中央银行功能的银行。[③] 为了保障银行的信用，阿姆斯特丹市通过立法规定：任何人不能以任何借口限制银行的交易自由，并要求超过600弗罗林汇票兑付必须在阿姆斯特丹银行进行，使得几乎每一个商人都在银行开有账户。[④] 阿姆斯特丹银行负责各账户之间的转账；将应付汇票记入客户贷方，不允许私人账户透支，也不允许向私人提供贷款。

荷兰企业遍布各地是阿姆斯特丹银行大发展的关键原因。交易次数的繁多、商品交易量的巨大使得阿姆斯特丹银行必须将一切都记在账上，也正因如此，阿姆斯特丹银行建立了一种汇票体系，允许多方面扩大结账，这为信用票据提供了有效的票据交换场所。直至1660年，阿姆斯特丹银行已成为第一个国际票据清算中心，而这一优势一直维持到1710年，成为世界上最早办理国际清算的近代银行。[⑤]

3.3 国际金融中心的成形：伦敦

英国于1688年建立了资本主义共和国。工业革命巩固了英国的资本主义经济制度。工业化早期，在英国形成了世界性国际金融中心——伦敦国际金融中心。伦敦在国际金融领域中的独霸地位从1850年持续到1913年。

强盛的经济与发达的金融相互促进促使伦敦国际金融中心形成。第一，英国经济强国地位的确立，为伦敦国际金融中心的形成和繁荣奠定了雄厚的物质基础。18世纪中期，英国首先进入工业革命国家，凭借着低廉的价格和高质量的工业品，很快成为“世界工厂”。随着物美价廉的工

① 约翰·S.戈登.伟大的博弈：华尔街金融帝国的崛起[M].北京：中信出版社，2005.
② 查尔斯·P.金德尔伯格.世界经济霸权(1500—1990)[M].北京：商务印书馆，2003.
③ 吴晓求.历史视角：金融中心漂移中国如何成为全球金融中心[N].上海证券报，2007-3-1.
④ 孔祥毅.金融票号史论[M].北京：中国金融出版社，2004.
⑤ 余秀荣.国际金融中心历史变迁与功能演进研究[D].辽宁大学，2009.

业品占领了世界各国,英镑成为当时资本输出和国际贸易中使用最普遍的货币。18 世纪末,伦敦拥有多家发达的金融机构,成为世界上主要的金融中心。19 世纪中叶,伦敦取代了阿姆斯特丹成为世上最大的国际金融中心。整个 19 世纪的全球金融体系的主导权一直由大英帝国操控,其代言人英格兰银行则主导着国际金融货币体系的规则。到 20 世纪,世界各国均通过伦敦进行国际结算、资金汇集和金融交易,伦敦已经成为世界上的国际金融体系中心,伦敦国际金融中心在国际金融领域中的独霸地位一直持续到一战的爆发。第二,金融业飞跃式发展为伦敦成为世界性金融中心打下了坚实的基础。英国建立了世界上第一家现代意义上的中央银行——英格兰银行。1833 年,英格兰银行发行的银行券成为法定货币,在政府的支持下不断扩大股本,逐步垄断货币发行权,成为全国银行的中心。1844 年的《皮尔条例》赋予了英格兰银行发行货币的垄断权。此时,英格兰银行已经真正成为发行的银行、政府的银行、票据交换中心。英格兰银行在英国之后的几次经济危机中,通过贷款救助了大批商业银行,使它们渡过流动性危机,成为名副其实的“银行的银行”。①

工业革命前期,英国的银行主要有“城市银行”和“乡村银行”两类。工业革命后,城市银行迅速增长,通过发放短期贷款、贴现票据来为顾客提供短期的资本。② 1800 年后,出现了“票据中介人”,通过介绍商业票据的持有人与资金持有者接洽,并从中获取佣金。随着业务的扩展,19 世纪 20 年代中期,“票据中介人”逐渐发展成为贴现所,拥有自己的票据资产组合,还能从伦敦的银行获得短期融资。19 世纪,伦敦形成了票据贴现体系,它大大地提高了票据作为一种提供信贷方式的吸引力。18 世纪和 19 世纪初,乡村银行迅速发展,安全保管存款的同时,以短期贷款的形式借给其他人。全国性的银行网络在乡村银行和城市银行的基础上发展了起来,银行网络提供了地区转移和资金融通的方式。

像银行业一样,保险业也在伦敦获得巨大发展。1601 年,英国公布了第一部海上保险的法律,设立了历时 90 年的保险委员会。17 世纪中期,现代世界著名保险公司——劳合社的前身咖啡公司开始经营海上保险;1681 年,牙科医生巴蓬办理个人保险业务,并于 1670 年成立了第一

① 孔祥毅. 晋商与金融史论[M]. 北京:经济管理出版社,2008.
② Peter, Lane. The Industrial Revolution[M]. Book Club Association, 1978:129.

家火灾保险公司——太阳保险公司。1693年,现代人寿保险开始出现。[①] 18世纪初南海泡沫促使英国1720年6月皇家交易所和伦敦保险公司成立。1782年公平保险公司宣告成立,1799年英国火险公司成立。18世纪初开始,为了获取两个市场保费费率的差异利润,英国保险公司代理在欧洲大陆承保,并到伦敦再保险。1755年伦敦保险业跃居全球首位。[②]

从17世纪90年代开始,个人和商业团体可以通过伦敦证券交易所买卖股票和债券。但是,1720年南海泡沫事件以及《反金融诈骗和投机法》开始实施,使得很多股份公司相继倒闭,股票的数量变得少之又少。18世纪末,证券交易业务也多限于政府公债,极少涉及其他领域。[③] 1824年《反金融诈骗和投机法》被废除,英国股份公司才得到一定的发展,伦敦证券交易所才真正成为推动英国征服世界的引擎。然而英国政府对股票市场的过度管制,导致伦敦股票交易市场未能得到应有的发展,甚至在原地徘徊了一百多年。因此,英国对股份公司的限制使得其在未来竞争中逐渐落伍,世界经济霸主的地位必然移位。最终,英国世界经济霸主的地位被适应新形势的美国取代。

3.4 国际金融中心的成熟:纽约

纽约作为国际金融中心的,其崛起主要分为三个阶段:17世纪末至19世纪中期是全国金融中心的形成时期;19世纪中期至第二次世界大战前是国际金融中心的形成和初步发展时期;二战后,纽约彻底取代伦敦,获得国际金融中心的霸主地位。

3.4.1 19世纪中期:形成

17世纪末至19世纪中期,纽约凭借发达的商业贸易和强大的腹地经济以及证券市场制度的创新与发展,取代了费城成为全美金融中心。其中根本原因是伊利运河的修建改变了费城和纽约的商贸地位。首先,伊利运河带来的一个最直接的影响就是纽约市的人口开始爆炸式地增长,促进了纽约市与内陆腹地之间的人员、资金和物品的流动,为纽约市

---

① 孔祥毅.晋商与金融史论[M].北京:经济管理出版社,2008.

② 查尔斯·P.金德尔伯格.西欧金融史[M].北京:中国金融出版社,1991.

③ 查尔斯·P.金德尔伯格.西欧金融史[M].北京:中国金融出版社,1991:278.

提供了丰富的工业原材料和农产品,促进了当地经济的发展。

其次,伊利运河的开通为美国中西部产品运送到纽约提供了便利的交通条件,使纽约成为美国最大的贸易港口。之前由于运输成本,纽约与内陆经济缺乏密切的联系。1825 年伊利运河开通后,美国西部丰富的物产可以通过五大湖和伊利运河通过价格低廉的水路运送到纽约,成本骤降为原来成本的二十分之一,时间缩短为原来的三分之一。① 因此,越来越多的产品涌向纽约市场,纽约成为美国最大的贸易口岸。

最后,伊利运河的修建还撬动了纽约资本市场——1817 年 2 月新成立的纽约证券交易所为伊利运河项目发行了 800 多万美元的证券。② 纽约市在 1851—1853 年成立了 27 家新银行,是 1849 年银行数目的两倍多。③ 1850 年,美国已有大概 700 家股份有限银行,其中有近 600 家经常性地在纽约存放它们的余额,总量达到 1 700 万美元。1855 年,纽约市联合资金高达 6 000 万美元,全市拥有 50 多家银行以及众多的信托公司、保险公司。1860 年,欧洲在纽约的存款额为 3 000 多万美元。④ 丰富的流动资金吸引着全国各地的投资者,为纽约培植了一个庞大的货币市场。

19 世纪上半叶,纽约是美国主要金融制度的创新者。1860—1875 年,多方革新了纽约证券交易所。1867 年,第一个证券报价机在这里正式启用。1853 年 10 月 1 日,纽约清算公司的成立标志着这种制度正式诞生。1863 年的国民银行法规定 18 个指定设立国民银行的城市的一半储备应以现金的形式存放在纽约的国民银行中,这实际上使纽约国民银行成为银行的银行,执行调节和管理全国金融活动的职能。⑤

3.4.2 20 世纪 20 年代末:初步确立

此时,美国进入工业革命时代,比如 19 世纪中期开始兴起的铁路建筑需要巨额投资。私人筹集修筑铁路或建立工厂的必要资本的唯一途径,就是通过组织公司来集合大量投资者的资金,此项举动推动公司数量

---

① 约翰 · S. 戈登. 伟大的博弈:华尔街——金融帝国的崛起[M]. 北京:中信出版社,2005.

② 张益俊. 从梧桐树协议到全球先驱——美国纽约证券交易所见闻[J]. 世界经济,1994(12).

③ Fdwand K Spann. The New Metropolis: New York (1840—1857)[M]. New York: Columbia University Press, 1981:283.

④ Margaret. G. Myers. The New York Money Market[M]. New York: Columbia University Press, 1931: 115.

⑤ 余秀荣. 国际金融中心历史变迁与功能演进研究[D]. 辽宁大学,2009.

大增。此外,随着票据交换制度的普遍化,投资者可以通过证券交易所兑现购买的股票,投资者的增加推动了公司数量的增加。19世纪末,铁路、公用事业、保险业、工业企业等领域普遍采用公司的组织形式,而且主要采用股份有限公司的形式。

投资信托公司和投资银行对证券交易的推动,以及公司经营的普遍成功,促使社会上大量的闲散资金卷入了企业的创办以及其他各类经济活动中,这在美国造就了一场规模浩大的工业化运动。例如,1919—1929年,美国公司新发行的有价证券总额从23.03亿美元猛增至86.49亿美元。① 1920—1929年美国证券市场的交易额从2.23亿股增加到11.24亿股②,其中纽约证券交易所的成交额1923年为2.36亿股,1926年增至4.51亿股,1927年达到5.77亿股。③ 纽约证券交易所全部股票市值从1925年的270亿美元跃至1929年10月1日的870亿美元,普通证券的平均价格增长几乎达3倍。④

然而,好景不长,30年代爆发的经济大危机暴露了当时金融业的弊病。美国政府经过了股市崩溃的教训,于1933年分别颁布了《1933年证券法》和《1934年证券交易法》,着手解决证券市场的监管问题,旨在管理证券的发行、流通市场。美国此外还相继颁布了《1933年银行法》和《1935年银行法》。《1933年银行法》建立了分业监管、分业经营的金融体制框架,建立存款保险制度,确立了银行业、证券业和保险业分业经营的制度,这使得美国成为世界上最早建立存款保险制度的国家。1936年,联邦政府颁布了《马诺尼法》,目的是加强对场外证券交易的管理。1935年,颁布了《公用事业控股公司法》,目的是防止一些公司利用控股的方式垄断公用事业,损害消费者和投资者的利益。1940年,为了加强对投资公司的监管,通过了《投资咨询法》和《投资公司法》。⑤

可见,美国的公司制与证券交易所之间互为促进,相得益彰,共同促进美国经济的迅速崛起。在这个过程中,作为全国金融中心的纽约,无疑

---

① 阿瑟·林克,威廉·卡顿.1900年以来的美国史(中册)[M].北京:中国社会科学出版社,1983.

② 德怀特·L.杜蒙德.现代美国:1896—1946[M].北京:商务印书馆,1984.

③ 阿瑟·林克,威廉·卡顿.1900年以来的美国史(中册)[M].北京:中国社会科学出版社,1983.

④ 同上。

⑤ 余秀荣.国际金融中心历史变迁与功能演进研究[D].辽宁大学,2009.

获得了巨大发展,而公司制的推行使纽约证券市场由债券交易市场转化为股票交易市场。

3.4.3 二战后:纽约取代伦敦

二战后,美国凭借强大的经济军事实力取得了世界金融规则、贸易规则制定的主导权,组织并控制了世界三大机构:联合国、国际货币基金组织和关贸总协定。建立了布雷顿森林体系以后,美元与黄金挂钩,自此美元成为世界最重要的国际储备货币和国际清偿手段,世界贸易商品和金融交易的定价、支付和结算都离不开美元。纽约通过美元联系了世界各国的金融神经,逐渐成为世界资本供应和聚集中心。此后,纽约迅速地替代了伦敦,在国际金融中心中独占鳌头。

在这个时期,华尔街在理念上、理论上和技术上孕育了大变革:一是股票定价理论和现代证券分析理论的兴起,投资取代了投机,成为华尔街的主流。最突出的表现是,20 世纪 30 年代,已出现了债券定价模型、国债定价模型。1938 年美国的投资理论家 J. B. 威廉斯在《投资价值理论》一书中提出了对股票定价的股利贴现模型(DDM),1956 年戈登和夏皮罗在此基础上提出了股息以不变的增长率增长的固定增长模型,1959 年莫洛多斯基提出了三阶段增长模型等。1952 年马柯维茨提出了著名的现代资产组合理论,在此基础上,夏普、林特尔和莫森在 1964 年、1965 年、1966 年分别独立提出了资本资产定价模型(CAPM)。大量的理论研究、证券的分析与选择使投资者逐渐回归了理性,华尔街证券交易投资的理念逐步形成。①

二是机构投资者取代散户成为华尔街投资主体。20 世纪 60 年代,养老基金每年都有 10 亿美元的资金进入股市,20 亿美元的资金进入债市。② 除此之外,随着千百万美国家庭开始有能力购买人寿保险,保险公司聚集了大量资金,并越来越多地成为华尔街的投资主体。共同基金的地位也越来越重要,1950 年共同基金的规模达到 25 亿美元,1960 年资产达到 170 亿美元,并且还在迅猛发展。大量投资机构源源不断地向普通股市场注入资金,稳定了股市,改变了投机创富的金融文化,代之以资产选择与组合的投资方式。

---

① 余秀荣. 国际金融中心历史变迁与功能演进研究[D]. 辽宁大学,2009.

② 约翰·S. 戈登. 伟大的博弈:华尔街——金融帝国的崛起[M]. 北京:中信出版社,2005.

还有一个突出的表现就是运用高科技革新交易所技术装备，电子竞价交易方式得到迅速发展。高科技的发展使得交易所的技术装备日新月异，新的股票自动报价机和数字计算机开始使用。1969年，Instinet交易系统就开始使用电子连续竞价的交易机制，几十年后这种机制才相继被加拿大和欧洲大陆的一些证券交易所采用。如今电子连续竞价交易仍然是证券交易的最主要的形式。

3.5 国际金融中心多元化格局

就在纽约为其成为国际金融中心而志得意满时，“欧洲美元”这一新的金融范式生成了。欧洲美元的产生，使得资金的跨国流动做到了真正的全球化，从根本上破除了国际金融中心必须依附经济中心和贸易中心、必须取资于国内资本供应的传统范式，自此国际金融中心开始了分散化进程。

3.5.1 离岸金融中心崛起

离岸金融中心产生于境外货币市场，境外货币市场也就是20世纪50年代的欧洲美元市场。1950年，美国因为中国的抗美援朝，冻结了其存放在美国银行的资金，苏联和东欧国家因此担心它们在美国的资金安全，便将资金转存到英国的银行。而当时的英国政府正需大量资金来支持国内经济的发展，恢复英镑地位，于是，欧洲美元市场便产生了。

美国对美元输出的管制促进了欧洲美元市场的进一步发展。美国的国际收支在1958年以后，开始出现了大规模的赤字。美国采取了限制资本流出的措施，来防止国际收支的进一步恶化，这便迫使美国境外居民把美元的借款业务转移到欧洲美元市场。此外，许多美国银行因为“Q条款”限制了美国银行的存款利率，纷纷到伦敦开设分支机构，经营“欧洲美元”的存放业务。而由美国银行经手的“欧洲美元”在伦敦“欧洲美元”业务中占比最大，1966年，“可转让美元定期存单”由花旗银行在伦敦首先发行，引起其他银行相继仿效，形成了一个大规模的转让市场。这些做法都刺激了欧洲美元市场的发展。

从20世纪60年代开始，在欧洲货币市场上交易的币种和地理范围都扩大了，马克、瑞士法郎等币种可以在亚洲的新加坡、中国香港等地进行借款。这样，原有的欧洲美元市场就演变成欧洲货币市场。“欧洲银行"或"欧洲货币市场"就是指那些经营欧洲货币业务的市场和银行,后来被称为"离岸金融中心",即经营本国以外货币的借贷交易以及存放场所。

3.5.2 全球性国际金融中心

英国在二战以后,实行了欧洲最为严厉的政府管制以及最为广泛的国有化计划,导致了伦敦国际金融中心的发展走了一段弯路。撒切尔夫人执政后,进一步认识到金融服务业改革的迫切性,通过向公众和私人企业出售国有股,对国有企业实行私有化。英国于 1997 年成立了英国金融服务监管局(FSA),颁布了《2000 年金融服务和市场法》,统一了监管标准,极大提高了金融监管的效率。证券市场的巨大改革和良好的金融监管,使伦敦国际金融中心的资本市场迅速发展,形成了完整资本市场结构。例如,1999 年和 2000 年,在美国首次公开发行的外国企业规模超过 800 亿美元,10 倍于伦敦,到了 2005 年,在伦敦首次公开发行的外国企业筹集了 103 亿美元,而美国仅有 60 亿美元;2006 年,全球股票市场首次公开发售融资规模 3 204.83 亿美元中,伦敦超过纽约名列第一位,占全球 IPO 的 17.6%。2007 年全球股票市场首次公开发售融资规模为 3 709 亿美元,伦敦证券交易所占 13.4%,排行第三。①

纽约作为国际金融中心,拥有众多美国国内大型金融机构的总部和外国金融企业在美的分支机构,更拥有齐全的金融市场,特别是多层次全方位资本市场体系,这为国际投资、投机资本提供了良好的资金流动平台,成为世界各国公司筹融资、投资投机的良好场所。

同时,纽约商品交易所是世界上最大的商品期货交易所,主要交易能源和贵金属。纽约商品交易所有 132 年历史,现在它有 NYMEX 和 COMEX 两个分支机构,前者主要交易能源产品、白金和钯的期货与期权合约,后者主要交易金、银、铜和铝的期货与期权合约。2006 年,纽约商品交易所合约成交量突破 10 亿份,日均成交量达到 540 份,较上年增长了 29%。②

依靠政府主导推动和金融自由化,20 世纪 80 年代末,东京一跃成为

① 张望. 金融争霸——当代国际金融中心的竞争、风险和监管[M]. 上海:上海人民出版社,2008.

② 余秀荣. 国际金融中心历史变迁与功能演进研究[D]. 辽宁大学,2009.

与纽约、伦敦齐名的世界三大国际金融市场。东京之所以能够在战后短短20多年时间里迅速崛起成为世界性国际金融中心，主要有三方面的原因：一是日本作为第二大经济体拥有强大的经济实力；二是日元国际化和自由化是东京成为国际金融中心的重要动力和前提条件；三是20世纪70年代以来，日本已成为全球最重要的资本输出国。1986年，日本成为全球最大的净债权国，东京市场成为日本最重要的资本输出地。但是，由于日本经济发展的相对滞后、金融产品偏少、金融政策相对保守、开放顺序和程度与国内金融系统改革的适应度不够等多方面因素制约，尤其是近二十年的经济衰落，使得东京国际金融中心的总体地位逐渐衰落，面临着日益严峻的挑战。

3.5.3 区域性国际金融中心

香港、新加坡、法兰克福等被公认为是区域性国际金融中心。香港在1969年发展成为区域性国际金融中心。香港虽然错失了在1965年发展亚洲美元市场的机会，但成为海外金融机构用作发展银团贷款和基金管理的基地。在20世纪80年代以前，香港金融界和内地有关的业务多限于转口贸易融资方面。20世纪80年代初，在内地推行经济改革开放后，香港与内地之间的经济金融联系呈现了一个崭新的局面——为了应对当时香港持续上涨的生产成本和日益激烈的国际竞争环境，港商利用内地改革开放政策，将大量厂房迁移内地，香港充当引进外地人才、资金、技术、管理及信息的桥梁，逐步发展成为向内地提供支持制造业服务的基地，提供的支持涉及融资保险、销售推广、转口贸易、会计、运输等服务。经过十年的发展后，香港逐渐从银团贷款中心演变为离岸金融中心。20世纪80年代末，香港作为亚太地区国际金融中心的地位正式形成，目前香港已成为重要的国际金融中心之一。

从20世纪60年代末至20世纪70年代，新加坡利用自身优越的地理位置，便利的国际贸易港口，稳定的政治经济和币值，优惠的财政、税务奖励，完善的基本建设与通信设备，高效率的行政服务，逐渐放松外汇、黄金管理，对外国银行采取开放政策，决心发展成为国际金融中心。20世纪60年代，美元出现危机，引发了抢购黄金的风潮，当时美国采取紧缩的金融政策，提高了欧洲美元市场利率。新加坡“美洲银行”为了解决亚太地区对美元需求，打算在当地吸收美元存款，新加坡政府抓住时机，及时取消外币利息税，实行了一系列优惠措施，大力鼓励外资金融机构进入新加坡金融市场。1968 年 10 月,在新政府的准许下,美洲银行新加坡分行率先设立"亚洲货币单位"部门,并发行亚洲货币单位(ACU)作为在亚洲美元市场上经营"亚洲美元"业务的独立记账单位;1969 年,花旗、华侨、渣打和汇丰等银行也相继获准经营,亚洲美元市场成立了。此后新加坡亚洲美元市场的业务逐渐扩大,发展成为以亚元债券为主的资本市场以及以银团贷款和美元存款单为主的借贷市场,在 20 世纪 80 年代后,新加坡还积极发展离岸基金管理和金融期货。

法兰克福之所以能从一国金融中心发展成为区域性国际金融中心,关键因素是法兰克福在欧元区的独特地位。二战后,由于法兰克福是美国在德国军事管理部的总部,美国便将德意志联邦银行设在法兰克福,此后,德国的其他政策性银行也将总部陆续迁到了法兰克福。此外,法兰克福证交所也促使法兰克福发展成为金融中心。20 世纪 60 年代后,许多银行为了能方便与法兰克福证交所的交易,纷纷选择将总部设在法兰克福或购买法兰克福当地的私人银行,因此,法兰克福逐渐发展为德国国内的金融中心。

3.6 经验总结

国际金融中心并没有因为新兴金融中心的出现而没落,这充分体现了金融中心具有历史惯性和集聚效应。每个国际金融中心的形成和建立都有其内在优势,如自由开放的经济,良好的金融环境,稳定的社会环境,优质的监管环境,稳健的法律体系,良好的基础设施,政府有利扶持,完备的市场体系,深厚的人才基础等强大的向心力因素。同时各个中心的兴衰离不开政治经济事件对它们的影响。

第一,从金融中心的形成和发展可以看出,世界金融中心的形成多与战争等因素相关,战争的发生使某一金融中心停滞,却给另外的金融中心以蓬勃发展的机会。战争之外的国家可以通过抓住机遇发展本国经济,获取世界经济的重要地位,并在此基础上形成各国金融联系的纽带。

第二,从金融中心的发展进程和路径来看,突变的革新、渐变的发展与积累、对手的决策等,都是它们一步步发展壮大的不可缺少之路,如科技贸易的发展、港口的形成、战后宽松、固定利率制度的取消等是金融中心发展的内生动力;再如对手国家的战争管制、贸易保护、紧缩政策等是金融中心发展的外生动力。

第三，世界范围的经济危机、金融危机会波及整个世界范围，从历史的角度看，当世界范围内发生经济危机、金融危机时，某一金融中心是很难从中获取自身发展的机会的。经济危机后，全球经济增长会全面放缓，随后各国会通过管制等手段促进本国经济发展，从而恢复金融中心的地位。在这种路径下，不同金融中心的经济金融的波动是同方向的。因此，在同一时点上某一金融中心的地位是很难获得提升的，更别说超越其他金融中心。但是，某一金融中心可以凭借比其他国家先走出危机的方式，获得有利地位；也可以利用其他国家实施的资本管制与保护，吸引国际资本，尽快得到复苏。

从发展的眼光看过去的几个世纪的历史，金融中心不是刻意建设出来的，而是在某种因素的刺激下积累发展的。在 21 世纪的今天，世界经济格局已经形成，再寻找这样的突变因素，如水利、铁路、港口的兴建给城市带来的前所未有的机遇，对于北京建设金融中心来讲相对比较困难。大范围的战争、以发达国家为战场的战争的可能性更是较小。因此北京金融中心的发展，必须努力通过第二、第三点途径，突破世界格局，获得国际地位。

第4章　北京与其他金融中心的比较

本章将北京与上海、香港、东京三个典型的金融城市构建金融中心的相关因素进行比较。具体而言，北京与上海的比较，侧重点在于两个城市构建金融中心的优劣势比较；北京与香港的比较，着重于两个城市金融市场的发展状况比较；北京与东京的比较，主要指两个城市的地缘因素比较。

4.1　北京与上海的比较

目前，随着中国经济的发展和在世界经济体系中地位的提升，如何构建中国自己的国际金融中心已经成为热门话题。而国内各主要城市都意识到金融中心对推动区域经济发展所起到的重要作用，因此，争当金融中心便成为国内众多城市发展所追求的目标，有不少大城市提出了建设金融中心的目标。

上海是中国第一大城市，也是中国经济最发达的城市。上海在20世纪就已经成为远东国际金融中心。而当前上海国际金融中心已经上升为全国战略。因此，对于北京而言，建设金融中心最大的竞争对手是上海，发展金融业最大的挑战是上海。通过比较北京和上海的优劣势，有助于认清当前形势，进行合理规划。

4.1.1　地理及历史因素

上海是长三角经济圈的中心城市，也是世界上吞吐量最大的港口城市，上海口岸的进出口总额占到全国1/4以上。而北京只是一个近海城市，需要以天津作为出海口。上海位于华中地区，能够同时连接华北和华南市场。北京地处农牧交错地区，脆弱的自然条件使这一地区也成为自然灾害的多发区。在这种情况下去发展经济和金融，其成本显然要大大高于江浙和沿海地区。

在金融业发展方面,上海具有北京不可比拟的历史积淀。上海是中国近代金融业的发源地。早在20世纪30年代,上海就已经成为中国最大的金融中心和远东国际金融中心。新中国成立以后,上海的这种地位虽已不复存在,但这种历史积淀赋予上海发展金融业和建设国际金融中心的深厚土壤。[①] 而北京则一直是中国的政治文化中心,金融业的历史积淀比上海要逊色。

4.1.2 经济实力

长三角地区经济繁荣,目前,上海及其周边地区已经成为东亚仅次于日本东京圈的第二大城市群,经济总量占到全国20%以上。进入中国的海外直接投资近半数流向了这个地区。该地区已经成为中国交易最为活跃、资本最为密集的地区,这为上海金融发展提供了有效需求和强大的实业基础。虽然北京所处的环渤海地区在近些年也取得了长足的进步,但从整体上来说,该地区的经济实力较长三角和珠三角地区薄弱,产业集群的完整性较差,国际化程度较低。此外,北京、天津以及河北在产业结构上也有诸多重合,不利于发挥比较优势,这一地区的区域合作开展程度也远较长三角地区和珠三角地区要低,且缺少统一规划,内耗严重。

实际上,有观点认为,北京这些年来的发展,在很大程度上是以周边省市的"虚脱"为代价。很典型的一个例子,在北京周边,有一条举世瞩目的"环京津贫困带"。没有广泛的经济腹地,没有一体化的区域经济支持,国际金融中心的建立是很难想象的。相较于北京,上海的经济实力更为雄厚,同时经济类型更为外向。上海历来就是中国的经济中心,对周边地区有着良好的辐射力。

由表4-1可知,上海2012年GDP总值为20 101亿元,人均GDP为85 033元。北京2012年GDP总值为17 801亿元,人均GDP为87 091元,GDP总值弱于上海。同时,上海在贸易总额和实际利用外资金额方面优势较大,这说明目前上海作为经济中心和贸易中心的功能比北京更为完善,经济外向性更强,对国内外投资者也更有吸引力。但从产业结构的角度来看,北京第三产业贡献率为76.36%,高于上海的60%。近几年,北

① 宗青,王晶.基于SWOT分析的上海金融服务业发展对策研究[J].决策与信息(财经观察),2008(9).

京金融业对 GDP 的贡献度一直居于全国首位,而上海的金融 GDP 占比近几年增长趋于停滞。

表 4-1　北京与上海 2012 年相关经济指标对比

指标	北京	上海
GDP(亿元)	17 801	20 101
GDP 增长率(%)	7.7	7.5
人均 GDP(元)	87 091	85 033
贸易进出口总额(亿美元)	4 081.07	4 367.58
实际利用外资金额(亿美元)	80.42	151.85
第一产业占 GDP 比重(%)	0.84	0.64
第二产业占 GDP 比重(%)	22.80	39.36
第三产业占 GDP 比重(%)	76.36	60.00

数据来源:Wind 资讯。

4.1.3　战略选择

2008 年 4 月 30 日,中共北京市委、北京市人民政府正式发布《关于促进首都金融业发展的意见》,提出了首都金融业的定位和工作目标,是目前北京金融业发展的最高层次的纲领性文件。与此同时,上海于 2008 年 7 月出台了《上海市推进国际金融中心建设条例》,是上海促进金融业发展和金融中心建设的主要地方性法规。表 4-2 对《关于促进首都金融业发展的意见》和《上海市推进国际金融中心建设条例》中所列的主要政策内容进行了比较。

表 4-2　北京与上海关于建设金融中心的政策比较

	北京	上海
总体目标	通过建立全方位的政策支持体系、多样化的金融组织体系、立体化的金融服务体系、多层次的金融市场体系,不断提升首都金融业的集聚力、创新力、辐射力和贡献力,将北京建设成为具有国际影响力的金融中心城市。	争取到 2020 年将上海建设成为监督有效、服务高效、金融体系完善的国际金融中心。

（续表）

	北京	上海
建设方式	通过政府职能转变，以政策指引为导向，持续优化金融环境为金融机构提供优质服务。利用自身的资源禀赋优势，提升金融业的集聚力和影响力，推动社会经济发展和服务民生。	遵循市场化、国际化、法制化原则，依托经济、航运等方面的优势，通过政策支持，实现经济中心和金融中心的齐头并进。
区域布局	提出了“一主一副三新四后台”的金融产业空间布局规划。	以陆家嘴金融贸易区为核心，外滩及其周边地区补充，洋山保税港区发展离岸金融。
具体目标	将北京定位为国家金融决策中心、金融管理中心、金融信息中心和金融服务中心。确立首都金融业发展的战略地位，优化金融发展环境，强化金融市场建设，维护首都金融稳定与安全，形成产业新增长极，充分发挥金融在全面建设小康社会、加快现代化建设中的重要作用，促进首都经济社会协调可持续发展。	通过金融要素市场建设、机构体系建设、支付结算体系建设、中介服务体系建设，将上海建设成为四个中心，即：人民币成品的交易、定价和信息中心，资金运作和资产管理中心，资金清算中心和金融后台服务中心。
资金支持	没有提出明确的资金支持措施。	设立上海国际金融中心建设“金融发展资金”，奖励金融创新、扶持新设金融机构，奖励金融人才。
环境建设	具体包括：金融服务环境建设、金融政策环境、金融信息环境、社会信用环境建设、金融中介服务环境建设等。	提出了改进行政服务、基础设施建设、信用环境建设、金融文化建设、金融人才建设、法律服务环境建设等一系列具体措施。
金融监管	构建金融管理部门与地方政府之间更加科学合理的协调配合机制。支持“一行三会”完善监管设施，建设金融后台项目。	建立与中央金融管理部门及其派出机构的协调配合机制；支持中央金融管理部门有关功能性机构落户建设。
风险管理	配合金融管理部门建立和完善风险监测信息系统、金融监管和金融稳定协调机制、金融风险预警机制、金融风险应急处置机制、金融不良资产处置机制。	建立金融稳定协调机制、风险金融预警机制和金融风险应急处置机制。
金融合作	一是促进区县合作发展；二是促进区域金融合作，建立京津冀、环渤海地方政府金融合作机制。	以长三角金融合作为切入点，扩展到全国范围和两岸四地，最终通过国际金融合作，将上海的辐射力扩展到世界范围。

由表 4-2 可知,北京和上海建设国际金融中心的战略有明显不同。根据相关政策,上海将依托其经济、航运等方面的优势,通过政策支持,实现经济中心和金融中心的齐头并进。同时,上海的目标是建设在岸金融中心,因此,上海提出了先建设国内金融中心,再建设国际金融中心的规划。而北京市则在《关于促进首都金融业发展的意见》中提出利用自身的资源禀赋优势,提升金融业的集聚力和影响力,推动社会经济发展和服务民生。

上海的战略规划依托于其在全国范围内最强的经济实力,并且与中央一直以来的政策一脉相承。在 2006 年全国“两会”上,中央提出上海要建设国际经济、金融、贸易、航运“四个中心”。上海建设国际金融中心被纳入国家发展战略。这项国家战略要求上海发挥经济优势,起到带动长江三角洲及长江流域经济发展的龙头作用;同时,还要依托其经济实力,发挥服务于全国经济发展的金融功能。因此,《上海市推进国际金融中心建设条例》强调上海应当通过金融市场建设,完善金融服务功能。

北京与上海不同,它并非全国范围的经济中心,在建设金融中心的战略中也并未强调要建设成为经济中心。相反,在《关于促进首都金融业发展的意见》中,更多地强调的是政府职能转型,通过政府职能转型和政策支持,吸引金融人才,改善金融环境,并提出金融支农、通过金融支持中小企业发展、服务社会民生等措施。也就是说,根据《关于促进首都金融业发展的意见》,北京在建设国际金融中心的过程中,采用的是政府引导的路线,通过政府支持下金融的发展来带动北京产业结构调整和经济的升级,从而形成新的经济增长点,促进首都经济的协调可持续发展。

关于“具体目标”这一项,上海提出了建设“四个中心”的规划,明确将上海定位为国际金融中心。而北京则强调依托其作为首都,大量金融管理机构集聚以及随之而产生的信息优势,建设决策中心和管理中心。在金融环境建设上,北京更强调金融信息环境的建设,强调深化与金融管理部门的合作,来加强金融监管和风险管理。上海则提出了通过支持中央金融管理部门有关功能性机构落户建设,以此加强金融监管,来弥补上海远离金融管理部门的劣势。

在具体规划方面,上海在金融中心的建设上起步更早,因此在金融业发展区域布局上更为合理,“中心”远比北京突出。《上海市推进国际金融中心建设条例(草案)》在对金融业发展的布局方面,明确要以“陆家嘴金融贸易区为核心”,外滩及其周边地区只是作为金融中心建设的“补充”。这种布局保证了金融资源在陆家嘴金融贸易区的集中,对将该地区发展成为国际金融中心非常有利。而对于北京,《关于促进首都金融业发展的意见》所提出的“一主一副三新四后台”的布局模式存在金融资源分散配置的明显弊端,使得北京有限的金融资源难以在一个区域内集中。

在后续的金融合作展开方面,《关于促进首都金融业发展的意见》提出了提升金融服务区域经济发展水平的政策。具体而言,一是促进区县合作发展;二是促进区域金融合作,建立京津冀、环渤海地方政府金融合作机制,为金融机构跨区域发展提供良好服务。也就是说,目前北京对于建设金融中心的规划,以及对未来北京经济辐射范围的规划,尚停留在京津冀、环渤海地区,还没有形成后续的具体行动计划。而上海则提出了立足于长三角地区,开展国内和国际金融合作,逐步将上海影响力扩展到全世界的战略。其战略规划更为长远和宏大。

同时,上海国际金融中心建设一开始就被确定为国家战略,北京金融中心建设难以获得这样的战略地位。早在1992年召开的中共十四大,就明确提出了要在2010年把上海基本建成国际金融中心,上海国际金融中心建设从此便成为一项具有全局意义的国家发展战略。2009年3月,国务院更通过《将上海建成国际金融中心和国际航运中心的意见》,提出到2020年,将上海基本建成与中国经济实力和人民币国际地位相适应的国际金融中心。而北京直到2008年4月30日《中共北京市委北京市人民政府关于促进首都金融业发展的意见》发布,才正式提出建设“具有国际影响力的金融中心城市”的目标,而这一目标只是北京市的金融业发展目标,并没有成为国家战略。事实上,在《关于促进首都金融业发展的意见》发布后,中国人民银行、证监会和银监会均委婉地表达了反对意见,而保监会则不置可否。在建设国际金融中心的过程中,上海一直得到国家各方面的政策支持,作为金融监管部门的“一行三会”也对上海金融业发展给予了很多倾斜。而北京金融中心建设由于不属于国家战略,因此很难获得国家层面的政策倾斜。

4.1.4 金融市场

北京聚集了大量中央政府机构,北京实际上是全国经济决策和宏观调控的中心和金融监管中心;国家统计局、国家信息中心、国务院发展研究中心、社科院等权威信息发布机构、研究机构均位于北京,使北京成为全国最大的经济和金融信息中心。同时,由于在决策、管理和信息等方面的吸引力,北京汇集了众多的金融机构总部。众多金融机构总部以及随之产生的大量交易活动为北京带来了更深厚的信息腹地,并获得了相当的规模经济。

但是,北京市场种类、层次单一,虽然作为国内金融中心,但是至今还没有形成一套完整的金融市场体系。目前,北京没有证券交易所,没有黄金交易所,没有期货交易所。这些金融市场的缺位,说明北京作为金融中心的市场体系是不完善的,功能尚不健全,因为金融市场应该是一个功能互补、相互联系、相互促进的整体,北京尚无法成为具有国际影响力的金融市场。

上海在多年金融中心建设中,也实现了较高程度的金融集聚。根据中经网统计数据库,截至 2012 年,上海金融业单位数达 1 048 家,上海外资法人银行占全国总数的 2/3,资产占全国外资法人银行总资产的 85%以上。上海外资法人财产险公司占到全国的将近一半,全国一半以上的中外合资基金管理公司汇聚上海。实际上,上海已经基本形成了多层次金融市场。上海的金融业已形成以资本、货币、外汇、商品期货、金融期货、黄金等为主要内容的现代金融市场的体系。许多全国性金融机构的主要交易中心都在上海。但相对于纽约、伦敦等国际金融中心,上海在金融市场的广度深度方面,证券交易量交易品种少,辐射能力差,资源配置效果差。货币与外汇市场有待进一步改善。

当然,也有观点认为,北京而非上海才是中国真正的证券交易所中心。证券交易所有三个最基本的功能:第一,上市前的审批和上市后的监管;第二,交易平台,就是交易大厅那些设施;第三,中央登记结算。虽然证券交易所在上海,实际上证券交易所的三大重要功能中最重要的两项都在北京,审批和监管由证监会负责,登记结算属于中国证券期货登记结算公司的工作,也在北京。上海只有三大功能中最次要的交易平台。在网络化的背景下,交易平台并没有太大意义,虽然交易平台在上海,实际上在中国任何一个角落都可以进行证券交易。有了纳斯达克那样的无形市场,交易就不是跟着证券交易的平台,而是要跟到产业链中。从这个意义上讲,总部比交易平台更有意义。金融机构的总部、跨国公司的总部是一个交易生存的产业链,总部集聚在哪里,交易就会涌向哪里。

在金融环境方面,北京较上海处于劣势,上海的市场规则更加健全,金融调控更加有效;上海具有国内相对先进的现代化电子通信网络,目前上海的金融信息网络与全国以及国际金融信息网络已经实现连接。在建设国际金融中心的法制化方面，上海也走在北京前面。2008 年 7 月，《上海市推进国际金融中心建设条例（草案）》基本定稿，将上海推进国际金融中心建设问题以地方法规的形式确定下来。北京出台的发展金融业的措施大多停留在“文件”、“政策”层面，具有较强的行政化色彩，由此造成的不确定性制约了北京的金融环境优化。①

4.2 北京与香港的比较

香港作为国际金融中心，本身经济规模不大。但香港具有完善的金融市场体系。及时、多样化的结算支付系统构建起了一个安全高效的国际金融交易平台；并以法律的形式构建起了一个公平、合理、严格的金融监管体系。同时，香港拥有为数众多的高素质金融人才和设备齐全的交易场所、便利的交通以及时区优势。根据 2006 年国际证券联合会的调研，香港是全球资金流动最自由的经济体。以上因素使得香港跻身世界少数几个最主要的国际金融与商务中心行列。2010 年，香港外汇市场成交额保持在世界第六位，港股市值排名世界第六。同时，香港是全球五大黄金市场之一。以管理资产额计算，它是亚洲第二大基金管理中心。

香港今天的地位，与 20 世纪 70 年代香港政府采取了一系列鼓励外资流入的措施有关。这些措施直接推动了香港金融市场的国际化。这些措施包括：1973 年和 1974 年分别解除了外汇管制和黄金管制；1978 年放松对外国银行进入香港地区的限制。目前，北京的金融市场与世界主要国际金融相比存在明显差距，通过与香港进行比较，有利于找出北京的差距并进行改进。

4.2.1 经济发展

21 世纪以来，北京逐渐加快了经济发展和金融市场建设的步伐，具体表现为经济的高速增长和金融业产值的逐步增加。但是，与香港国际金融中心相比，北京的金融业规模仍然较小。

① 谢太峰，郑文堂. 北京金融发展布局：现状、问题与重整［M］. 北京：经济科学出版社，2009.

如表 4-3 所示,北京的 GDP 总量虽然略高于香港,但是北京巨大的人口规模和近几年外来人口的大量涌入导致北京在人均 GDP 上远低于香港。但北京在近十年 GDP 增速远高于香港,两者的差距在逐渐缩小,在未来北京 GDP 可能一直超过香港。同时,北京的投资率要远高于香港,显示出北京经济的高成长性。

表 4-3 北京与香港 2012 年经济金融指标比较

基本经济指标					
	人口(万)	GDP(亿美元)	人均 GDP(美元)	平均增长率(%)	投资率(%)
北京	2 069.0	2 819.96	13 796.59	7.7	41.10
香港	718.4	2 535.05	35 432.43	1.4	26.02

经济结构指标(占 GDP 的百分比)			
	第一产业占比(%)	第二产业占比(%)	第三产业占比(%)
北京	0.84	22.80	76.36
香港	0.00	7.00	93.00

服务业结构指标(占 GDP 的百分比)						
	宾馆餐饮	交运仓储邮政	金融服务业	不动产与商务	批发与零售	进出口贸易
北京	3.7	4.4	14.6	27.1	11.2	—
香港	3.4	6.3	15.8	11.3	4.9	20.5

数据来源:Wind 资讯,香港金融管理局,《北京统计年鉴》。

根据表 4-4 所示,在香港回归后的 10 年间,香港 GDP 为 4.2%,该数据显示出回归后香港的经济增长为恢复性增长。同时,由于香港是受 1998 年金融危机影响最严重的经济体之一,香港相比其他亚洲新兴工业化国家和地区的增长速度偏低(同期新加坡平均增长率为 5.24%),但仍高于美、日等成熟经济体。而 2008—2009 年,香港受金融危机影响,经济出现严重衰退,2009 年甚至出现负增长,2010 年,香港经济开始复苏。

表 4-4 北京与香港历年 GDP 增速比较 (单位:%)

年份	1997—2006	2007	2008	2009	2010	2011	2012
北京	12.9	14.5	9.1	10.2	10.3	8.1	7.7
香港	4.2	6.4	2.3	-2.7	6.8	4.9	1.5

数据来源:Wind 资讯,香港政府统计处,《北京统计年鉴》。

北京在2008年金融危机前一直保持着两位数的GDP增长率,2008年受金融危机影响,北京的经济增长有所放缓,但仍然保持了9.1%的增长率。并在2009年金融危机尚未结束时,率先实现增长率的反弹,使增长率重新回到两位数,并在2010年保持了稳定。通过数据可知,2008年北京第三产业贡献率高达97.5%,而2009年则回到了正常水准的73.1%。这说明金融危机时北京所采取的一系列刺激金融业发展的措施起到了良好的效果,使得北京维持了较高速度的增长。而2009年,北京的第三产业贡献率恢复正常,同时实现了10.2%的增长,说明北京经济率先恢复常态。总体而言,北京一直保持着高增长,并在金融危机时表现出良好的应对能力,显示出经济增长的稳定性。

在经济结构方面,北京与香港在二、三产业的比例上有一定差距。香港的工业仅占GDP的7.0%,而服务业高达93%。而北京的工业占比仍然高达22.8%,服务业占比为76.4%。就服务业内部结构来看,北京的不动产与商务一项占了服务业的较大比重,结合金融危机时期政府采取的房地产刺激计划,以及目前偏高的房价,北京的第三产业显示出明显泡沫化迹象。同时,北京第三产业中,批发与零售所占比重也比香港明显偏高(11.2%对4.9%)。而香港第三产业中,比重较高的则是进出口贸易,香港的经济比北京更具外向性,这显示出香港作为全球贸易中心的优势所在。

国际金融中心发展程度的一项指标是国际资本流动的规模大小。在这项指标上,北京远远落后于香港。由于中国目前仍然对资本账户实行较为严格的管制,因此流动资产的规模较小,且以外国直接投资和直接对外投资为主。2012年,北京实际吸收的外国直接投资为80.4亿美元;而根据香港的国际收支平衡表,2012年香港对外直接投资为4 031亿港元,吸引的外国直接投资为5 814亿港元。

4.2.2 金融市场

香港作为主要国际金融中心之一,拥有全面完整的金融市场体系,除了银行业市场、股票市场和保险市场外,香港的金融服务业还包括外汇市场、黄金市场、衍生品市场等。香港银行业是香港成为国际金融中心的基础。2007年,银行业的就业人数及增加值分别占整个金融服务业的46%和60%。2007年年底,香港共有142家持牌银行、29家有限制牌照银行及29家接受存款公司。香港银行业市场资金规模庞大,国际游资群集,银行的产品丰富多样,金融衍生产品发达。

北京的金融市场发展尚未完善,还没有黄金、衍生品和外汇市场。在北京的金融体系中,银行的间接融资占据主导地位,银行信贷市场是北京金融市场的主要构成部分。作为北京金融市场的主体,银行信贷市场规模增长较快。根据《北京统计年鉴》、中经网数据库,截至 2012 年,北京金融机构本外币各项存款余额 82 464.9 亿元,占全国金融机构本外币存款的 8.9%;本外币各项贷款余额 42 839.8 亿元,占全国金融机构本外币贷款余额的 6.4%。由于北京是中国人民银行和大型商业银行总部所在地,金融系统的资金划拨很大一部分要通过北京来完成,因此北京已成为全国最大的资金清算中心。

尽管目前北京银行业市场发展迅速,但与香港相比还有不小距离。表 4-5 列出了香港和北京 2004 年之后银行业的总资产及总资产中对外资产的数据。可以看出,北京银行业市场在总规模和国际化程度上都要小于香港,但在金融危机后,外资金融机构贷款余额显著上升,显示出北京银行业良好的国际化趋势。

表 4-5　北京与香港银行资产对比

年份	北京(10 亿元)			香港(10 亿港元)		
	金融机构贷款余额	外资金融机构贷款余额	占比(%)	银行资产总额	对外投资总额	占比(%)
2004	1 357.8	97.8	7.2	7 137.8	3 949.5	55.3
2005	1 533.6	154.4	10.1	7 427.0	3 974.2	54.8
2006	1 813.2	264.5	14.6	8 305.8	4 830.6	58.2
2007	1 986.2	250.2	12.6	10 350.0	6 229.3	60.2
2008	2 301.1	358.0	15.6	10 754.1	6 111.4	56.8
2009	3 105.3	624.8	20.1	10 635.4	—	—
2010	3 648.0	773.2	21.2	12 290.8	—	—
2011	3 966.1	629.4	15.9	13 741.8	—	—
2012	4 284.0	647.0	15.1	14 858.9	—	—

数据来源:Wind 资讯,《北京统计年鉴》,香港金融管理局。

香港证券市场是一个全球化的证券市场。就其交易品种来说,香港证券市场包括股票市场、衍生工具市场、基金市场、债券市场。但由于历史原因,香港的债券市场发展相对落后,香港证券市场的主要组成部分是股票市场,并有主板市场和创业板市场之分。截至 2012 年年底,主板和创业板市场合计的市值达到 33.15 万亿港元。相对而言,到期的债券总值只占本地生产总值的 50% 左右,而日本和美国的比率高达 160% 和 170%。

北京没有证券交易所,证券市场主要由各个证券公司的证券营业部构成,其规模也主要由各个证券营业部所实现的证券交易额来体现。目前,北京证券机构的数量基本保持稳定,证券交易额稳步增加。同时,北京的上市公司数量和筹资总额在金融危机后正迅速增长,总股本与总市值在全国范围内处于领先地位,如表 4-6 所示。但是,相对于香港证券市场,北京的证券市场规模仍然显得过小。根据香港证券交易所,仅仅 2008 年香港联合交易所主板市场的股市成交额就已达到 22 681 亿美元,数倍于同期北京股票市场总交易额。

表 4-6　2010 年北京证券业基本情况

项目	数量	同比增长(%)
总部设在辖内的证券公司数(家)	17	0.0
总部设在辖内的基金公司数(家)	11	0.0
总部设在辖内的期货公司数(家)	19	2.0
年末境内上市公司数(家)	164	38.0
上市公司筹资总额(亿元)	2 408.4	59.7
上市公司总股本(亿股)	19 154.2	31.3
上市公司总市值(亿元)	11.5	37.8
当年债券投资(亿元)	8 233.8	—
其中:短期融资债券筹资(亿元)	3 502.0	—

数据来源:《北京市金融运行报告》。

在保险市场上,北京在近几年取得了较大的发展,金融危机后,北京的保险机构数量趋于稳定,而保费收入有较大提升,说明北京保险机构质量的提升。但在保险市场上,北京和香港的差距也十分明显。如表 4-7 所示,2011 年北京保险市场共有保险机构 547 家,实现保费收入 582.7 亿元。而在 2007 年,香港有保险机构 1 917 家,实现保费收入 2 641 亿港元,约合人民币 2 113 亿元。

表 4-7 北京与香港保险市场比较

年份	北京		香港	
	保险机构数量	保费收入(亿元)	保险机构数量	保费收入(亿港元)
2005	282	498.2	1 783	1 555.0
2006	359	411.6	1 854	1 882.0
2007	410	498.1	1 917	2 461.0
2008	537	585.9	—	—
2009	552	697.6	—	—
2010	559	966.5	—	—
2011	547	582.7	—	—

数据来源:《香港金融统计月刊》2009(4),《北京统计年鉴》。

4.3 北京与东京的比较

相较香港和新加坡,东京和北京有着更多的相似之处。两者都是经济大国的首都,不仅仅承担着一国经济的功能,同时也是该国的政治和文化中心。因此,与香港和新加坡不同,北京和东京在建设金融中心的过程中,必须将金融中心对国内地区的辐射效应以及整个国家对于世界的经济影响力乃至政治影响力纳入考虑范围。因此,分析东京国际金融中心的发展过程对于北京建设国际金融中心有着重要意义。此外,东京国际金融中心的崛起源于日本经济的崛起,而当今中国已经超越日本成为世界第二大经济体。但中国与 20 世纪 80 年代日本的经济和金融发展水平以及面临的国际环境有很大不同。通过比较分析,我们可以较为清晰地了解北京建设金融中心的国内国外环境。

4.3.1 历史及地缘因素

根据 Reed(1980)的研究,1905—1960 年间,亚洲始终存在两个或两个以上的国际银行中心,在 1970 年以后,东京独占这一位置。一种重要的解释是,在 20 世纪 60 年代之前,亚洲国家除了日本大都是欧洲国家的殖民地,这些国家和地区的国际银行中心的地位很大程度上是凭借与宗主国金融中心的联系而取得的。随着民族独立运动的开展,这种联系的中断导致了各银行中心的衰退与重建。而日本本身是独立国家,东京金融中心地位的取得不依赖于任何欧洲和北美的国际金融中心,其业务重心也始终在亚洲。同时，Reed 还指出，东京在二战后拥有良好的政治环境，二战结束后的几年里，美国和英国政府曾经想让中国成为在远东的经济和政治同盟，从而恢复上海和天津作为远东国际金融中心的战前地位。1949 年新中国成立，美国立即将其亚洲中心转移到日本。

此外，北京和东京均位于东北亚，两者均在时区方面处于纽约和伦敦之间。东京在时区上的优势使其成为金融服务和外汇交易市场不可或缺的一环。目前，全球三大国际金融中心（纽约、伦敦、东京）在时区上约为等距离分布，东京正好填补了美国与欧洲之间的时间空当，使得全球金融交易可以 24 小时连续运行。

北京位于东八区，如果在北京建立证券交易所，也可以实现国际金融交易 24 小时不中断进行。但时区因素也是直接导致东京和北京冲突的原因，如果北京建设金融中心，势必与东京在辐射范围、功能等方面有所重合。同时，根据路径依赖模型，东京具有先发优势，市场运行机制和监督管理机制相对完善，金融机构云集，东京的信息腹地相对于北京能够产生更多有价值的信息，在一段时间内，东京的金融集聚效应仍将发挥作用并使得金融中心选择具有“粘性”。

4.3.2 崛起背景

东京金融中心的崛起源于日本经济的崛起。从 20 世纪 50 年代中期开始，日本保持了三十多年的快速增长，平均增长速度接近 10%。在 20 世纪 60 年代经济增长最快时期，日本的国民生产总值十年间翻了两番。日本在 1968 年开始转化为净债权国，在 1985 年成为世界上最大的债权国。1985 年日本的经常项目收支盈余为 550 亿美元，1986 年进一步扩大到 900 亿美元，占 GNP 的比重超过 4%。此外，日本的 GDP 在 1985 年的时候占西方发达国家 GDP 的 10% 左右，出口比重也占到 10% 左右。到 20 世纪 80 年代后期，日本在经济规模上已经是西方发达国家中仅次于美国、位列第二位的经济大国。

随着日本经济的快速增长和日元的逐步国际化，20 世纪 70 年代，东京国际金融中心开始崛起，东京成为亚洲地区的金融中心之一。进入 20 世纪 80 年代后，由于《广场协议》的签订和新《外汇管理法》的实行等一系列原因，日元对美元汇率大幅度上升，使得日本成为世界上最大的债权国。东京证券交易所交易额在 1990 年超过了纽约[①],东京正逐步成为与伦敦、纽约并列的全球性国际金融中心。然而随着股票价格、房地产价格的下跌,泡沫破灭,引发了银行倒闭风潮,日本经济陷入了长达十年的萧条,东京金融中心也因此开始衰落。由于日本庞大的经济规模,东京国际金融中心依然是最重要的全球金融中心之一。

中国于 2010 年 GDP 总量超过日本,跃升至世界第二,并且成为世界第一大出口国和第二大进口国。2010 年,中国 GDP 占排名第一的美国的 GDP 总量的 40.2%,而在 1985 年,日本 GDP 总量占美国的 32%。一直到 2011 年,中国 GDP 的增速保持在 8% 以上,而日本在 20 世纪 80 年代名义 GDP 平均增速为 5.5%。从这个角度上讲,中国经济较 20 世纪 80 年代的日本更具有增长性。但从另一个角度来看,中国 2010 年的 GDP 占世界 GDP 的比重为 9.5%,2012 年该比例已超过 10%;而对于日本来说,这一比例在 1995 年达到最高,为 17.4%。从人均 GDP 来说,中国 2012 年人均 GDP 为 6 100 美元,一般认为,人均 GDP 在 1 000—3 000 美元属于一个国家的矛盾凸显期。虽然目前中国看似已经度过了这个阶段,但考虑到中国经济地区差异较大,实际上部分地区的人均 GDP 仍然位于 1 000—3 000 美元。再加上中国居民收入占 GDP 比重连续二十多年下降,这严重影响了国内居民的购买力。国内需求的不足会严重阻碍中国经济的转型和产业结构升级,使得人民币国际化和北京金融中心的建设缺乏支撑。

北京建设金融中心将面临更多新兴经济体的竞争。在 20 世纪 50 年代至 70 年代,日本的经济增长在西方发达国家中可谓一枝独秀,而中国在新兴市场国家中的地位越来越受到巴西、印度、南非、俄罗斯的挑战,尤其是印度近几年一直保持着较高的 GDP 增速,在 2011 年第一季度的 GDP 增长更是达到了 8.6%。尽管普遍认为中国是目前最有发展潜力的经济体,但中国想要建成国际金融中心,势必面临这些新兴市场国家的竞争。同时,中国的经济发展一直面临着来自美国和其他西方发达国家的压力,如美国一直在碳排放和反倾销方面向中国施压。

4.3.3 区域经济

日本首都圈包括东京、琦玉、千叶、神奈川、茨城、栃木、群马、山梨一

① 王志军,李新平. 国际金融中心发展史[M]. 天津:南开大学出版社,2009.

都七县的地域范围,居于日本三大都市圈(首都圈、名古屋圈、阪神圈)之首。日本首都圈是日本的政治、经济、文化、交通中心,集中了日本30%以上的银行总部以及一半以上销售额超过100亿日元的大公司总部。首都圈还是日本最大的工商业中心,以东京、川崎、横滨和千叶为中心形成了长达100多公里的东京湾区域,工业产值是全日本的三分之一,是日本最大的临海型综合工业带。在交通方面,由东京、千叶、横滨、川崎、横须贺、木更津六港组成的港口群是世界上最大的港口群之一。同时,发达的城际交通使得东京与首都圈其他城市连为一个整体,保证整个首都圈的高速运转。

京津唐地区包括了北京、天津、唐山、廊坊、秦皇岛、保定、石家庄、沧州、张家口、承德等城市,是中国少数几个城市密集地区之一。该区域内有两个直辖市,四个大型港口城市,地理位置优越,发展条件好。京津唐地区科技文化发达、工业基础好、交通便利,由于靠近渤海,处于中国参与东北亚合作的前沿阵地,便于同日、韩进行经济交流与合作,区位条件十分优越,很有发展潜力。

但是,在城市现代化和经济发展水平方面,京津唐地区相对于日本首都圈都有很大差距。在国内城市群中,京津唐地区与长三角地区和珠三角地区还有很大差距,并未占据首要地位。具体来说,相较于日本首都圈,京津唐地区在经济实力以及国内地位等方面存在如下一些问题。

第一,京津"二极集中"。目前,日本首都圈空间结构为"东京一极集中",人口、产业等机能集中于东京并向整个首都圈扩散。而对于京津唐地区,北京和天津在过去的几十年内一直按照各自城市的发展战略发展自己,以各自城市为界,力图建立自成一体的产业体系,在整个京津唐地区形成了明显的京津"二极集中",而日本首都圈是东京"一极集中"。故京津合作有一定难度,不利于增强产业集聚和促进区域发展。

第二,区域经济一体化的进程较为缓慢。日本首都圈在合理产业职能分工的基础上形成了一体化的区域经济。日本国土厅大都市圈整备局早在1985年,就已经对日本首都圈各区域的职能分工进行了规划,将首都圈划分为几个相对独立的区域,每个区域又指定了业务核心城市和次核心城市。目前,首都圈各区域各自承担不同职能,形成了数个自立性强的都市圈,以此为基础形成了完善的职能分工体系,具体如表4-8所示。相比之下,京津唐地区分属在二市一省,有着明显的体制和结构性障碍,缺乏像日本首都圈那样协调各方的区域治理结构主体。国有和国有控股占规模以上的企业比重较大,政府处于强势地位,导致了明显的“行政区经济”。由于各地城市利益不同,产业自成体系,无序的竞争导致市场分割,区域内协作分工机制难以形成,区域经济一体化发展较为缓慢。

表 4-8　日本首都圈各区域分工

区域	职能	核心城市	次核心城市
东京都中心区	政治、行政、文化、经济、金融、信息	—	—
多摩地区	商业、教育	八王子、立川	青梅
神奈川	国际港口、工业	横滨、川崎	厚木
琦玉	居住、行政	大宫、浦和	熊谷
千叶	国际空港、港口、工业	千叶	成田、木更津
茨南南部区域	教育、科研	土浦、筑波	—

数据来源:王少杰(2006)①。

第三,二元经济结构。北京和天津的经济发展水平和城市化水平较高,而周边城市的发展相对滞后。根据亚洲开发银行的资料,河北省环绕京津的区域有 24 个贫困县以及 200 多万贫困人口,与西部地区最贫困的“三西地区”处在同一发展水平,有的指标甚至更低,“环京津贫困带”的概念由此产生。在距离首都城市不到 100 公里的区域内存在如此大面积的贫困地区,这在世界上是绝无仅有的。由此,北京和天津造成的空吸效应远大于扩散效应,结果拉大了贫富差距,使京津唐地区经济社会发展存在“孤岛效应”,这反过来又降低了周围地区对京津的支持。

4.3.4　金融基础

通常认为 20 世纪 80 年代日本金融国际化是东京成长为国际金融中心的最重要推动因素。日本金融国际化大致可以概括为以下几个阶段:第一阶段是完善国内经济的基本面基础,使之能够承受国际化影响和冲击。具体来说,就是建立依托财政政策和金融政策的宏观经济管理体制。第二阶段是贸易自由化。具体政策包括降低关税、削减进口数量配额等。第三阶段是国内金融市场的完全自由化。第四个阶段就是全面的金融国际化,主要包括利率自由化、外汇和金融管制的进一步取消、国际性证券交易的扩大、东京金融市场的国家中心化等。上述政策的展开使得日本

① 王少杰. 中日首都圈经济发展模式比较研究[D]. 保定:河北大学,2006.

有了较为完善的金融基础，主要表现在：日元的兑换性的实现、拥有广泛国际联系的外汇市场、完善的金融交易制度和金融市场体系。总的来说，东京金融体系的完善主要表现在：一是金融市场容延度较高，无论是资本市场还是货币市场，市值和交易量都达到很高规模；各类子市场的细分化和专业化的程度也很高，金融衍生品的交易比较普遍。二是金融市场的成熟度较高，无论是从市场竞争度、市场有序度还是从市场运行机制的灵活度、市场的调控度以及市场的透明度等方面考察，东京金融市场都达到了很高的水平。①

北京的金融基础相比20世纪80年代的东京仍有不小差距。中国金融体制是典型的“政府主导型”，复杂的金融系统由政府直接管理，国家指导信用的分配，工农中建四家国有银行占据了超过50%的总资产，因此，资金流向具有很强的政策导向性，外资进入存在障碍。此外，人民币尚不能自由兑换。汇率自由化是一个货币迈向国际化的必经之路，如果放开外汇管制和人民币兑换，必然导致人民币升值。而中国经济对贸易的依赖程度过高，人民币升值势必影响出口。同时，在人民币币值低估的情况下，如果允许外国资本自由流入，无疑是贱卖国有资产。可见，人民币国际化仍面临诸多问题。还有，相较于东京高度国际化的外汇市场，北京不存在外汇市场，缺乏衍生品市场等，金融市场结构尚不健全。

4.4 本章总结

通过上文将北京与上海、香港和东京对建立国际金融中心的相关因素进行对比后，在此再分别对北京和每个城市的比较进行总结。

北京与上海相比，上海国际金融中心建设起步较早、规划更为完善和长远，被纳入了国家发展战略，同时依靠上海本身的经济实力和金融文化背景，以及初步取得成效的金融基础设施的建设，上海建设金融中心的条件较为优越。北京在金融中心建设上起步较晚，没有中央政策的扶持。因此，北京在战略规划上更为强调通过发展金融来促进经济以及与周边区域的金融合作。如果北京不能通过合理的资源配置来重新协调北京内

① 张望.金融争霸——当代国际金融中心的竞争、风险和监督[M].上海：上海人民出版社，2008.

部及北京与周边地区的产业结构,那么目前较差的产业协同效应将导致金融中心建设过程中大量的内耗,导致大量的建设成本。但是,北京作为首都,事实上是中国的金融监管和决策中心。此外,由于证券行业的上市审批和登记结算均在北京进行,北京实际上承担了证券业功能中心的机能。因此,北京金融市场有着更大的潜力。表 4-9 总结了北京与上海构建金融中心的优劣势。

表 4-9　北京与上海构建金融中心优劣势比较总结

因素		北京	上海	比较结论
战略规划		起步较晚,“中心”不突出;在金融合作方面,仅提到环渤海区域合作,但并没有后续展开。	起步较早,与中央政策相配合;区域规划较成熟;有着较为长远发展战略。	两者金融中心建设的目标不尽相同,但总体而言,上海优势较大。
经济实力		GDP 较上海略低,但增长较快,且金融业 GDP 占比较高。	中国第一大城市和港口,吸引外资能力强。	现阶段上海优势明显,但北京的经济和金融业的发展潜力巨大。
金融市场	交易平台	没有形成完整的金融市场体系,证券交易所长期缺位。但实际上承担着上市前的审批和上市后的监管和中央登记结算功能。	已经基本形成了多层次金融市场,但相对于主要国际金融中心在深度和广度上有所不足。	上海仍有优势,但在信息化背景下,交易所的意义逐渐被淡化。
	金融机构	云集了众多金融机构总部。同时,众多中央政府机构驻扎于此。	金融机构云集,但上海远离金融管理部门。	北京的总部优势使其拥有更深的信息腹地,靠近金融管理部门使其成为金融决策中心。这些优势反过来又吸引了更多的金融机构,形成了良性循环。
	金融环境	金融市场起步较晚,基础设施有待于进一步建设。	较为健全的市场规则和全国最先进的信息网络。较为完善的金融法制化建设。	上海具有明显先发优势。

（续表）

因素		北京	上海	比较结论
其他因素	地理环境	位于华北地区，自然灾害多发，且并非港口城市。	位于长江三角洲，环境优越，交通发达。	这些因素导致北京建设金融中心的基础较为薄弱。因此，北京建设国际金融中心的成本可能会较高。
	历史因素	长期以来一直是政治和文化中心，而非经济和金融中心。	中国近代金融业发源地。曾经是远东国际金融中心。具有深厚的金融土壤。	
	城市带	京津唐地区较长三角和珠三角经济基础薄弱，且产业集群完整性差。各城市和地区未能形成良好的协调效应。	长三角城市带是中国最大的城市群，经济实力雄厚。	

北京与香港相比，近十多年间，北京一直保持着较高的经济增长速度，且在金融危机期间采取了良好的应对措施，所受影响较小，较早实现复苏。而香港在 1997 年回归祖国以后，由于在 1998 年和 2008 年两次金融危机中经济受到较为严重的影响，增速较新加坡等亚太新兴经济体放慢。因此，北京的经济和金融市场较香港有更大的增长潜力，预计北京 GDP 将在未来数年内一直超过香港。但是，目前北京的金融产业发展水平仍然较低，金融市场较香港等成熟金融中心的规模要小，市场结构不完整，缺少配套的基础设施。同时，北京金融市场吸引外资的能力还有待增强。

北京与东京相比时，国际环境和地缘经济因素成为主要的比较方面。表 4-10 显示了北京与东京在地缘和崛起过程中经济背景、金融基础和国际环境的优势和劣势。从中可以发现，东京崛起时，东亚地区正处于真空状态，而美国为了实现其战略目的也给予了日本扶持；而中国的崛起常常被视为对周边国家的威胁，美国不断对中国的经济发展施加压力。此外，以东京为核心的日本首都圈是亚洲最大的城市带，区域一体化机制高度成熟，而北京所在的京津唐城市带的产业集群度差，具有明显的二元化结构，且北京和天津两大核心城市存在明显内耗。在 20 世纪 80 年代，日本政府为支持东京建设国际金融中心，进行了一系列金融深化改革，使得东京具有完善的金融市场体系和运行体制；由于诸多原因，中国金融自由度仍相当低，影响了外资的进入，这也是北京建设金融中心的障碍。

表 4-10　北京与东京的比较总结

国家		北京	东京
地缘因素	地理环境	东北亚,东八区,近海城市。	东北亚,东九区,港口城市。
	城市带	1. 中国第三大城市带; 2. 经济一体化程度较低; 3. 核心城市对周边地区带动的能力较差。	1. 亚洲最大城市带; 2. 高度区域经济一体化; 3. 核心区域辐射能力强。
崛起背景		中国 GDP 已成为世界第二,且保持高速增长,但中国仍然是发展中国家。	日本在 20 世纪 80 年代成为第二大经济体,外贸发达。
金融基础	金融市场	缺少外汇市场等,金融市场结构不完整。	高度成熟的金融市场和完善的金融运行机制。
	金融自由度	人民币不能自由兑换,政府引导下的信用分配。	日元可自由兑换;通过改革实现了较高水平的金融市场自由化。
发展过程中的国际环境	竞争对手	印度、巴西等新兴国家的崛起;同时区东京、香港、新加坡等国际金融中心的存在。	发展速度在西方国家中一枝独秀;东亚各金融中心由于与原宗主国联系减弱,逐渐边缘化。
	美国态度	在反倾销、碳排放上向中国施加压力。	出于政治目的,支持东京成为远东金融中心。

第5章　北京产业结构变迁与金融业发展

本章旨在从产业结构变迁的视角理解北京金融业发展以及金融中心的构建。具体包括三部分，第一部分介绍新中国成立前旧中国的北平（北京旧称）经济发展史；第二部分为新中国成立初期到1978年，计划经济下北京三次产业的发展和金融建设概况；第三部分为改革开放至今，并且根据北京五年规划十年调整的政策特点，详细分为三个阶段，即1979—1989年、1990—1999年和2000年至今。

5.1　近现代工业与金融业：1949年以前

新中国成立以前的北平经济经历了三个阶段：清末民初的近代工商业萌芽阶段、第一次世界大战期间的民族工业发展阶段、抗日战争和解放战争期间的衰退阶段。在这期间，北平的银行业和证券业也出现过繁荣，使其一度成为旧中国的金融中心，但是受战争动荡的影响，这种繁荣只是昙花一现。

5.1.1　北京近现代工商业

我们缺乏单独描述新中国成立前北平经济的数据，只能从零星散落的数据中找寻那个时代北平的经济及工商业发展情况。如表5-1所示，清末民初，近代工业开始出现。其中，1872年，北平门头沟通兴煤矿开始使用机器采矿，标志着北京近代工业的开始①；神机营机器局则是北京最早的机械厂；华裔电灯公司是由民族资本创办的，它开启了北京的电力工业。1919年建立的石景山钢铁厂，则开创了北平的钢铁行业，不过直到

---

① 王世仁，张复合，村松伸，井上直美. 中国近代建筑总览[M]. 北京：中国建筑工业出版社，1993.

1938 年,因日军的养战政策才炼出第一炉铁水。

表 5-1 北京近代各工业的开端

时间	工厂名称	简介
1872 年	门头沟通兴煤矿	开始使用机器采矿,北京近代工业的开始
1883 年	神机营机器局	清政府为制造洋枪洋炮而设,北京最早的机械厂
1905 年	华裔电灯公司	北京电力工业的开端,由民族资本创办,1906 年开始发电
1908 年	度支部印刷局	民国时期北京最大的印刷厂
1919 年	石景山钢铁厂	北京钢铁工业的开端,但直到 1938 年,因日军的养战政策才炼出第一炉铁水

第一次世界大战期间,在中国民族资本主义工业发展史上,出现了空前绝后的短暂繁荣,可谓一个“黄金时代”。① 对此,毛泽东同志指出:“第一次帝国主义世界大战的时期,由于欧美帝国主义国家忙于战争,暂时放松了对于中国的压迫,中国的民族工业,主要是纺织业和面粉业,又得到了进一步的发展。”②在国外市场上,帝国主义国家之间的战争,使得战时军用工业生产剧增以及民用工业生产锐减,这就对中国的商品和原料有了更加迫切的需求。③ 在国内市场上,战争阻碍了各国的对华贸易,外国商品输入大幅度减少,给民族工业产品留下了比较广阔的天地,这就形成了有利于中国民族资本主义工业发展的国内外市场。④ 以面粉、造纸、织布、玻璃等为代表的北京民族轻工业获得较快发展;“九·一八”事变后,在举国抵制日货和东北沦陷后大量资本家流亡来京的背景下,北平民族工业又取得进一步发展。到 1936 年全市共有工厂 6 895 个,产业工人近 5 万人。

北平沦陷后,日本侵略军独占了原有官办企业,为了推行其以战养战策略,在北平大力发展了水泥、桥梁、烟草、锻造、造纸、电力等企业。其中,石景山发电厂成为京、津、唐地区最大发电厂。解放战争期间,北平地区经济陷入停滞,民主工业大批破产。例如,石景山钢铁厂基本处于停

① 马洪林.第一次世界大战期间上海民族工业的发展[J].历史教学,1980(5).

② 毛泽东.中国革命和中国共产党[M].北京:人民出版社,1991.

③ 上海社会科学院经济研究所经济史组.《荣家企业史料》(上册)[M].上海:上海人民出版社版,1962.

④ 上海市社会局.上海之机制工业[M].上海:中华书局,1933.

产状态;1948年上半年,私营工厂倒闭80%。不过因战时军需,北平成为国民党的军工产业重地,北平的七十兵工厂随之成为北平和华北地区规模最大的军火工厂,而华北被服总厂则是华北、东北、西北地区军需供应的主要基地。北平解放前夕,全市共有十多个商业区,有商业大小行业128个,连同摊商在内,经营户共78 644户,其中服务业经营户20 838户。

5.1.2 北京近现代金融业

清末民初的北平是全国的金融中心,外资银行以及封建票号是其金融主体,其中,票号在清代曾有相当的发展。1840年,中国被迫对国际市场开放,外国商品大量进入,外商在中国开辟商埠,建立大量的企业,这些企业大多采用股份公司的形式,从而把外国股份集资方法带入中国,大量发行股票。随着外国资本在华投资的持续增加,股份制筹资方式进入中国市场,中国最早的股票就是由创立于19世纪70年代的轮船招商局发行的。随着清政府财政亏空的日益加深,为了弥补国库空虚,西方国家的公债制度也被引进,各种公债业随之出现在国内市场上。1894年,清政府为了应付甲午战争军费的需要,户部首次发行了公债,建议富商巨贾借款,称为"息借商款"。

随着股票、国债等有价证券数量增加,证券交易成为必然。1905年,中国最早的证券交易所"上海众业公所"成立,但这是外商经营,且以外国企业股票、公司债券和外国在上海行政机构发行的债券为主要交易对象。1918年北洋政府在北平成立了"北京证券交易所",这是中国第一家由国人创办的证券交易所。交易所内交易对象有政府公债、股票和中外银行发行的钞票,交易方式分为现货和期货交易两种。由于"北京证券交易所"地处北洋政府的首都,且因当时币制不统一,市场流通的货币十分庞杂,所以交易一度十分活跃。

在第一次世界大战前后,北京的金融业主要处在外资以及中外合资银行的垄断下。1912年,中国近代史上第一个国家性质的中央银行中国银行在北平设立,1914年,清政府设立的交通银行(始建于1908年)取得了与中国银行等同的地位,成为北洋政府第二家中央银行,它们成为当时中国金融业的两大中心。同时,北京私营银行在第一次世界大战到20世纪20年代中期获得较快发展,1917年北京银行业公会成立时,有19家银行入会,到 1925 年,发展到 23 家,占当时全国 141 家银行的 17%,仅次于上海。这一时期,北京的银行不仅数量多,发展快,而且银行资本也不断集中,如出现了北四行财团(金城、大陆、盐业、中南四家银行)和南三行(浙江兴业、浙江实业、上海实业储蓄三家银行)。但是进入 20 世纪后,随着近代革命的进行,金融中心移往上海。

1876 年,仁济、仁和保险公司由官办招商局拨款设立,后又合并为仁济和水火保险公司。1905—1928 年,华兴、华成、华安、同安、联保、均安、羊城等数十家保险公司先后成立。但是,在相当长时间内,中国人没有自己办保险公司,外商公司的国籍多达 16 个,其中势力最大的是英商和美商。外商的保险公司主要集中在上海,并在天津、广州、汉口、重庆等通商口岸设有代理机构或分支机构。

第一次世界大战后,随着中国民族工业的发展,华商银行相继投资办理保险公司,如以金城、大陆、盐业、中南等"北四行"为主合办的安平保险公司(1926 年)、太平保险公司(1929 年),中国银行投资的中国保险公司(1931 年),四明银行投资的四明保险公司(1933 年),上海银行投资的宝丰保险公司(1931 年),浙江兴业银行投资的泰山保险公司(1932 年),中央信托局办的保险部等。[①] 1941 年太平洋战争爆发后,在上海的英、美、法等外商公司相继停业,华商公司从战前的 29 家发展到 99 家。[②]

总体上,新中国成立前中国保险业的特点是保险公司数量较少、保险种类少、投保人数少、保险费率高的"三少一高"。而且当时为数不多的保险公司主要设立在上海和广州,根据和讯网,新中国成立前夕在上海有华商保险公司 168 家,而北京的保险业务基本为零。

5.1.3 北京金融业的没落

北平沦陷后,在日本侵略者的操纵下,华北伪政府于 1938 年 2 月 12 日宣告成立伪"中国联合准备银行"(简称"伪中联"),总行设在北平,3 月10 日正式开业。伪中联开业后,发行了毫无储备的不兑现的纸币"联银券",从 1938 年 3 月伪中联开业至 1939 年年底,发行"联银券"达

① 《中国保险史》编审委员会编. 中国保险史[M]. 北京:中国金融出版社(第 1 版),1998.
② 朱荫贵. 抗战时期的上海华商证券市场[J]. 社会科学,2005(2).

45 600万元，到1942年1月底，已突破10亿元大关，到1942年年底发行额又猛增至近40亿元。[①] 日伪政府滥发货币，导致物价飞涨，以北平的玉米面为例，1939年每斤1角多，1942年12月涨到1.05元，1944年8月中旬每斤涨到5元，到日本投降前夕，每斤涨到1 000—1 400元。在5—6年时间内，价格翻了一万多倍。

抗战结束后，由于国民党实行内战策略，强行收兑金银和外币并造成通货膨胀，结果形成经济危机，使北平的金融业失去了往日的繁荣。[②] 例如，早在1939年"北京证券交易所"停业。尽管国民党中央银行北平分行复业，中国农民银行、中央信托局、邮政储金汇业局、中央合作金库也都在北平设立分支机构；蒋宋孔陈四大家族的金融体系在北平的机构，连同私人银行，共有26家；私营银行中，又有江浙系、川帮系、本地系和金城、大陆、中南、盐业等四家银行组成的小四行系；还有东方汇理、汇丰两家外国银行；此外，1946年经国民党政府核准的银号和钱庄共有45家。但是，北平银行的存款利率，1946年最高为月息10分，放款最高利率为月息15分。北平银号和钱庄放款利率为月息8—21分，1948年上升到月息27分。除公开利息外，银号、钱庄还要索取额外利息。北平解放前夕，有些银号月息高达45分，而暗息已高至100分左右。

1947—1949年，货币发行量激增，钞票持续大幅度贬值。1945年下半年，中央银行在北平的货币发行额为15万元，到1948年上半年增至153 900万元。法币已完全破产，国民党政府被迫实行币制改革，再次推出限价政策。1948年8月19日，国民党政府开始发行金圆券来取代已经破产的法币，规定1元金圆券兑换300万元法币。但是，即使发行了金圆券，实行了限价，市场物价还是如脱缰野马一样，持续上涨。在通货膨胀的影响下，投机活动盛行，银行、银号、钱庄的储蓄业务不能正常开展。[③] 北平解放前夕，官僚资本银行的资金已逃匿一空，私营银行有的停业清理，有的已完全处于业务停顿状态。

---

① 魏宏运.论华北抗日根据地繁荣经济的道路[J].南开学报,1984(6).
② 郭传玺.抗日战争时期通货膨胀述评[J].历史档案,1990(3).
③ 易纲,吴有昌.货币银行学[M].上海:上海人民出版社,1993.

5.2 重工业化战略与金融抑制:1949—1978 年

新中国成立不久,1949 年北京市人民政府成立了都市计划委员会,开始着手研究北京的城市规划问题,并邀请苏联市政建设专家巴尔尼科夫(Barannikov)作了《关于北京市将来发展计划的问题的报告》:指出“北京没有大的工业,但是一个首都,应不仅为文化的、科学的、艺术的城市,同时也应该是一个大的工业的城市。现在北京市工人阶级占全市人口的 4%,而莫斯科的工人阶级则占全市人口总数的 25%,所以北京是消费城市,大多数人口不是生产劳动者,而是商人,由此可以想到北京需要进行工业的建设。”根据这份报告北京确立了“大工业、大城市”的建设思路。①

如图 5-1 所示,在这种“大工业、大城市”的建设思路下,第一产业从 1.8 亿元上升至 5.2 亿元,上升幅度较小。第二产业呈快速发展趋势,从 1952 年的 3.1 亿元上升至 77.4 亿元。当然,由于受 20 世纪 50 年代末“大跃进”和人民公社化运动的影响,加之 60 年代初全国范围内的水旱灾害的波及,国民经济受到严重影响,在 60 年代回落至 20 亿元并进入为期十年的调整期,之后继续保持良好的增长势头。北京市的第三产业有所增长,但增长速度相对缓慢。而且,新中国成立初期的重工业化战略选择也是北京市“大工业、大城市”的现实背景。1954 年 9 月,周恩来在第一次全国人民代表大会第一次会议上指出,第一个五年计划要集中力量发展重工业,即冶金工业、燃料工业、电力工业、机器制造工业和化学工业,因为只有依靠重工业,才能保证整个工业的发展。在这个思想的指导下,第一个五年计划的重中之重是发展重工业,重工业投资占工业投资额的 85%。

① 葛晶.北京城市经济可持续增长路径研究[D].首都经济贸易大学,2009.

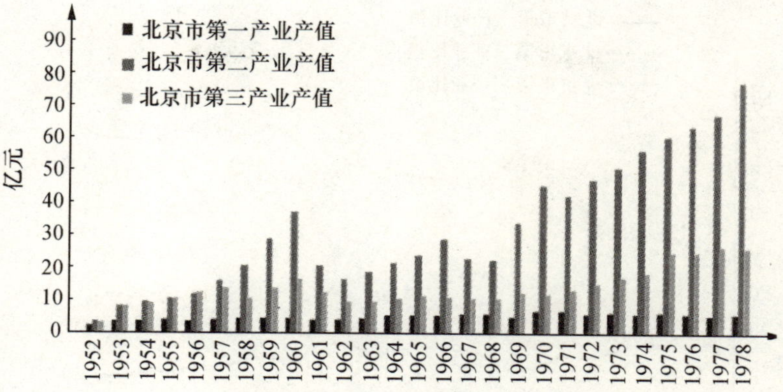

图5-1　1952—1978年间北京三大产业绝对产值

数据来源:中华人民共和国国家统计局网站,《中国统计年鉴》。

5.2.1　打造现代工业基地

1953年中共北京市委规划小组出台了《改建与扩建北京市规划草案要点》,强调"首都应该成为中国政治、经济和文化的中心,特别是把它建设成为中国强大的工业基地和技术科学的中心"。1957年北京市正式提出《北京城市建设总体规划初步方案》,进一步明确把北京建设成为现代化工业基地。例如,1959—1965年间,北京建立了6个工业区,拥有工业行业120个之多,而当时全国统一划分的工业行业是130多个,北京成为一个门类齐全的工业集聚地。

在这种产业选择下,1952—1978年间北京市第二产业比重持续上升,而第一和第三产业比重不断降低。如图5-2所示,第二产业比重从低于40%上升至70%并维持在70%左右的水平。其中,1957—1960年、1968—1970年为相对增长最快的两个阶段,前一个阶段的快速增长来自对国家工业的投资增加,后一个阶段的回调是由于工业支援农业力度的降低。60年代初,第二产业比重出现大幅下降,并在随后几年内稳定在55%的水平,这与当时中国农业生产危机爆发,国家采取工业支援农业的政策密不可分。如表5-2所示,在农业与工业的基本建设投资额及占基建投资总额的比重中,农业投资增加,所占比重上升,而工业投资额减少,所占比重下降。但是,20世纪60年代工业支援农业政策是粮食危机期间的一项权宜之计,60年代后期工业比重继续上升,转向"生产城市"。

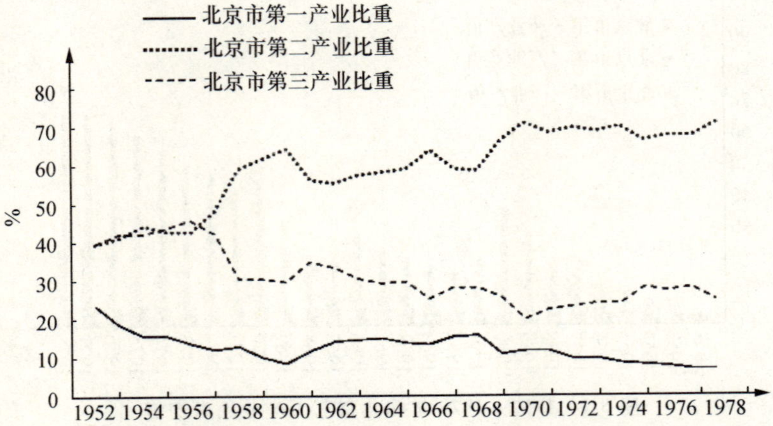

图 5-2 1952—1978 年间北京市三大产业占比情况

数据来源:中华人民共和国国家统计局网站,《中国统计年鉴》。

表 5-2 农业与工业的基本建设投资额及占基建投资总额的比重

年份	农业(包括农林水利气象)		工业	
	投资额(亿元)	占全国基建投资总额的比重(%)	投资额(亿元)	占全国基建投资总额的比重(%)
1953	7.74	8.60	28.34	31.80
1954	4.16	4.20	38.37	38.70
1955	6.18	6.20	42.95	42.80
1956	11.88	7.70	68.20	43.90
1957	11.87	8.30	72.40	50.50
1958	26.26	9.80	173.00	64.30
1959	32.92	9.40	208.85	59.70
1960	45.15	11.60	229.57	59.10
1961	16.99	13.30	76.79	60.30
1962	14.39	20.20	40.09	56.30
1963	22.61	23.00	49.16	50.10
1964	26.88	18.60	72.06	50.00
1965	24.97	13.90	88.96	49.50

数据来源:国家统计局固定资产投资统计司,《中国固定资产投资统计资料 1950—1985》,中国统计出版社 1987 年版,第 71—73 页。

实际上,在改革开放之前,北京的产业结构一直朝着"由消费城市转变为工业化城市”和建设“以钢为纲、重化工业为基础的封闭式庞大工业体系”的方向演变。例如，在 1949—1979 年间，北京对重工业的投资占工业总投资的 87.60%，1970 年重工业产值占到了工业总产值的 65.70%，超过了上海和天津，仅次于老工业基地沈阳，完全实现了从“消费城市”向“生产城市”的转变，并已成长为中国最重要的工业基地之一。“一五”末期，北京工业总产值占社会总产值的比重为 61.60%，“二五”末期这一比例上升为 73.90%，到 1970 年则达到历史的最高点 80.90%，此后直至 1978 年，大致都保持在 77% 以上。①

5.2.2 抑制金融业的发展

北京市第三产业以及金融业不发展的原因，除了新中国成立初期国家的重工业化战略选择和北京市的“大工业、大城市”建设思路之外，中央政府的金融管制也是重要原因。新中国成立初期，为了稳定经济形势，中央政府采取了包括统一金融、加强金融业务管制等的一系列稳定财政金融的强硬措施。在全国金融抑制的大环境下，北京市的银行业、证券业和保险业也深受影响。由此可见，国家的重工业化战略选择与金融管制之间存在着内在联系，即国家金融管制的目的是更好地掌握金融资源，顺利实施国家的重工业化战略。因此，在 1953—1979 年间的计划经济体制下，初步形成了一个由中国人民银行包揽全部金融业务，由银行、保险、信用社构成的高度集中的金融体系。

在银行业务方面，中国人民银行是北京仅有的一家银行，所有业务都被它所包揽。1949 年，人民银行从河北迁至北京，通过组建中国人民银行，合并解放区银行，没收官僚资本银行，改造私人银行与钱庄，扶持农村集体信用合作组织，中国人民银行成为领导全国金融机构的国家银行，履行中央银行职能。在对以“四行二局一库”为主体的官僚资本银行以及其他金融机构进行接管整改的大背景下，除中国银行、交通银行仍予以保留外，其余均停业清理。同年 12 月中国银行总行由上海迁到北京，隶属中国人民银行，专营外汇业务。1950 年 1 月交通银行总部也从上海迁到北京，隶属中国人民银行，专营工矿、交通事业长期信用业务，并管理公私合营企业中的公股股权。1952 年，中国银行和中国人民银行国外事业局

① 邱竞. 北京经济增长方式转变研究——基于增长约束的分析[D]. 北京：中国人民大学，2008.

合署办公;交通银行和中国人民保险公司改由财政部领导;撤销 1951 年 8 月设立的农业合作银行,农村信用合作社由中华全国合作联合总社领导,划归中国人民银行;成立全国统一的公私合营银行联合总管理处;1954 年成立中国人民建设银行,隶属财政部。

计划经济体制决定了中国证券市场的关闭,而政府的金融抑制政策加速了证券市场的消失。1949 年 11 月北京再次设立证券交易所,主要作用是通过疏导游资、奖励投资来繁荣经济。之后,随着国家财政好转,币值稳定,交易量开始下降。随着 1952 年"三反"、"五反"运动的开展,证券投机活动受到控制,证券交易所业务逐渐萧条。同年,中央人民政府宣布关闭所有的证券交易所;1959 年终止国内政府债券的发行。此后 20 多年中,中国不再存在证券市场。①

在保险方面,国家统筹安排使保险业处在停滞阶段。1949 年 10 月中国人民保险公司成立,1950 年 10 月,中国人民保险公司北京市分公司在总公司营业部的基础上正式成立。由于当时国内处于计划经济体制下的经济建设初期,而国际经济交往活动又有限,因此保险业务发展缓慢,且只有一家保险公司从事少量的保险业务。1959 年 12 月,中国人民保险公司北京市分公司国内业务停办,机构全部撤销,只剩国际货物运输保险;对国外是保险公司,但国内改为中国人民银行北京市分行保险处。之后 20 年,中国保险业的发展处于停滞阶段,人们对各种风险的控制手段由个人自主转向国家统筹。

银行、证券和保险三大金融业务的停滞,可以从数据上加以说明。如图 5-3 所示,从贷款规模来看,在 1979 年金融改革以前,金融机构贷款余额与 GDP 比值基本处在 0.5 以下的较低水平,并无明显上升趋势。贷款规模低,贷款金额增长缓慢,与当时第二产业的迅猛发展形成对比,这从侧面反映了金融行业并未起到应有的促进和服务其他行业发展的作用。但在 1979 年金融改革之后,该比值持续上升,且增长幅度大,与之前形成明显对比。可见,计划经济下的产业发展主要来源于国家行政手段的干预。

① 许晨. 论北洋政府时期与建国初期北京证券交易所的差异[J]. 现代商贸工业,2010(3).

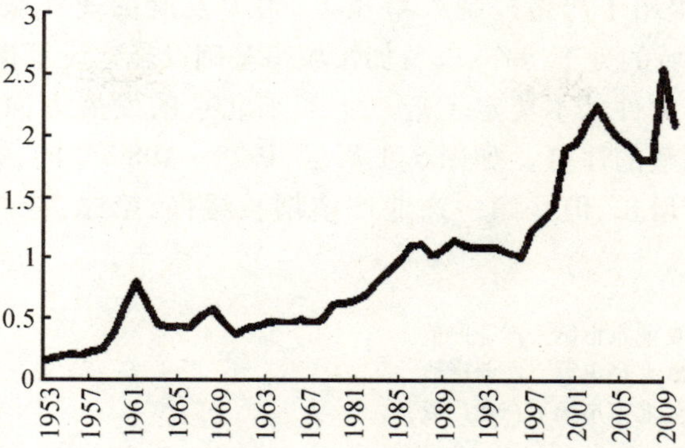

图5-3 1953—2009年间金融机构贷款余额与GDP比值

数据来源:中国经济社会发展统计数据库,《新中国六十年统计资料汇编》。

5.3 产业结构调整与金融发展:1978年至今

改革开放之后的北京产业结构调整,又分为三个阶段:1978—1989年间的产业结构调整和商业、服务业、金融业发展时期;1990—1999年间的金融业改革时期;2001年以来的去工业化时期。

5.3.1 金融业发展:1978—1989年

1978—1989年间,三大产业产业结构进入了一个全新的调整期,第三产业开始加速增长,其中,金融业发展尤其显著。在这一时期,在北京市的金融环境中,二级银行体制重新确立,保险行业得以恢复,信托行业逐步发展。

第一,产业结构调整及其优化。1980年,中共中央书记处作了关于首都建设方针的"四项指示",首次提出"北京不一定要成为经济中心",并鼓励"着重发展旅游事业,服务行业,食品工业,高精尖的轻型工业和电子工业。下决心基本不发展重工业"。1982年,根据"四项指示"的精神,北京正式提出《北京城市建设总体规划方案》,将北京定位为全国的政治和文化中心,回避了经济中心和工业基地的提法。1983年《中共中央、国务院关于对〈北京城市建设总体规划方案〉的批复》进一步强调"工业建设的规模要严加控制。工业发展主要应当依靠技术进步……今后北京不要再发展重工业,特别是不能再发展那些耗能多、用水多、运输量大、占地大、污染扰民的工业,而应着重发展高精尖的、技术密集型的工业"。此外,该批复还提出了严格控制人口规模,大力发展商业和服务业,加强与周边城市或区域的分工协作,以及加快城市基础设施建设等指导性的思路。

以上两个文件基本奠定了近三十年来北京的发展方向,也拉开了北京产业结构调整的序幕。如图 5-4 所示,1979—1989 年间,第一、二、三产业产值都稳步增长,但是第一产业产值增长缓慢,第二、三产业产值增长速度明显较快。

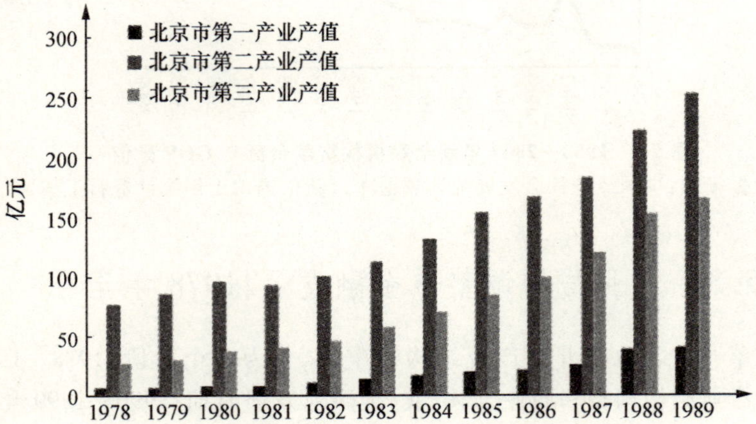

图 5-4　1978—1989 年间北京市三大产业产值比较

数据来源:中华人民共和国国家统计局网站,中国人民银行。

随着第三产业的加速发展,北京市的产业结构也逐步得到优化。如图 5-5 所示,第一产业比重先下降后有所上升;第二产业比重开始明显下

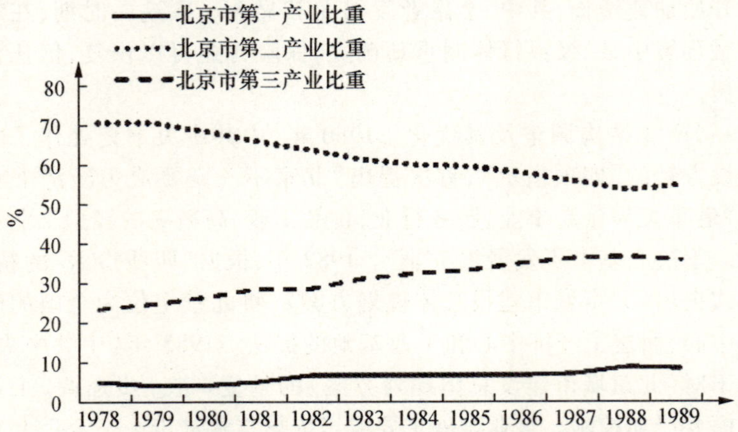

图 5-5　1978—1989 年间北京市三大产业产值变化情况

数据来源:中华人民共和国国家统计局网站,《中国统计年鉴》。

降，1978年其比重为71.10%，1989年为55.30%，下降了15.80个百分点；第三产业比重上升迅猛，从1978年的23.70%上升到1989年的36.20%，上升了12.50个百分点。

第二，重新确立两级银行体制。中国金融体制改革的起点是大一统的人民银行体制。从机构设置来看，人民银行是这个体制中唯一的金融机构，不存在中央银行和商业银行的区分；从银行业务来看，在十一届三中全会之前，银行只承担产品周转中所需流动资金贷款，还代管财政收支款项，所有基本建设投资，甚至定额流动资金都由财政拨款。1979年2月，国务院领导提出必须改革银行管理体制。1979年10月，邓小平在中共省（市、自治区）第一书记座谈会上提出："银行应该抓经济，现在只是算账、当会计，没有真正起到银行的作用"，"银行要成为发展经济、革新技术的杠杆，要把银行真正办成银行"。①

银行体制的第一步改革只触动了机构层面。1979年3月中国农业银行总行正式恢复，1979年3月中国银行从中国人民银行分设出来。1981年12月中国投资银行成立，总部设在北京。1983年，根据国务院《关于中国人民银行专门行使中央银行职能的决定》，国务院将人民银行一分为二：组建中国工商银行承担人民银行经办的工商信贷和储蓄业务，人民银行专司中央银行职责。1984年1月1日中国工商银行正式成立，总部设在北京。至此，以"两级"（中央银行和专业银行）和"四大"（工、农、中、建四家国有银行）为特点的两级银行体制建立起来。1987年2月中信实业银行成立，总部设在北京。中国人民银行的拆分，使国有银行体系的雇员总数和机构总数大幅度增加。1978—1984年，金融业职工人数迅速增长，1978年金融业职工数占社会劳动者总人数的比重为0.16%，1985年已升至0.26%，其增长速度远高于其他行业职工的增长速度。②

第三，恢复证券、保险和信托业。根据搜狐财经网，十一届三中全会之后，中国证券发行市场随着经济体制改革和商品经济发展的深入逐步恢复，标志事件是1981年国家发行国库券。这以后，债券发行连年不断，发行数额不断增加，债券种类由国家债券扩展到企业债券、金融债券、国际债券。根据凤凰财经网，中国的股票发行始于1984年。随后全国其他

① 吴庆. 竞争性银行体制的建立：1979—1993年间[J]. 中国发展观察，2008(6).
② 同上。

省市也陆续成立了股份制企业,股票发行规模不断扩大。北京地区现存的证券公司中,成立最早的是于 1986 年成立的民生证券有限公司。

国内保险业务停办了二十多年。1979 年 4 月,国务院明确提出要开展保险业务,11 月份全国保险工作会议决定从 1980 年开始恢复国内保险业务,同时大力发展涉外保险业务。1980 年 7 月,中国人民保险公司北京市公司正式恢复办理国内保险业务。1984 年 5 月,中国保险公司北京市公司同中国人民银行北京市分行正式分离,作为市局经济体独立办公。1985 年发布《保险企业管理暂行条例》,其中对保险企业的设立和中国人民保险公司的性质、任务以及再保险等作了明确规定,从此中国人民保险公司进入全面发展阶段。1988 年,平安保险公司总部位于深圳,在北京设立分公司。

同时期,北京市在信托业方面也进行了大力发展。1979 年 10 月,在北京成立后了第一家金融信托投资公司——中国国际信托投资股份公司。公司被批准经营外汇业务,改变了原来外汇业务只由中国银行一家经营的状况。它的成立标志着 1952 年社会主义改造后消失的信托业重获新生。随着全国各地各种信托公司的发展与挑战,中国在 1982 年、1985 年、1988—1990 年间分别对信托公司进行了三次清理整顿,使信托行业增加了实收资本,逐渐明确了发展方向。

总之,经过 1978—1989 年的改革和发展,在北京的金融环境中,银行体制已经初步完善,证券的发行市场规模不断扩大,保险行业不仅恢复了国内业务,而且打破了垄断,信托行业逐渐进入正轨。这些为之后北京金融的发展奠定了坚实的基础。此外,“六五”、“七五”计划期间北京市金融环境的建设与国家的金融体制改革的探索、试验紧密相连,北京市实际上是中国金融体制改革政策最早、最直接的执行者。

5.3.2 金融业改革:1990—2000 年

1993 年,国务院做出《关于金融体制改革的决定》,这标志着中国金融业进入全面改革阶段。中国的金融体制改革以 1993 年为分界,可以分为两个阶段:1979—1993 年,主要是突破过去高度集中的金融体系,转向多元化的金融体系;1994 年以后,金融市场改革目标是为适应社会主义市场经济发展需要,建立以中央银行为领导、政策性金融和商业性金融相分离、以国有独资商业银行为主体、多种金融机构并存的现代金融体系。在这种大背景下,北京市不断优化产业结构,进行国有银行商业化改革,建立证券交易系统，进一步发展保险业，从而使北京金融业的集聚效应不断强化。

第一，积极发展第三产业。进入 90 年代后，有关经济调整的思路逐渐清晰——进行产业结构调整是重点。在产业结构上，积极发展第三产业，引进技术和增加科研投资，对传统工业进行改造和升级，淘汰能耗大、污染大的行业，压缩重工业规模，以形成“三、二、一”的产业格局。例如，1990—1999 年间，第一产业生产总值从 43.9 亿元增加至 75.1 亿元，增长幅度为 71.1%；第二产业生产总值从 262.4 亿元增加至 907.3 亿元，增长幅度为 245%；第三产业生产总值由 1990 年的 194.6 亿元增长至 1999 年的 1 695.2 亿元，增长幅度为 771%。

尽管第二产业产值增加了，但是其增幅小于第三产业产值的增加，所以三次产业的比例结构也发生了显著变化。如图 5-6 所示，第二产业的比重下降，由 1990 年的 50.3% 下降到 1999 年的 30.4%，下降了约 20 个百分点，而第三产业的比重持续上升，从 1990 的 38.8% 提升到 1994 年的 48.9%；在 1993 年，北京市第三产业所占比重超过第二产业。到 1999 年，第三产业占地区生产总值的比例达到了 63.2%，1995 年北京第三产业增加值已经超过第一产业与第二产业增加值之和，如图 5-7 所示。由此可见，在 1990—1999 年间，第三产业总值的增长比例、增长总量均超过第一和第二产业，说明北京在这十年间积极发展第三产业，且效果十分显著。

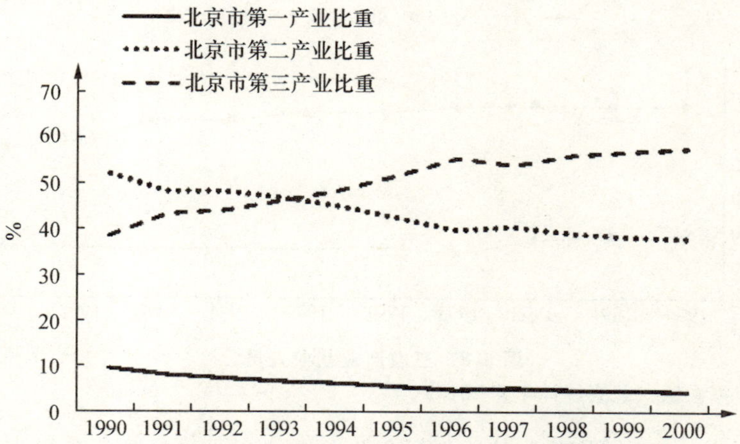

图 5-6 1990—2000 年间北京市三大产业产值变化情况

数据来源：中华人民共和国国家统计局网站，《中国统计年鉴》。

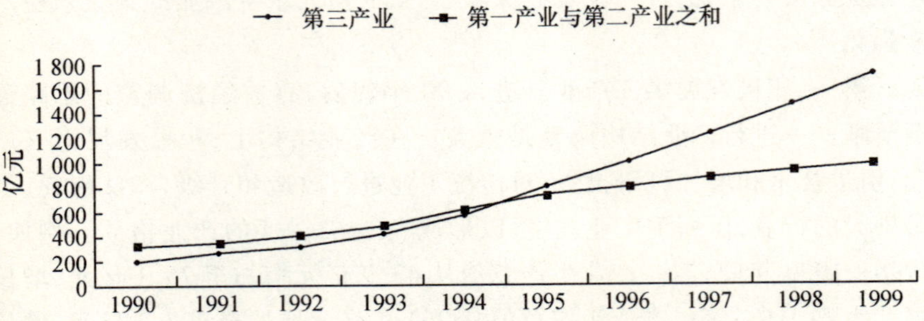

图 5-7　第三产业与第一、二产业之和之比较

数据来源:《北京统计年鉴 2010》。

在产业结构优化的背景下,第三产业逐渐成为北京的支柱性产业,因而也成为就业机会的主要提供者。如图 5-8 所示,从事第三产业的人员由 1990 年的 254.8 万人提升至 1999 年的 327.9 万人,增长幅度为 28.6%,超过了 1999 年从事第一产业与第二产业的人员之和。与此同时,从事第二产业的人员由 1990 年的 281.6 万人下降至 1999 年的 216.2 万人,下降幅度为 30.2%,从事第一产业的人员由 1990 年的 90.7 万人下降至 1999 年的 74.5 万人,下降幅度为 21.7%。可以得出,除了第三产业的就业人员有上升趋势之外,第一产业和第二产业的就业人数在十年间是呈下降趋势的。综上所述,积极发展第三产业不仅提高了北京市的生产总值,而且也提供了许多就业机会。

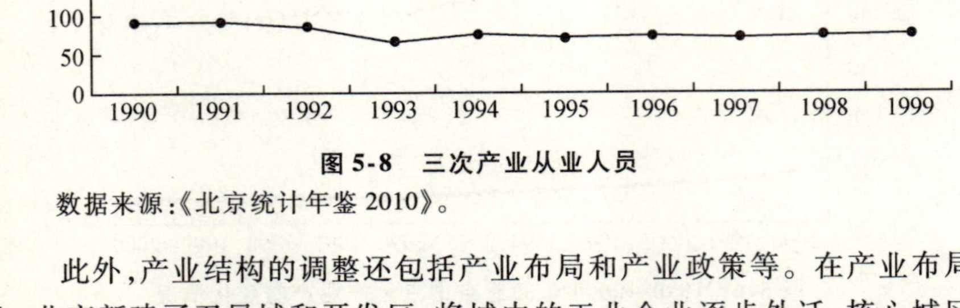

图 5-8　三次产业从业人员

数据来源:《北京统计年鉴 2010》。

此外,产业结构的调整还包括产业布局和产业政策等。在产业布局上,北京新建了卫星城和开发区,将城中的工业企业逐步外迁,核心城区只保留金融、信息咨询、商业、教育、文化和科研等服务性行业。在产业政策上，北京鼓励和扶持高新技术产业的发展，促进和引导企业与高校、科研机构及跨国公司的合作。

但是，在第三产业成为支柱产业的同时，也造成了对第一产业，尤其是第二产业的挤出效应。如图 5-9 所示，在 1991—1999 年间，第三产业的用电量平均增长幅度为 13.07%，而第一产业和第二产业用电量的平均增长幅度分别为 3.23% 和 5.09%。这种挤出效应体现在几个方面：一是降低了第一、第二产业的劳动力供给，从而提高了第一、第二产业的劳动力成本，这是近年来农村出现耕地撂荒和沿海出现民工荒的主要原因；二是提高了生产资料的成本，如对电量的适用，这也会限制第二产业的发展；三是对城市商品房价格的影响，这会间接地提高第二产业的生产成本。

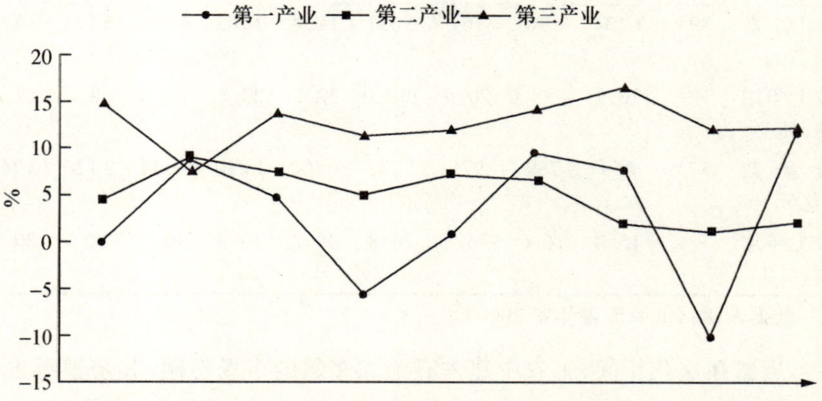

图 5-9 1991—1999 年间各产业较上一年用电量增长数
数据来源：《北京统计年鉴 2010》。

第二，国有银行商业化改革。1992 年 2 月中国光大银行成立，是中国第一家国际金融组织参股的银行。1992 年 10 月华夏银行成立。1996 年 1 月，中国第一家主要由民营企业投资形成的全国性股份制商业银行中国民生银行成立，它们的总部均设在北京。1993 年 11 月，中共十四届三中全会决定提出建设政策性银行，实行政策性银行和商业性银行业务分离。1994 年，国家开发银行、进出口银行和农业发展银行三家政策性银行先后在北京成立，分别接受原建设银行、中国银行、农业银行的政策性业务。从此，专业银行开始作为国有独资银行，真正从事商业性金融业务。而 1995 年《中华人民共和国商业银行法》的颁布实施,加快了国有专业银行向商业银行的转变。

在此期间,北京市金融运行的总体特点是:各项存款持续增长,再创历史新高,银行贷款投放重点突出,信贷结构有所优化,银行现金回笼的情况正常,银行业处于良好发展的上升阶段。如表 5-3 所示,20 世纪 90 年代北京银行业存贷款规模迅速增长,存款数从 1990 年的 893 亿元增加到 1999 年的 7 822 亿元,增长比例为 776%;除了 1992 年,存款规模增速超过了 20%;贷款规模从 1990 年的 573 亿元增加到 1999 年的 3 761 亿元,增长比例为 556%,年增速在 15%—40.5%。从中发现,存款数增长速度大于贷款数增长速度。

表 5-3 1990—1999 年间北京银行业存贷款规模

年份	1990	1991	1992	1993	1994	1995	1996	1997	1998	1999
存款数(亿元)	893	1 134	136	164	2 311	3 054	3 782	4 892	6 274	7 822
较上年增幅(%)	—	26.9	-88.0	20.5	139.0	32.2	23.8	29.3	28.2	24.6
贷款数(亿元)	573	659	769	971	1 232	1 561	1 810	2 544	3 126	3 761
较上年增幅(%)	—	15.0	16.6	26.2	26.8	26.7	15.9	40.5	22.8	20.3

数据来源:《北京金融年鉴 2000》。

虽然在这几年间,工农中建占有绝大多数的市场份额,其余银行占有市场份额较小,但是其增长速度却更快。实际上,交通银行、招商银行、上海浦东发展银行、广东发展银行、中信实业银行、光大银行、华夏银行和民生银行等银行位于北京市分行的存贷款规模也逐年提高。如表 5-4、表 5-5 所示,1998 年以上 8 家银行的存款和贷款总额分别为 657 亿元和 391 亿元,是工农中建的 13% 和 16%;1999 年以上 8 家银行的存款和贷款总额分别为 1 099 亿元和 645 亿元,较上年增长了 67.2% 和 64.9%,分别占工农中建的 18.3% 和 19.7%。

表 5-4 1998 年、1999 年各分行存款规模 （单位:亿元）

年份	交通银行	招商银行	浦发银行	广发行	中信实业银行	光大银行	华夏银行	民生银行
1998	195	104	94	23	54	33	89	65
1999	246	144	122	52	225	96	110	104

数据来源:《北京金融年鉴 2000》。

表 5-5 1998 年、1999 年各分行贷款规模 （单位:亿元）

年份	交通银行	招商银行	浦发银行	广发行	中信实业银行	光大银行	华夏银行	民生银行
1998	128	63	60	10	26	11	53	43
1999	156	82	63	21	126	81	62	54

数据来源:《北京金融年鉴 2000》。

第三,发展证券、保险市场。1990 年 10 月,中国人民银行建立了全国证券交易所自动报价系统,并将系统中心设在北京,这样,国内几个证券交易比较活跃的大中城市通过计算机网络连接了起来,会员通过网络可以获知有价证券的报价和买卖价格信息,获取交易、交割和结算等方面的服务。1993 年 2 月,中国人民银行批准了一家证券交易网——中国证券交易系统有限公司成立,同样将中心设在北京。这个系统以通信卫星连接全国各地的计算机网络,为证券交易提供证券市场的信息服务和投资咨询,并提供交易、清算、交割和托管服务。自成立后,这两个系统发展迅速,促进证券机构高效、安全地开展业务。到 1998 年,结合上海和深圳的两个交易所,中国证券交易市场一度形成了以“两所两网”为主体、集中与分散相结合的层次化特征。

从 1990—1995 年间北京的证券发行情况来看,发行市场以债券发行为主。其中,国债数量最大,金融债券次之,再次是企业债券和股票。1995 年上半年,金融债券、企业债券、股票、基金证券等有价证券的发行近乎为零,国债占据整个发行市场,创下了历史同期的最高水平。截止到 1995 年 6 月,全市共发行国库券 99.5 亿元,超过原计划发行量的 47.8%。

为了适应北京证券业发展的需要,截止到 1995 年 8 月底,全市经批准可经营证券业务的金融机构已达 57 家,证券交易营业部 81 个,成为中国拥有证券营业网点较多的城市之一。其中,中央在京证券机构 23 家,营业部 29 个;三大证券公司营业部 7 个,外埠进京机构 21 家,营业部 21

个;市级机构 10 家,营业部 24 个。这些营业部遍布北京城、近郊区,如表 5-6 所示。

表 5-6 北京市证券营业部分布一览表

城、近郊区	营业部	已开业
西城区	23	22
朝阳区	15	14
海淀区	13	13
东城区	9	9
宣武区	9	9
丰台区	6	6
崇文区	5	5
石景山区	1	1

数据来源:《北京金融年鉴 1996》。

据 1995 年上半年有价证券交易额统计排名,业绩较好的主要是资金雄厚的中央在京机构和三大证券公司的营业部,一些管理灵活的外埠进京机构也对北京证券市场的发展起到了积极作用,北京市级机构在原有基础上也有不同程度的发展,如表 5-7 所示。但是,1990—1999 年间北京设立的老牌证券公司因种种原因或被清算,或被重组或迁移。例如,1992 年成立的华夏证券是当时中国最大的三家证券公司之一,在 2005 年被重组。1995 年 10 月,中信证券股份有限公司在北京成立,之后注册地不断在北京和深圳进行变更,但其办公总部一直在北京,2008 年中国《证券公司分公司监管规定(试行)》颁布后,其除了投行以外的总部迁移至深圳,现存的只有 1995 年 8 月成立的中国国际金融有限公司。

表 5-7 1995 年上半年前十名证券机构营业业绩情况表 (单位:万元)

名次	机构名称	有价证券交易额	实有资产	营业收入	利润总额
1	华夏证券东四营业部	4 221 866	1 000	3 303	899
2	广发北京证券营业部	2 841 201	1 000	619	193
3	中经开北京证券营业部	1 285 262	1 980	7 600	1 400
4	工总信托北京证券营业部	1 128 466	1 000	937	57
5	深圳发展银行北京证券营业部	1 109 406	1 000	404	112
6	中保信北京证券营业部	1 006 985	1 000	3 179	891
7	华夏证券中关村营业部	877 676	1 000	380	–133

（续表）

名次	机构名称	有价证券交易额	实有资产	营业收入	利润总额
8	光大银行北京证券营业部	706 436	1 000	960	517
9	光大信托北京证券营业部	612 164	500	1 050	680
10	中创北京证券营业部	490 332	1 000	989	-241

数据来源：《北京金融年鉴1996》。

在这些有利的金融环境下，北京市证券市场获得快速发展，1998年证券市场交易量首次突破万亿元大关，其中债券交易占60%以上；1999年，股票交易量达到3 426.37亿元，超过债权交易量，如表5-8所示。截至1999年年底，北京地区A股上市公司44家，上市公司总股本1 412 319.84万股，占全国的4.85%；总市值1 459.24亿元，占全国的5.5%；流通市值569.28亿元，占全国的7.34%。证券公司4家，证券营业部90家，有价证券交易额10 376.85亿元，占全国的9.92%，其中股票基金交易额5 089.61亿元，占全国的7.5%；营业的期货经纪公司19家，营业部15家，期货代理交易额1 783亿元；证券投资基金管理公司6家；投资者开户数177.06万，占全国的3.96%。

表5-8　1994—1999年北京证券市场交易量情况　（单位：亿元）

年份	证券市场交易量	股票交易	债券交易	其他交易
1994	183.26	135.51	47.75	—
1995	1 619.04	520.48	152.31	946.25
1996	5 224.77	2 900.63	2 324.06	0.07
1997	7 934.42	3 900.93	3 844.82	188.67
1998	10 241.50	3 426.37	6 435.43	192.68
1999	10 694.46	5 268.19	5 005.52	79.01

数据来源：《北京金融年鉴2000》。

在1990—2000年间，保险市场也获得进一步发展，这主要表现在两个方面：一是保险公司在北京的营业部在增加，如1994年北京保险行业协会成立，这是北京市社团办批准的保险业自律性社团组织；1996年华泰保险股份有限公司北京营业部、新华人寿保险股份有限公司北京分公司、泰康人寿保险股份有限公司北京分公司成立。二是保险公司的业务收入在逐年上升，根据《北京金融年鉴2000》，截至1999年年末，北京市保险业务总收入70.57亿元，比上年增长0.89%，其中，财产保险业务收入 26.8 亿元,寿险业务 43.76 亿元,分别占保险业务总收入的 37.98% 和 62.02%,保险赔付总额为 16.87 亿元,比上年下降了 38%。

第四,金融业地理集聚。1993 年 10 月,国务院批复了新的《北京城市总体规划》,其中明确提出:“在西二环阜成门至复兴门一带,建设国家级金融管理中心,集中安排国家级银行总行和非银行金融机构总部。”这一批复标志着金融街的正式产生和金融资源集聚的开始,拉开了金融街建设的序幕。此后,在北京城市总体规划指导下,金融街建设不断推进,软硬件环境不断改善,金融资源集聚功能日益显现。实际上,它也是北京 CBD 的雏形,不过,开始的 CBD 中金融行业并不占主位,而是在 2003 年之后才成为 CBD 的龙头行业。如表 5-9 所示,除受 1997 年亚洲金融危机的影响区位熵有所下降外,1992 年以来北京金融产业集聚的区位熵稳步攀升:由 1992 年的 1.89 上升到 1999 年的 2.44,在 1997 年达到 2.65。由于历年北京金融产业集聚区位熵都远大于 1,因此北京存在金融产业集聚效应。(区位熵是经济空间分析中的一个重要指标,用以考察特定经济活动在某个地区全部经济活动中的相对表现。区位熵大于 1,说明产业集聚度高于全国平均水平,区位熵小于或等于 1,则认为该产业集聚度和专业化水平不高。)

表 5-9 1992—1999 年北京金融产业区位熵

年份	北京金融产业产值	全国金融产业产值	北京 GDP	全国 GDP	区位熵
1992	65.0	1 306.2	709.1	26 923.5	1.89
1993	83.0	1 669.7	886.2	35 333.9	1.98
1994	109.0	2 234.8	1 145.3	48 197.9	2.05
1995	145.3	2 789.5	1 394.4	60 793.7	2.26
1996	181.5	3 211.7	1 789.2	71 176.6	2.25
1997	246.9	3 606.8	2 075.6	78 977.3	2.65
1998	202.5	3 697.7	2 376.0	84 402.3	1.94
1999	277.6	3 816.5	2 677.6	89 677.1	2.44

数据来源:《北京金融年鉴 2000》。

总体而言,北京的金融业发生了翻天覆地的变化。根据《2012 年上半年北京保险中介市场运行情况》,就银行业而言,银行网点遍布城乡各个角落,外资银行相继进入北京;根据中国证券监督管理委员会官网,就证券业而言,经过近 20 年的发展,北京共有证券公司 17 家,证券营业部 197 家,上市公司 111 家;截至 2012 年 6 月末,在京保险专业中介法人机构 366 家,同比增加 19 家。其中,代理机构 163 家(全国性代理 17 家),经纪机构 160 家,公估机构 43 家,上半年新增专业中介法人机构 1 家。在京保险专业中介法人机构总资产达到 71.52 亿元。基本形成了中、外资保险公司和保险中介机构共同参与的多元化、多层次的市场竞争格局。

综上所述,这一时期股份制银行在京的设立,完善了北京的银行体制,不仅使北京的银行业多样化,引进了竞争并提高了服务质量,也为之后国有独资商业银行的股份制改革奠定了基础。而专业银行与政策性银行的分离,改善了中央银行对信贷规模的控制,完善了中央银行的金融宏观调整功能。这种变化是在中国经济体制改革、经济发展过程中摸索出来的道路。证券业和保险业也在商品经济的发展中和市场经济的开放过程中不断多样化,但仍无法跟进国际水平。在这期间,虽然出台了《中华人民共和国商业银行法》《中华人民共和国保险法》等金融法规,但金融领域的法律法规体系尚未健全。

5.3.3 “去工业化”:2001 年至今

进入 21 世纪以来,北京第一产业和制造业比重下降,服务业发展迅速,“去工业化”态势显著,北京向“后工业城市”迈进。同时,北京金融业的发展态势更为明显,如表 5-10 所示,2005—2009 年北京金融机构每年存、贷款增长率均保持在年均 20% 左右,五年中规模均翻了一番;在金融业稳步发展中,其集聚效应也非常明显,如根据北京金融产业集聚效应研究,保险业的区位熵处于 2 左右,说明保险业集聚已经趋于稳定;证券业的区位熵处于 4 左右,对北京金融业的集聚有较大贡献。

表 5-10　2005—2009 年间北京金融机构存贷款情况　(单位:亿元)

	2005 年	2006 年	2007 年	2008 年	2009 年
金融机构存款	28 970	33 793	37 700	43 981	56 960
比上年增长	21.82	16.65	11.56	16.66	27.54
企业存款	16 340	19 177	22 050	24 311	30 457
比上年增长	23.38	17.36	14.98	10.25	26.10
储蓄存款	8 316	9 515	9 743	12 538	15 329
比上年增长	16.24	14.42	2.40	28.68	22.26
金融机构贷款	15 335	18 132	19 861	23 011	31 053
比上年增长	14.67	18.62	13.43	16.66	34.95

数据来源:《北京金融年鉴 2000》。

第一,"去工业化"进程。2004 年 12 月,北京市出台《北京城市总体规划(2004—2020 年)》明确了四大目标——"国家首都、国际城市、文化名城、宜居城市",提出构建"两轴—两带—多中心"的新城市空间格局。根据北京市发展和改革委员会官方网站,2006 年,北京《北京市"十一五"时期金融业发展规划》指出:"十一五期间,争取在政府推动和市场导向下,找到一条适合首都经济社会发展特点、符合北京城市定位、有利于区域和全国经济发展的北京金融业发展道路。基本实现金融市场的多层次化、金融机构的多元化、金融产品的多样化、金融企业经营的特色化和金融服务的精细化,初步建成全面开放、监管有力、竞争充分、功能齐备、层次丰富的现代化、国际化金融体系。"

这两个文件加快了北京产业结构调整,使金融业得到快速发展。袁海霞(2009)①研究指出,目前北京市第三产业中占 GDP 总量 5% 以上的部门有 7 个,从大到小依次是金融保险业,社会服务业,批发和零售贸易、餐饮业,交通运输、仓储及邮电业,教育、文艺、广播电影电视事业,科学研究和综合技术服务业以及房地产业。表 5-11 显示了 2000—2005 年以来北京各县市区主要行业门类的结构变化。在农林牧渔业方面,北京所有县区都表现了明显的下降态势;制造业除了少数县区(房山、通州、大兴、怀柔、延庆)外,其他各县区也表现出不同的去工业化态势。随着北京市的第一、第二产业比重逐渐降低,第三产业的比重逐步提高,北京的去工业化进程处于稳步的推进过程当中。

表 5-11　2000—2005 年北京各县市区主要行业门类所占比重变化

(单位:%)

	农林牧渔业	制造业	批发零售	金融业	房地产业
东城区	-0.02	-7.46	8.41	-0.62	1.03
西城区	-0.15	-6.05	4.30	-0.49	0.09
崇文区	-0.07	-8.23	2.49	1.15	1.31
宣武区	-0.08	-10.29	9.74	0.32	1.34
朝阳区	-1.48	-7.55	4.70	0.15	1.06
丰台区	-2.22	-12.03	6.69	0.86	1.04
石景山区	-0.39	-4.23	3.35	2.04	0.95

① 袁海霞. 北京市产业结构与就业结构变动分析[J]. 北京社会科学,2009(3).

（续表）

	农林牧渔业	制造业	批发零售	金融业	房地产业
海淀区	-1.03	-3.66	1.08	0.52	1.87
门头沟区	-2.83	-3.70	1.48	-0.15	2.61
房山区	-16.88	2.50	5.10	0.23	0.73
通州区	-11.10	2.10	3.46	0.09	0.98
顺义区	-3.30	-5.67	2.81	0.00	0.59
昌平区	-5.62	-6.07	3.61	0.46	1.98
大兴县	-19.03	2.48	5.65	0.36	1.01
平谷县	-6.59	-0.70	2.08	0.49	0.44
怀柔县	-5.65	2.82	1.67	-0.28	0.22
密云县	-11.20	-1.08	2.71	0.04	0.97
延庆县	-19.14	0.36	4.54	0.08	0.67

数据来源：《北京金融年鉴2006》。

这期间不得不提的典型事件为首钢的搬迁。根据中国—东盟咨询网，首钢集团2004年实现利润12.47亿元，销售收入619亿元，集团在册职工12万人。后来国务院决定将这个在京历史长达八十多年的企业于2005年开始搬迁，2010年搬迁完毕，争取2008年提前完成。首钢集团的搬迁是北京市调整产业结构，向宜居城市转变的典例。之后，每年约有20家到30家重污染企业搬离北京。

袁海霞（2009）的研究认为，随着北京“去工业化”进程的推进，第一产业就业比重继续下降，第二产业总体就业比重呈下降趋势，服务业就业比重迅速上升。主要扩张的产业是金融业、房地产业和社会服务业，而批发零售贸易业相对萎缩。在这种“去工业化”背景下，各产业对北京经济增长的贡献也将存在差异。2008年，北京市三次产业的经济增长贡献度分别为1.07%、25.68%和73.25%，而三次产业的就业贡献度分别为7.4%、25.4%、67.2%，根据三次产业的就业弹性的比较分析得知，第三产业能够强劲地吸纳就业。这为北京市实施在现有第三产业规模下增大就业容量的政策提供了理论依据。

另据刘伟、张辉（2008）①的研究认为，第一产业和第二产业的结构效应是负值。这说明，在改革开放三十多年中，北京市资源主要是从第一、

① 刘伟，张辉．中国经济增长中的产业结构变迁和技术进步[J]．经济研究，2008(11)．

二产业移向第三产业,第一、二产业的劳动力资源呈现净流出。如图 5-10 所示,第一产业就业人数持续下降,从 1978 年的 125.9 万降低至 2005 年的 60.9 万,并在 2003 年以后长期保持在 60 万至 63 万之间;第二产业就业人数先小幅上升然后持续下降,1978 年第二产业就业人数为 177.9 万,就业人数持续上升,但受到资本挤出劳动的影响;第二产业吸纳劳动的速度持续下降,就业人数增速缓慢,至 90 年代初期,达到 280 万这一顶峰后,第二产业就业人数开始下降,21 世纪初期,虽有小幅回升,但劳动就业人数依旧维持在 230 万以下的水平;第三产业就业人数持续上升,在 2000 年之后,增速明显加快。

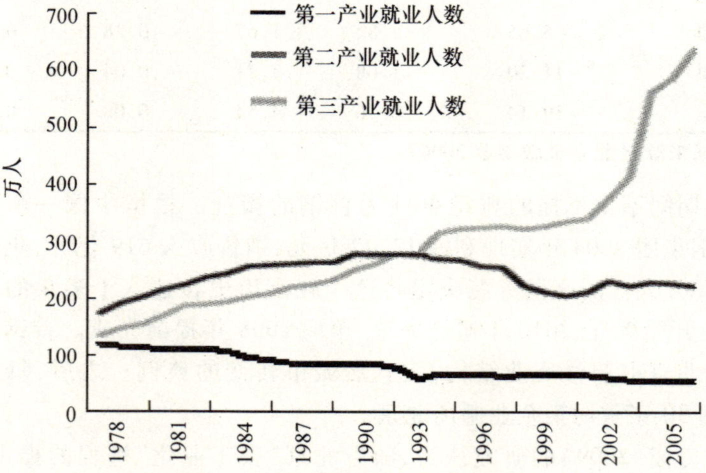

图 5-10 北京三次产业就业人员

数据来源:根据北京统计信息网《三次产业从业人员、在岗职工人数及平均工资》表、《北京统计年鉴》整理。

图 5-11 对比三大产业劳动就业人数变化和劳动生产率变化,第一产业就业人数持续下降但劳动生产率持续小幅上升;第二产业劳动生产率加速上升,且这一趋势并未受到第二产业就业人数变化的影响。这一现象可以从刘伟、张辉(2008)的观点中得到解释,即劳动产业结构变迁导致的资源再配置对第一、二产业的劳动生产率增长没有显著贡献,更大程度上是由技术进步导致的产业内增长效应决定了第一、二产业的劳动生产率增长。从结构效应的正负号可以看出,第一、二产业的结构效应为负,而第三产业的结构效应为正,这说明北京市的产业结构变迁主要发生于第一、二产业和第三产业之间。其中,资源再配置和产业结构变迁在第

二产业和第三产业之间最显著，这说明劳动力资源主要是从第二产业转移至第三产业。①

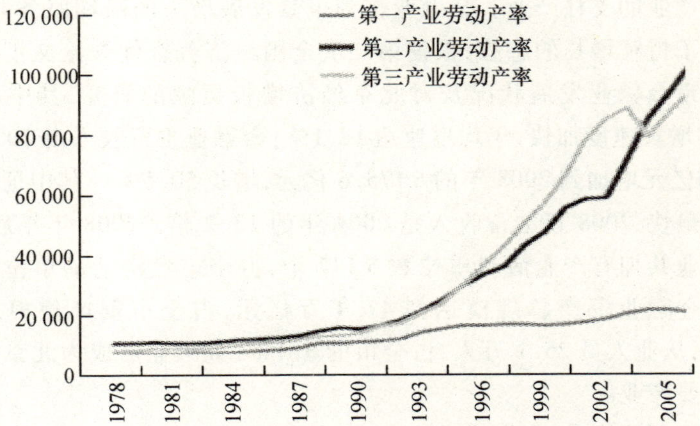

图 5-11　北京三次产业劳动生产率

数据来源：根据北京统计信息网《三次产业从业人员、在岗职工人数及平均工资》表、《北京统计年鉴》整理。

第二，银行业总体发展迅速。2001 年 12 月中国加入世界贸易组织，确定了中国金融市场开放的日程。2004 年 1 月国务院决定对国有独资商业银行进行股份制改革，象征中国国有独资商业银行的股改之路的开启。在全国金融大发展的背景下，北京的金融业也有了飞速的发展。2001 年的北京规划初步方案确立了金融业发展的阶段性目标：

一是 2002—2004 年，增加机构，壮大实力。采取有力措施，推出更具吸引力的金融发展政策，留住现有机构，进一步做大做强北京市金融企业，吸引更多的外省市金融机构、中外合资金融机构、外资金融机构和中外金融服务机构来京发展。二是 2004—2008 年，进一步扩大开放，提高核心竞争力。要在保持金融企业数量持续增加的前提下，提供进一步的政策支持，扩大对外开放力度，打造金融企业核心竞争力，增强首都金融业在国内外竞争中的地位和发展后劲，同时做好奥运金融服务。三是 2008—2010 年，加速发展，建成金融发达区。举全市之力，把首都建成中国的金融发达区、金融创新区、金融安全区、金融开放区，促进金融企业国

① 张辉. 北京市产业结构变迁对经济增长贡献的实证研究[J]. 经济科学，2009(4).

际化发展。

在这个阶段性目标的引领下,北京的金融业发展迅速,一跃成为北京第三产业的支柱产业。金融业作为极具发展潜力的高端服务业,增加值保持了持续增长的态势,根据第二次全国经济普查优秀论文汇编中关于北京市金融业发展状况及对北京经济增长贡献的研究,其中 2004—2008 年增长速度加快,年均增速达 12.1%;金融业主营收入由 2004 年的 4 104.6亿元增加到 2008 年的 6 175.6 亿元,增长 50.5%。其中证券业增长速度最快,2008 年主营收入是 2004 年的 12.2 倍。2008 年年底,北京市金融业共拥有产业活动单位数 5 147 个,占全市经济活动单位总量的 1.6%;金融业资产总规模达到 47.4 万亿元,占全市资产规模总量的 73.3%;从业人员 25.1 万人,占全市的 3.1%,金融业已成为北京国民经济的重要产业。

从内部结构看,银行业资产总额占金融业主导地位。如图 5-12 所示,2008 年银行业资产占北京金融资产总额的 90%;虽然北京证券、保险和其他金融活动资产规模已经十分庞大,但三者只占金融行业资产总额的 10% 左右。这主要有两方面的原因:一是北京市是很多商业银行总部所在地,管理着中国银行业绝大部分资产;二是归功于银行企业的成功上市。2000 年 12 月总部在北京的民生银行在上海证券交易所挂牌上市;之后华夏银行、中信银行分别在 2003 年、2007 年上市。2006 年 11 月,北京银行在天津成立第一家外地分行,实现跨区经营,成为第二家跨区经营

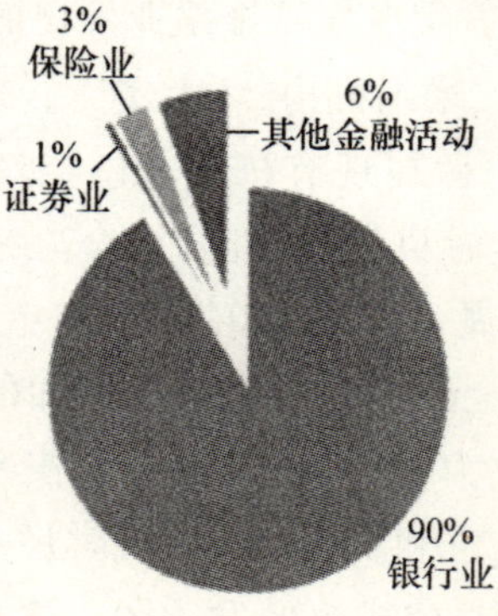

图 5-12　2008 年北京市金融资产构成

数据来源:第二次全国经济普查优秀论文汇编.北京市金融业发展状况及对北京经济增长贡献研究。

的城市商业银行，并在2007年于上海证券交易所挂牌上市。这些商业银行通过金融市场融资方式，获得大量资本金，扩大业务规模，增强风险抵抗能力，并规范了公司治理机制。

截至2009年，良好的运行状况使我国银行类金融机构的服务水平全面提升。北京市银行类金融机构总量达到3480个，法人机构51个，从业人员达到88848人，净资产规模达到80265.9亿元（如表5-12所示）。国际金融危机中，北京市银行类金融机构注重防范风险，积极应对，进一步改善了金融运行质量。其中，五家改制的国有商业银行分行加快转型，强化内部管理，不断提高市场竞争力，资产负债总额稳步扩大，全年利润总额同比增长20.1%，成为全市银行类金融机构利润的主要增长点。根据《北京金融年鉴2010》，2009年北京银行业年末资产总额同比增长28.8%，利润同比增长6%；不良贷款率同比下降0.4个百分点，拨备覆盖率同比提高27.9个百分点，风险抵御能力进一步增强。

表5-12　2009年北京市银行类金融机构情况表

机构类别	营业网点			法人机构（个）
	机构个数	从业人数	净资产总额（亿元）	
国有商业银行	1514	46027	40270.8	0
政策性银行	17	617	8774.8	0
股份制商业银行	450	18790	16205.6	0
城市商业银行	161	5688	5771.6	1
城市信用社	—	—	—	—
农村合作机构	694	7975	2846.5	1
财务公司	23	952	2757.2	23
邮政储蓄银行	520	2730	903.3	0
外资银行	81	6069	2724.4	6
农村新型机构	20	—	11.7	20
其中：村镇银行	2	51	3.5	2
小额贷款公司	18	—	8.2	18
合计	3480	88848	80265.9	51

数据来源：《北京金融年鉴2010》。

第三,证券业作用得到强化。进入 2000 年,北京的证券公司开始快速发展。截至 2009 年共有 17 家证券公司,北京陆续成立了 15 家,占 88%。2009 年,北京地区企业 A 股市场筹资额 1 508.2 亿元,同比增长 47.8%。年末上市公司达到 126 家,占全国 A 股上市公司的 7.4%,如表 5-13 所示。上市公司中,央属公司占比 50.8%,市属公司占比 24.6%,民营公司占比 23%,其他类别公司占比 1.6%。上市公司总股本 14 584.4 亿股,占全国上市公司总股本的 55.9%;市值 128 026.81 亿元,占全国上市公司总市值的 44.2%。证券公司证券市场交易额同比增长 65.1%。

表 5-13 2009 年北京市证券业基本情况

项目	数量
总部设在辖内的证券公司数(家)	17
总部设在辖内的基金公司数(家)	11
总部设在辖内的期货公司数(家)	19
年末国内上市公司数(家)	126
当年国内股票筹资(亿元)	1 508.2
当年国内债券筹资(亿元)	7 236
其中:短期融资券筹资额(亿元)	2 618

数据来源:《北京金融年鉴 2010》。

2000 年中国的基金业走向繁荣,工银瑞信和建信基金管理公司两家银行系基金公司于 2005 年在北京成立,加强了北京基金业的整理实力。其中,工银瑞信在不到三年时间里,管理规模达到 752 亿元,位居银行系基金排名榜首。但是,北京的税收等优惠政策不如上海或深圳,部分注册地在北京的基金公司南迁。其中长盛、博时迁往深圳,富国、嘉实迁往上海。2004 年北京券商的期货公司开始兴起。2005 年 4 月银河期货经纪有限公司成立,是全国第一家由证券公司直接控制的期货公司,也是第一家拥有外资股东的期货公司。之后陆续发展的有国度期货、中晟期货、安信期货、宏源期货等。

总的来说,2000 年后北京的证券业稳步发展。如表 5-14 所示,2000—2009 年间,北京证券市场交易量增长了 554%,其中股票交易量增长了 785%,基金交易增长了 396%,而债券交易在 2000—2003 年处于增长势头,2003 年后则处于下降的态势。根据 2009 年北京市金融运行报告,截至 2009 年年末,北京辖内法人证券公司 17 家,同比增加 2 家,各地证券公司在京营业部 206 家，同比增加 23 家。法人证券公司注册资本 270.2 亿元，同比增长 3.8%；资产总额合计 3 098.7 亿元，同比增长 63.1%。受证券市场活跃和 IPO 重启等因素影响，全年实现净利润 12.4 亿元，同比增长 22.6%。股票市场融资功能增强，证券市场交易活跃，公司经营状况良好。

表 5-14　2000—2009 年北京证券市场交易情况　（单位：亿元）

年份	股票交易	基金交易	债券交易	权证交易	其他交易	总交易量
2000	9 136.52	346.02	4 825.91	—	148.53	14 456.98
2001	5 339.61	400.61	6 729.69	—	126.60	12 596.50
2002	3 788.22	485.77	8 216.53	—	75.39	12 565.91
2003	5 041.40	110.45	18 048.37	—	169.60	23 369.83
2004	7 247.72	78.94	10 928.92	—	257.33	18 512.92
2005	4 343.65	91.30	4 567.28	—	320.26	9 322.49
2006	14 851.55	298.27	2 075.20	—	2 332.04	19 557.06
2007	77 487.83	1 534.96	2 060.90	9 756.74	7 139.04	97 978.66
2008	46 231.27	1 389.37	4 052.52	9 587.51	1 512.89	62 773.56
2009	80 867.36	1 717.02	1 754.94	9 534.09	675.70	94 549.12

数据来源：《北京金融年鉴 2010》。

第四，保险业发展领先全国。北京是全国金融管理中心，也是保险业战略发展管理中心。在国内，从市场主体、保费收入、资产规模、从业人员以及保险监管水平等方面来评价，北京的保险业发展都具有较高水平。如表 5-15 所示，北京市保险业的保费收入由 2000 年的 93 亿元增长至 2009 年的 697 亿元，增长幅度为 649%。2000—2005 年的增长率较高，2006 年稍有所下降，之后年份的增长率保持在 20% 左右的水平；而赔付支出在十年间平缓上涨，增长率为每年 20% 左右。保险深度和保险密度分别达到 5.9% 和 4 044 元，均居全国前列。

表 5-15　2000—2009 年北京市保险业收支概况　（单位：亿元）

	2000 年	2001 年	2002 年	2003 年	2004 年	2005 年	2006 年	2007 年	2008 年	2009 年
保费收入	93	141	234	282	279	498	411	498	585	697
赔付支出	28	31	46	48	55	75	83	135	188	196

数据来源：《北京金融年鉴 2010》。

根据《北京金融年鉴 2010》，截至 2009 年年末，北京地区共有保险分公司及直接经营业务的总公司 84 家，较上年年底新增 7 家。其中，产险公司 33 家,寿险公司 46 家,政策性保险公司 1 家,再保险公司 4 家。84 家公司中,外资公司 29 家,中资公司 55 家。保险专业中介机构 316 家,兼业代理机构 5 855 家,保险营销员约 6.7 万人。

如表 5-16 所示,2009 年实现保费收入 697.6 亿元,同比增长 19.1%。其中,财产险保费收入 164.4 亿元,同比增长 22.6%;意外险保费收入 10.3 亿元,同比增长 7.4%;健康险保费收入 56.8 亿元,同比增长 10.0%;寿险保费收入 466.1 亿元,同比增长 19.3%。北京保险业支付各项赔付 196.0 亿元,同比增长 3.8%。产险公司赔付支出 87.1 亿元,同比增长 25.8%,综合赔付率 64.3%,同比提高 1.8 个百分点。通过 2008 年与 2009 年的数据对比可以看出,在世界经济一片愁云惨雾的时候,中国保险业实现平稳发展。

表 5-16　2008 年、2009 年北京保险业务统计　　(单位:亿元)

指标项目	2008 年	2009 年	增长率(%)
保险费收入	585.0	697.6	19.1
1. 财产险	134.0	164.4	22.6
其中:机动车辆险	89.0	109.0	23.0
2. 人身意外伤害险	9.0	10.3	7.4
3. 健康险	51.0	56.8	10.0
4. 寿险	390.0	466.1	19.3
保险赔付支出	188.0	196.0	3.8
1. 财产保险	68.5	87.1	25.8
其中:机动车辆险	56.0	65.0	17.0
2. 人身意外伤害险	1.5	20.0	3.0
3. 健康险	15.0	18.0	18.0
4. 寿险	103.0	90.0	-12.0

数据来源:《北京金融年鉴 2010》。

5.4　北京构建金融中心的条件

总的来说,与历史上的其他金融中心形成的进程类似,北京金融业的发展及金融中心的构建是产业结构变迁的内在结果,但是在这种变迁中,也包含着政府的鼓励、支持和推进,是市场的"无形之手"和政府的"有形之手"共同作用的结果。

5.4.1 北京的独特优势

总览2006—2009年间:2006年开始迎来中国股市的不断高潮,2007年年末开始的金融危机,2008年的奥运经济发展契机,以及2009年为了应对经济下滑,北京启动千亿元规模的土地一级开发计划,在政府的大力引导下,北京市金融业的影响力显著提升。在内外因素的共同作用下,北京的经济经历了跌宕起伏式前进,但仍取得了巨大成绩。根据《中国金融年鉴2010》,截至2009年,北京金融业继续保持第一大产业优势,全年实现增加值1 720.9亿元,同比增长13.5%,在全市地区生产总值中比重为14.5%,对经济增长贡献率达16.7%,成为经济增长重要推动力。北京在全球金融中心指数中排名由2007年的第35位提升到2010年的第16位。根据北京市金融工作局发布的数据,2011年北京市金融业实现增加值2 055亿元,占地区生产总值的比重为12.8%,对经济增长的贡献率为7.1%,金融业继续保持第一大产业的优势地位;金融业总资产超过60万亿元,位居全国第一;金融从业人员达到26万人,劳动生产率居各行业之首。目前,北京已经成为中国的金融决策中心、金融标准制定中心、金融管理中心、金融信息中心、金融服务中心和金融人才集聚中心。

北京作为中国的首都,相对于上海、深圳金融中心,具有其独特优势:第一,由于一行三会(中国人民银行、中国银监会、中国证监会、中国保监会)的总部都设在北京,自然是中央金融决策中心。第二,由于金融在任何国家都是一个受到高度监管的行业,金融企业与监管机构的沟通尤为重要。因此,作为金融监管机构总部聚集地,北京具有其他地区不可比拟的信息优势。第三,工农中建四家银行、大型证券公司如中金公司和中信证券等、基金公司如华夏基金的总部均设在北京,而包括银行贷款、票据等一些信贷的审批权集中在商业银行总部,因此,北京具有其他城市所不具备的总部聚集优势。第四,中国的证券发行实施审批制而非注册制,如证券发行审批机构为证监会、企业债券的审批机构为国家发改委,这使北京成为金融审批中心。本研究根据不同产品的发行审批额,对1998—2010年间的审批金融权价值进行估算①,发现金融审批权价值占北京地区生产总值的比率在20%左右(详细论述参见本书第12章)。

---

① 冯科,何理,韩雯,贾甫.审批金融及其对经济增长的影响研究——以北京为例[J].经济学动态,2013(1).

北京金融街地区的发展吸引了银行、券商等金融机构落户。如表5-17所示,各地证券在京设立总部的证券公司 17 家,基金公司 11 家,期货公司 19 家。其他金融机构也稳步发展,如表 5-18 所示,财务公司、金融租赁公司、消费金融公司、汽车金融公司等蓬勃发展,创业投资机构、股权投资机构不断以中关村科技园区为核心聚集地,新型农村金融机构和小额贷款公司也稳步发展。此外,中关村代办股份转让试点的稳步推进,为建设多层次证券市场做出重要贡献;中国技术交易所等国家级交易平台也成为中国金融市场要素之一。

表 5-17　2010 年证券业基本情况

项目	数量
总部设在辖区内的证券公司数(家)	17
总部设在辖区内的基金公司数(家)	11
总部设在辖区内的期货公司数(家)	19
年末境内上市公司数(家)	164
当年国内股票(A 股)筹资(亿元)	2 408.4
当年国内债券筹资(亿元)	8 233.8
其中:短期融资券融资(亿元)	3 562.0

注:国内债券筹资为非金融企业债券融资数据。
数据来源:中国人民银行营业管理部,北京证监局。

北京是金融监管中心和政策信息中心,落户北京的金融机构可以得到更有效的政策指引。例如,2010 年,北京市银行类金融机构资产规模持续增长,年末资产总额同比增长 17.4%,利润同比增长 34.6%,不良率为全国最低。银行类金融机构总量达到 3 578 个,法人机构 68 个,如表5-18所示。截至 2012 年 2 月,北京市证券交易量比"十一五"开局时期增长了近 14 倍,保险公司原保险保费收入增长了 2 倍。

北京市中小企业金融服务平台正式上线,引导信贷资金支持科技型中小企业和文化创意型中小企业发展,率先设立文化创意产业、科技创新产业、绿色环保产业金融服务中心、绿色金融服务中心等;保险资金投资城市基础设施建设、住房公积金贷款投资保障房建设等产品和服务创新取得全国首批试点资格;金融业带动其他产业,从而带动整体经济的发展。

表 5-18　2010 年银行类金融机构情况

机构类别	营业网点 机构个数（个）	营业网点 从业人数（个）	营业网点 资产总额（亿元）	法人机构（个）
大型商业银行	1 632	50 427	45 765.6	—
政策性及国家开发银行	17	727	9 644.8	—
股份制银行	383	15 617	18 765.2	2
城市商业银行	180	7 638	8 472.3	1
城市信用社	—	—	—	—
农村合作机构	694	7 710	3 357.6	1
财务公司	25	1 098	3 521.8	25
邮政储蓄	523	1 666	1 154.2	—
外资银行	92	6 491	2 424.9	7
农村新型机构	32	385	54.5	32
合计	3 578	91 759	160.9	68

数据来源:《北京金融年鉴 2010》。

最后,北京拥有全国一流的高校和科研机构,是国内外优秀人才的汇集之地。由于金融中心是金融中介服务的中心,需要大量专业化的人才,这就使得北京作为人才集聚处,具备一定的优势,不仅为证券、基金、保险的研发中心提供了大量研究型人才,更为交易、投资、信托等业务提供了专业化服务人才。

5.4.2　面临的不利条件

对国际金融中心的演进历程及不同金融中心的比较分析表明,北京构建金融中心的不利条件包括几方面:第一,在现有的国际经济金融体系中,如何成功突围各大金融中心的优势地位,将是北京面临的重大挑战。第二,在新兴国家崛起及其构建各自金融中心的过程中,如何在竞争中取得优势地位并超越它们,将是北京要面临的第二个挑战。第三,北京能否成功整合优势资源,与上海、深圳形成有效的竞争关系和良好的互补关系,从而推动金融市场的总体发展,形成国内统一的金融市场体系。第四,北京产业结构变迁及金融业发展的历史考察表明,北京金融业本身存在一些问题,这也会限制北京金融中心的效率。

在如上四个约束因素中,有两个约束是国际因素,有两个约束是国内因素,在两个国内约束因素中,一个是外在因素,一个是内在因素。而对于北京来说,首要的问题是在国内外在因素的约束下,优化内在结构,调整、改善自身的不合理金融体系,将是建立国内金融中心,进而建立国际金融中心的先决条件。因此,我们主要总结北京构建金融中心面临的国内约束因素。

从区域经济发展的视角看,上海国际金融中心一直是国际发展战略和发展方向,对北京金融中心的建设无疑是一种挑战。第一,从历史发展的角度讲,上海具有北京不具备的历史沉淀。上海是中国近代金融业的发源地,在 20 世纪 30 年代,已经是中国最大的金融中心;北京一直以政治中心和文化中心定位城市发展,不具备金融中心发展的历史优势。第二,从地理位置角度讲,上海是中国最大的港口城市,依附长三角的发达经济地区,北京不具备此港口地理优势。第三,从发展现状角度讲,上海无论是金融业增加值、市场开放度,还是国际化程度,都居首位,上海已具备完整的交易所体系,包括证券、期货、外汇、黄金、钻石交易所,如表 5-19 所示;北京产权交易所于 1994 年成立,可以进行的业务范围有:中央单位产权交易、市属单位产权交易、金融资产交易、跨国并购、投融资服务、黄金交易、林权交易、环境交易、技术交易、矿业权交易、石油交易、文化交易、股权登记等。相较于上海完备的证券交易体系,北京专注于两个方面:一方面提供非公产权交易服务,改善以中关村高新技术企业为代表的中小企业融投资环境;另一方面以规范和服务为原则,促进国有企业改制重组和国有产权有序流转。第四,从国家战略角度讲,早在 1992 年十四大报告中,就明确提出要把上海建设成为国际金融中心。2008 年,虽然北京市政府出台《关于促进首都金融业发展的意见》提出了建设金融中心的目标,但并没有得到国家层面的资源支持。

表 5-19　上海主要交易所成交额　(单位:亿元)

年份	全国银行间货币与债券市场	上海证券交易所	上海期货交易所	黄金交易所	钻石交易所(亿美元)	中国金融期货交易所
2005	232 104	49 718	65 402	1 168	4.1	—
2006	390 644	91 912	120 338	2 246	5.7	—
2007	712 949	380 026	231 305	3 325	10.0	—
2008	1 107 857	271 842	288 720	8 995	13.1	—
2009	1 375 659	441 875	737 583	11 031	15.2	—
2010	1 798 225	398 396	1 234 795	20 205	28.6	410 699

此外,深圳作为中国改革开放时期的经济特区,更具有市场化的特点,同时具备国家创新环境,享受优惠政策。深圳将金融作为发展的重要方向,必然会对北京产生一定的影响。这主要体现在几个方面:第一,从市场化角度讲,深圳有中小板和创业板市场,为中小企业发展提供了动力,而且深圳证券市场因放宽了交易方面的限制,其活跃程度大大提高。第二,从创新性角度讲,深圳毗邻香港,可以通过合作等方式,从香港金融中心学习到很多创新模式,从而进行进一步的创新性探索,带动中国金融创新的发展。第三,从资源的角度讲,虽然国家战略层面上没有像上海那样,将深圳作为国际金融中心进行规划,但是作为经济特区的深圳,依然有很多优惠政策,起到试点示范作用,国家和深圳市政府对深圳的金融业发展的政策和资源支持都有很大作用。第四,北京市的金融市场本身存在一些问题。以证券业发展为例,证券公司盈利渠道单一,2010年北京市证券公司经纪业务手续费收入和证券发行收入占全部经纪业务收入的75.08%,受证券市场正当影响,营业收入及利润下降幅度均超过20%。目前,北京现有投资咨询公司存在盈利模式不成熟、实力弱、业务开展不规范等问题;甚至个别公司通过夸大宣传、不实报道以及虚假广告等招揽客户,违规开展代客理财等高风险业务,特别是出售炒股软件,片面夸大软件的功能,导致客户遭受重大损失。近年来,由于大宗资产、黄金等贵金属商品价格的不断上涨,股指期货等创新工具的推出,期货交易不断升温,地下炒金和网络炒汇等非法期货活动不断攀升,给北京市金融秩序造成威胁。诸如此类的问题,需要及时跟进了解,关注可能出现的风险。

第 6 章　北京市产业结构与经济发展的实证研究

北京产业结构变迁及金融业发展的历史经验表明，产业结构变迁其实是在一系列约束条件作用下，劳动力、资金、人力资本、技术等生产要素不断地从一个产业部门转移到其他产业部门的过程，这一转变旨在实现不同生产要素所有者的利益最大化，并推动资源的优化配置。因此，产业结构演变其实是稀缺资源配置不断调整的过程，因而是一个市场行为过程。这在配第-克拉克定理、库茨涅兹的结构变化、赫希曼的不平衡发展战略和罗斯托的经济成长阶段理论中，都得到了清晰体现。本章的任务是实证检验北京产业结构变迁对经济发展的影响，从而经验地判断北京产业结构优化，尤其是金融业发展的利益和成本。

6.1　已有研究的简单综述

前文着眼于产业结构变迁的一般理论，以此为基础，历史地考察了北京产业结构的演进路径，从中发现，北京产业结构的演进及金融业的发展路径与发达国家有着显著差异：在发达国家，产业结构的演进是自发进行的，起初呈现为一种完全自由放任的态势，但是随着各种问题的出现，政府开始介入，并制定了相关的产业政策，从而形成市场主导、政府纠偏的产业发展路径；在中国，各种产业尚未发展起来之时，产业管制政策已经出现，所以产业结构变迁通常体现为政府产业政策的调整，因此，中国的产业结构是政府主导、市场跟进的一个过程。就北京的产业结构变迁而言，本研究预期，这种变迁方式可能强化了市场力量，即第三产业的比重越来越大，甚至偏离最优的产业结构布局。对此，需要从实证角度进行经验验证，以确定北京产业结构的合理化问题。

6.1.1　产业结构与经济增长关系的国外研究

Rostow（1971）认为，产业结构演进是一个主导产业经济部门依次更替以及经济增长对技术创新吸收的过程。产业结构变动包括两个方面，一方面是各产业技术进步速度、技术要求和技术吸收能力的不同，导致了各产业增长速度的较大差异，从而引起一国产业结构的变化；另一方面是在一国不同的发展阶段需要不同的主导产业来推动国家的发展，而主导产业更替直接影响到一国生产和消费的各个方面，这在根本上对一国产业结构造成巨大冲击。

据此，Peneder(2003)①基于28个OECD国家数据，通过对产业结构对总收入增长影响的实证检验，得出产业结构对20世纪90年代宏观经济发展和增长有显著影响这一结论。其主要结论是：产业结构变化对总生产率变化有促进和抑制两方面的影响，平均来说，这些影响相互关联，导致产业结构变化仅有较弱影响。然而，具体产业的产业结构变化对总增长仍有促进作用，因为经济各部门间在生产率以及生产率增长率上都存在差异，如果将投入要素从低生产率水平或者低生产率增长率的部门向高生产率水平或高生产率增长率部门转移，可以提高整个社会生产率的水平，从而带来“结构红利”并促进经济的持续增长。

但是，Peneder的研究数据并没有包括发展中国家。发展中国家的经济非均衡现象是一种常态，要素并不是自由流动的，需要调整不适应需求结构的生产结构，以此来推进资源向生产率高的部门转移，从而促进经济增长(Chenery et al.，1989)，即产业结构转变是促进经济增长的核心原因。产业结构对经济增长的促进作用在Lucas、Helpman、Nelson and Pack等学者的研究中均有所体现。对于发展中国家而言，产业结构变化中工业化对经济增长的促进作用更为明显。Szirmai(2012)②通过对67个发展中国家和21个发达经济体在1950—2005年间产业结构变化数据的研究发现，除去21世纪印度由于软件行业带来的经济增长外，自1950年来，所有发展中国家的经济增长都由制造业推动，工业化起到了重要的引擎作用。

根据Fagerberg(2000)③的研究，国家间的生产率差异主要体现在农

① Peneder M. Industrial Structure and Aggregate Growth[J]. Structural Change and Economic Dynamics, 2003(4): 427—448.

② Szirmai A. Industrialisation as an Engine of Growth in Developing Countries, 1950—2005[J]. Structural Change and Economic Dynamics, 2012, 23(4): 406—420.

③ Fagerberg J. Technological Progress, Structural Change and Productivity Growth: A Comparative Study[J]. Structural Change and Economic Dynamics, 2000, 11(4): 393—411.

业和服务业,工业的生产率差异较小。随着时间推移,在农业和工业上的生产率差异会大幅降低,但服务业生产率几乎没有太大变化。而在国家经济增长解释方面,产业间生产率的追赶有 50% 的解释作用,与此同时,对所有国家而言,服务业的低生产率和低追赶速度是经济发展缓慢的重要原因。也就是说,当国家充分工业化,从而产业结构和工业生产率提升到一定程度时,服务业生产率是否得以提升对经济增长尤为重要。Sachs (1994)[①]通过对中国和俄罗斯的比较研究发现,中国落后产业结构的迅速转型是中国经济高速增长的核心驱动力。Fan 等(2003)[②]也指出在中国产业结构调整过程中跨地区跨部门的劳动力流动是中国整体经济效率提高的重要源泉。

根据上述理论,在对国内产业结构和经济增长关系的研究中,基于产业结构现状的分析尤为重要。我们需要关注产业结构处于何种状态,哪类产业结构调整能够促进经济进一步增长等问题,从而制定相关的产业政策。

6.1.2 产业结构与经济增长关系的国内研究

对中国产业结构的研究起始于 20 世纪 80 年代,并在 90 年代开始逐渐成熟。1985 年杨治教授的《产业经济学导论》开启了对产业结构的系统研究。该书初步介绍了产业结构理论,并从宏观角度研究了中国产业结构与经济增长的关系。随后,马洪、孙尚清主编的《中国社会主义经济结构研究丛书》,刘伟、杨云龙合作完成的《中国产业经济分析》,吴仁洪的《中国产业结构动态分析》均对中国产业结构进行了描述性分析。

北京大学刘伟教授在其著作《工业化进程中的产业结构研究》中用理论比较和实证分析的方法考察产业结构演变,阐述了人类经济发展史中结构转换所面临的共同矛盾以及发达国家为完成结构转换所采取的措施及其规律性,从而得出中国产业结构的政策倾向。书中认为,在一定程度上,经济增长的实质就是工业化,同时也是结构演进的结果。中国社科院郭克莎教授在其著作《结构优化与经济发展》一书中,以产业结构变动

① Sachs J, Woo W T, Fischer S, et al. Structural Factors in the Economic Reforms of China, Eastern Europe, and the Former Soviet Union[J]. Economic Policy, 1994: 102—145.

② Shenggen Fan, Xiaobo Zhang, Sherman Robinson. Structural Change and Economic Growth in China[J]. Review of Development Economics, 2003, 7(3): 360—377.

作为分析中心，以资源优化配置为线索，对结构变动和经济增长问题进行了深入的研究，得出产业结构变动对中国经济增长产生影响的主要因素，一是瓶颈制约或结构偏差的制约；二是结构转变或结构升级缓慢的制约。上海社科院周振华教授在其著作《现代经济增长中的结构效应》中认为，在现代经济增长过程中，社会分工日益细化，产业部门增多，部门间的相互依赖不断加强，从而结构关联效应就成为现代经济增长的一个重要支撑点，经济结构尤其是产业结构是决定经济增长的一个重要因素。

刘伟、张辉(2008)①从要素生产率中分解出产业结构变迁和技术进步，实证度量了产业结构变迁和技术进步对中国经济增长的贡献，并将两者做了对比，研究结果表明，产业结构变迁在改革开放以来的三十多年中对中国经济增长的贡献显著，但是随着市场化程度的提高，产业结构变迁逐渐让位于技术进步，对经济增长的贡献呈现不断降低的趋势，也就是说，产业结构变迁所体现的市场化的力量将逐步让位于技术进步的力量。刘涛、胡春晖(2011)②认为三次产业结构均衡对经济增长具有重要意义，并推导出一般性产业均衡条件为三次产业的边际产出和劳动力的工资水平都相等，并从产业结构偏离度的角度利用 1980—2009 年的数据进行实证分析，得出中国经济增长主要靠固定资产投资拉动，固定投资所占 GDP 的比重过大的结论。

付凌晖(2010)③检验了改革开放以来我国产业结构高级化与经济增长的关系，得到了两者存在长期稳定的关系，经济增长带动了产业结构的高级化，但是产业结构高级化并没有明显促进经济增长的结论。王焕英、王尚坤、石磊(2010)④利用我国 29 个省区市 1978—2009 年的数据，研究了产业结构对经济增长的整体影响，以及产业内部结构变动对经济增长的影响，认为产业结构的状态在一定程度上影响着经济总量增长。

6.1.3 产业结构与区域经济增长关系的研究

通过应用产业结构与经济增长关系的一般理论，国内学者对产业结

① 刘伟，张辉. 中国经济增长中的产业结构变迁和技术进步[J]. 经济研究，2008(11).

② 刘涛，胡春晖. 基于产业均衡条件的产业结构与经济增长实证研究[J]. 统计与决策，2011(10).

③ 付凌晖. 我国产业结构高级化与经济增长关系的实证研究[J]. 统计研究，2010(8).

④ 王焕英，王尚坤，石磊. 中国产业结构对经济增长的影响——基于面板模型的研究[J]. 云南财经大学学报：社会科学版，2010(2).

构和区域经济增长的关系也进行了大量实证研究。

郑春梅、方超、邝雄(2009)①运用计量分析方法,从北京市产业结构的实际出发,基于统计角度的 GDP 产业结构贡献度测算方法,利用北京市 1987—2007 年各年三大产业产值以及从业人员结构的相关数据,建立了北京市产业结构的经济计量模型,并对模型进行了进一步细分,研究了北京市二十几年间产业结构和经济增长之间的关系,测算了各产业对经济增长的贡献份额。结果表明,北京市的产业结构变动是影响经济增长的重要因素——产业结构变动会对经济增长产生推动作用,但随着产业结构的不断调整,这一推动作用影响不断减小。

史常亮、王忠平(2011)②分别计算了浙江各产业 GDP 和就业人数的 Moore 结构变动值指标,得出了浙江三次产业的产出、就业结构变动与经济增长之间存在的长期稳定均衡协同关系,即产出结构变动可直接引起经济总体的快速增长的结论。宋薇、李娟、陆文豪(2011)③分析了河北产业结构和经济增长的关系,认为产业结构的变动有助于经济增长,经济增长对促进产业结构高级化作用不明显。郭文、李小玉(2011)④对江西产业结构变动的经济增长效应进行了实证分析,认为第二产业比第三产业对江西经济的促进作用更大,同时第二产业、第三产业的短期波动对经济增长的短期波动有正向作用。

李东军、张辉(2013)⑤也对北京市产业结构与经济增长之间的关系进行了研究。文章基于格兰杰因果检验、偏离份额法等方法,研究了 1979—2011 年北京市产业结构与经济增长的关系,并且从产业结构红利和需求收入弹性两个方面分析了此关系产生的原因。研究发现:北京市产业结构调整与经济增长之间没有显著的因果关系,其原因是北京市 1978 年以后资源主要是从第二产业向第三产业转移,而北京第二产业和第三产业之间劳动生产率差别不大,以致北京市的产业结构红利并不显著,而且第二产业和第三产业之间的需求收入弹性相差不大。因此,作为

① 郑春梅,方超,邝雄.北京市产业结构与经济增长的关系研究[J].中国市场,2009(4).

② 史常亮,王忠平.产业结构变动与浙江经济增长[J].统计科学与实践,2011(2).

③ 宋薇,李娟,陆文豪.河北产业结构与经济增长关系的实证分析[J].经济论坛,2011(4).

④ 郭文,李小玉.江西产业结构与经济增长实证研究[J].江西社会科学,2011(11).

⑤ 李东军,张辉.北京市产业结构与经济增长的关系及原因分析[J].东北大学学报:社会科学版,2013(3).

全国率先发展的北京市，经济发展已经到了更多依赖于技术进步所带来的行业自身效率的改善，而不是依赖于市场化进程中的产业结构效应的阶段。

6.2 北京产业结构的比较分析

总体而言，北京产业结构变迁表现为一个政府主导、市场跟进的过程，因而是一个强制性的产业结构变迁过程，如近现代工商业的兴起，计划经济时代的重工业化战略，改革开放之后的第三产业的大力发展，2001 年以来的“去工业化”进程。对此，我们只是从产值角度进行了考察，而较少涉及其他变量。为了更加全面地考察北京产业结构的总体合理性及其贡献，还需要从就业、劳动生产率等指标来进行考察；此外，也需要对这种产业结构的效率进行一个横向比较。

6.2.1 跨时期比较

下文将从就业结构、产业结构合理化、产业结构高级化、劳动生产率以及对经济的总体影响等视角，分别考察政府主导型的产业结构变迁及其效果。

第一，就业结构演进路径。如前所述，北京产业结构发展大致经历了以下几个阶段：1978—1989 年间，第一产业比重先下降后有所上升；第二产业比重开始进入明显的下降阶段；第三产业比重迅速上升。1990—2000 年间，第一产业的比重继续下降，第二产业比重迅速下降，而第三产业比重快速攀升。2001 年至今，第一产业的比重稳步下降，第三产业的比重继续上升（如图 6-1 所示）。

在经济发展过程中，就业结构的变化和产业结构的演进具有很强的关联性。一方面，劳动力的数量、质量及流动方式决定了产业劳动力的分布，从而影响着产业结构的变动。另一方面，不同产业吸纳就业的能力不同，产业结构的调整将带来就业结构变动。如图 6-2 所示，在北京市产业结构调整的同时，就业结构也发生了较为明显的变化。与三次产业的变化一致，我们可以将北京就业结构的变化分为三个阶段。

第一阶段：1978—1989 年。第一产业就业比重呈快速下降趋势，从 1978 年的 28% 下降到 1989 年的 15%；第二产业就业人数和就业比重总体呈上升趋势，从 1978 年的 40% 上升到 1989 年的 45%；第三产业就业

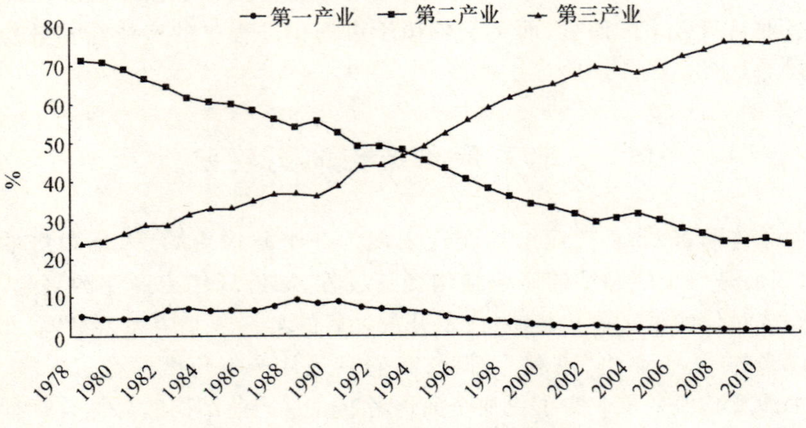

图 6-1　1978—2011 年北京各产业比重

数据来源:《北京统计年鉴 2012》。

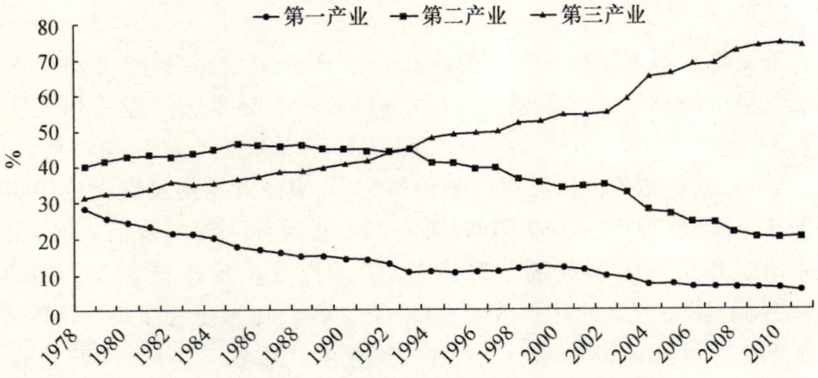

图 6-2　1978—2011 年北京各产业从业人员构成

数据来源:《北京统计年鉴 2012》。

人数和就业比重上升速度快于第二产业,由 1978 年的 31% 上升到 1989 年的 40%,就业结构呈“二、三、一”的格局。

第二阶段:1990—1999 年。第一产业、第二产业就业比重总体呈下降趋势,而第三产业服务业就业人数和就业比重稳步上升,由 1990 年的 40% 上升到 1999 年的 53%,第三产业成为北京市劳动力就业的主要渠道。就业结构由“二、三、一”演变为“三、二、一”的格局。

第三阶段:2000 年至今。第一、第二产业就业比重继续下降,第三产业就业比重迅速上升，速度较前两个阶段要快。2011年第三产业就业比重高达74%，而2011年我国第三产业就业比重仅为35.7%，低于北京的38.3%。

北京市三次产业就业结构的变化趋势表明，农村剩余劳动力以及第二产业的过剩劳动力都转移到了第三产业，第三产业成为吸纳剩余劳动力、解决就业的重要途径。劳动力的这种转移趋势，与配第-克拉克定理所描述的产业演进过程是一致的，即随着经济发展，人均国民收入不断提高，第一产业国民收入和劳动力的相对比重逐渐下降，而第二产业国民收入和劳动力的相对比重逐渐上升。随着经济进一步发展，第三产业国民收入和劳动力的相对比重也开始上升。

第二，产业结构合理化及高级化分析。产业结构变迁有两个方面：产业结构合理化和产业结构高级化。产业结构合理化指的是产业间的配合质量，反映了产业之间协调程度以及资源有效利用程度，是要素投入结构和产出结构合理化程度的一种衡量。本研究采用泰尔指数（TL）作为衡量产业结构合理化的指标。其计算公式为：

$$\mathrm{TL} = \sum_{i=1}^{n}\left(\frac{Y_i}{Y}\right)\ln\left(\frac{Y_i}{L_i}\Big/\frac{Y}{L}\right)$$

其中，i表示产业，Y表示产值，L表示就业，n表示产业部门数。如果经济处于均衡状态，$\mathrm{TL}=0$；若$\mathrm{TL}\neq 0$，表明产业结构偏离了均衡状态。

产业结构高级化指的是产业结构升级的一种衡量，本研究用第三产业产值与第二产业产值之比（TS）作为产业结构高级化的度量。这一度量能够清楚地反映出经济结构的服务化倾向，证明产业结构是否朝着“服务化”的方向发展。

从1978—2011年北京产业结构合理化变迁图（图6-3）中可以看出，TL值由1978年的0.25迅速下降至1994年的0.01，说明该时期北京的产业结构不断地向合理化结构发展。在1994—2001年间TL值稍微上升，随后又下降，至2004年后保持稳定的0.04的水平。相比全国的产业结构TL值在0.3附近波动来说，北京的产业结构合理化程度远远高于全国平均水平。

从图6-4中可以看出，除了2003年、2004年、2009年三年的TS值稍微有所下降以外，北京产业结构的TS值是一直处于上升趋势的。其中，在1994年，TS值首次超过1，说明北京市的第三产业产值在1994年首次超过第二产业的产值。从曲线的斜率来看，1992年前较低，说明该时期

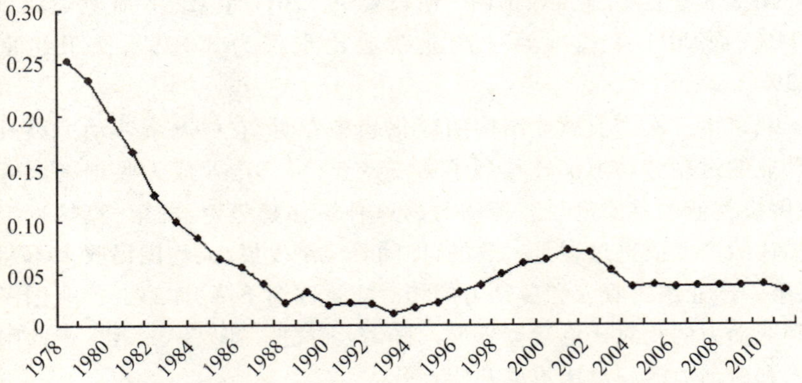

图 6-3　1978—2011 年北京产业结构合理化变迁度量

的第三产业发展速度是处于平稳缓慢增长的。1992 年后,曲线的斜率上升,说明北京在 1992 年后的第三产业进入了高速发展时期,并在 1994 年超过第二产业,2011 年达到了第二产业产值的 3.3 倍,产业结构快速地向“服务化”的方向发展。

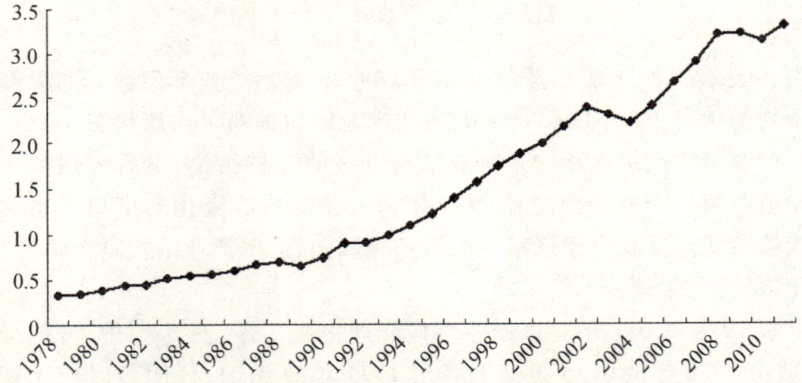

图 6-4　1978—2011 年北京产业结构高级化变迁度量

综上,从产业结构合理化和产业结构高级化的角度来看,北京市的产业结构得到了优化,从而间接地证实:在市场主导型的产业结构面临市场失灵的情况下,如由金融业过度发展所引起的金融危机等问题,政府介入能够在一定范围内弥补这种缺陷,从而促进产业结构趋向均衡状态。例如,从北京市统计局统计数据来看,2012 年北京市第一产业实现增加值 150.3 亿元,增长 3.2%;第二产业实现增加值 4 058.3 亿元,增长 7.5%;第三产业实现增加值 13 592.4 亿元,增长 7.8%,第三产业占 GDP

比重达 76.4%，比 2011 年的 75.7% 略有提升。

第三，劳动生产率及第三产业贡献率。从全国范围来看，我国目前的 GDP 构成当中，第二产业的比重仍然是最大的，产业结构还保持着“二、三、一”的局面，第三产业的比重仍然在 40% 左右徘徊。可见，第二产业，尤其是第二产业当中的工业仍然是推动我国经济增长的主要力量，第三产业对经济增长的作用还是相对有限的。但是，北京目前的第三产业比重已达 76.1%，早已经进入了“三、二、一”的产业结构。同时，与全国其他发达城市相比，北京形成“三、二、一”产业结构的时间较早，而且第三产业的劳动生产率和贡献率也是处于前列的。

实际上，北京市产业结构的转变，使得社会上的资源由低效率部门转移至高效率的生产部门，并不断地给北京的经济发展注入新的动力。例如，2011 年北京市第三产业的劳动生产率为 158 603 元/人，是 1978 年北京市第三产业劳动生产率的 83.6 倍，2001—2011 年间，第三产业劳动生产率翻了一番（如图 6-5 所示）。2011 年全国第三产业的劳动生产率为 42 615 元/人，北京是其 3.72 倍。20 世纪 80 年代以来，北京和全国的三产劳动生产率均处于上升的势头：80 年代，北京三产的劳动生产率的年增长率为 12.7%；90 年代的北京三产劳动生产率年增长率为 21.4%；进入 21 世纪以来则为 11.1%，增长幅度均在 10% 以上。而从全国范围来看，第三产业劳动生产率年均增长率则分别为 8.81%、12% 和 5.9%，北京在这三个时期内的增长率分别比全国平均水平高 3.9%、9.4% 和 5.2%。

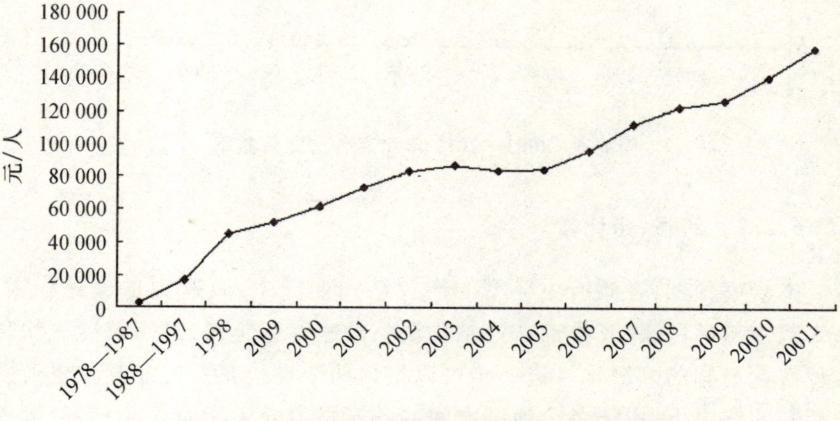

图 6-5　1978—2011 年北京市第三产业劳动生产率

数据来源：《中国统计年鉴 2012》《北京统计年鉴 2012》。

从产业贡献率来看,20 世纪 90 年代以来,我国第三产业对 GDP 增长的贡献率持续上升,而第一、第二产业的比重在持续下降。例如,2001—2011 年我国第三产业的贡献率保持在 40% 左右,2010 年是 39.3%,2011 年增至 43.7%,而我国第二产业的贡献率基本保持在 50% 以上(如图 6-6 所示)。也就是说,目前我国 GDP 的增加额第二产业的贡献率比第三产业的贡献率要高。从第三产业来看,金融、住宿餐饮和房地产是增长最为迅速的行业,在 2001—2011 年间,除了 2003 年、2004 年、2010 年三年的第三产业贡献率在 70% 以下,其余年份的贡献率均保持在 70% 以上。其中,2008 年的贡献率更是高达 97.5%,形成了以服务经济为主导的产业结构。根据中国科学院 2012 年发布的《中国科学发展报告 2012》,2011 年中国内地各地区 GDP 质量指数排名中,北京 GDP 质量指数位居全国第一,而北京的 GDP 增量绝大部分是来自第三产业的 GDP 增量。

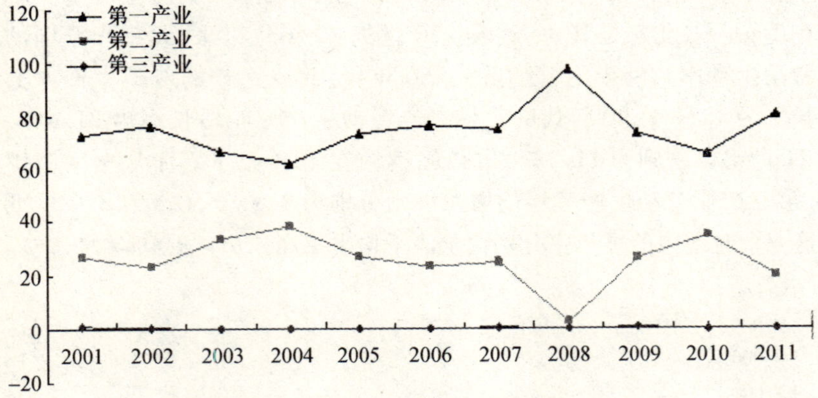

图 6-6　2001—2011 年北京各产业贡献率

6.2.2　跨省、市比较

本研究预期,在政府主导型的产业结构变迁中,政府力量越是强大,介入范围越是深入,其推动产业结构调整的速度就越快,因而就能更快地实现产业结构的高级化。进一步可以得出两个推论:第一,在其他生产要素相同的假设下,由于各个地区之间的政府财力介入能力存在差异,因此在政府主导型的产业结构变迁中,产业结构演进路径、速度和广度存在地区差异;第二,北京作为我国的政治、经济、文化中心,政府具有其他地方政府所不具有的介入能力和介入方式,因此,北京在产业结构演进方面的进程要快于其他省市;第三,在政府主导型的产业结构调整中,金融业将是政府产业政策的重点扶持对象。从上文得知,北京从"二、三、一"的产业格局发展到"三、二、一"的产业结构,其实仅仅用了不到30年的时间,远远要短于发达国家的自发性产业变迁所用时间,因而间接地证实了我们的第一推论。因此,我们将通过跨省市考察,检验第二个推论,从而间接地确定政府主导型的产业结构演进与经济增长之间的关系。

第一,三次产业结构演进历程比较。从就业结构、产值等方面来看,北京市第三产业的发展在全国范围内属于领先地位,从而部分地证实了第二个推论。如表6-1所示,在全国只有三个城市的第三产业产值超过了第二产业产值,分别是北京、上海和广州。虽然广州在1989年的第三产业就超过了第二产业,但是到目前为止其三产所占比例为61.51%,不及北京76.1%的高水平;广州在1989年第三产业超过第二产业,5年后的1994年北京随之超过,10年后的1999年,上海第三产业也超过了第二产业。从全国范围来看,目前只有北京的第三产业就业和第三产业产值均超过70%的水平,处于遥遥领先的状态,其中产值超过全国平均水平的42.1%。除了沿海发达省市的第三产业产值和就业结构能够保持在40%左右的范围,其余省市与北京的差距较为明显。

表6-1 北京与其他沿海发达省市三次产业结构演进历程

省、市	三产首次超过二产时间	目前三次产业就业结构	目前三次产业产值结构
北京市	1994年	5.5:20.5:74	0.8:23.1:76.1
上海市	1999年	3:40:57	0.7:41.3:58
广州市	1989年	8.4:38:53.6	1.65:36.84:61.51
浙江省	还未超过	14.5:50.1:35.4	4.9:51.2:43.9
江苏省	还未超过	21.5:42.4:36.1	6.3:51.3:42.4
福建省	还未超过	26.3:37.8:35.9	9.2:51.6:39.2
广东省	还未超过	23.9:42.4:33.7	5.0:49.7:45.3
全国	还未超过	34.8:29.5:35.7	17.2:48.8:34

数据来源:《中国统计年鉴2012》及各省2012年统计年鉴。

可见,北京市政府在推动产业结构调整中扮演了重要角色——这可以放大到我国产业结构的大背景中,因而也说明了中央政府在调整产业结构变迁中的重要角色,而这是区别于西方发达国家的关键之处。可以认为,这种差异是我国能够保持三十多年高增长的重要原因之一,也给我国的产业结构带来了严重的问题。如前所述,基于市场逻辑的产业结构演进本身存在问题,如第三产业过度发展所造成的金融危机问题,第二产业比重下降所造成的产业“空心化”问题,等等,而政府力量的介入在很大程度上助长了这一进程,而不是缓冲这一进程。结果,在产业结构调整过程中,存在市场失灵之外的政府失灵问题。因此,关于产业结构的合理化和高级化问题,政府需要清晰界定自己的介入边界,从短期和长期两个层面进行考虑并制定相应的产业政策,至少要制定针对长期潜在风险的可能补救措施,而应避免制定短期的产业政策,以致积累长期的经济风险。

第二,金融业、房地产业的跨省比较。在北京目前的产业结构布局中,第三产业的贡献率最高。而在第三产业中,金融业和房地产业已成为支柱产业。例如,2011 年北京市的第三产业所占比重达到了 76.1% 的高水平。当然,按照我们的第三个推论,这种产业布局与政府的产业政策相关,因此,金融业的发展也呈现出显著的地区性差异。

21 世纪以来,北京逐渐加快了经济发展和金融市场建设的步伐,具体表现为经济的高速增长和金融业产值的逐步增加。其实,北京作为首都的核心地位,有利于金融资源的积聚;作为国家金融决策中心、监管中心和信息中心的地位都是毋庸置疑的事实。数据显示,北京地区汇集了全国 60% 的金融业资产,全国 40% 的金融清算业务;全国最大债券市场地位进一步加强;上市资源优势地位巩固,北京地区上市公司总股本占全国的 60% ,总市值占全国的 40% 。

实际上,北京金融业产值已经超越全国大部分人口众多、面积广大的省份。如表 6-2 所示,北京金融业产值从 2007 年的 1 302 亿元增长至 2011 年的 2 215 亿元,增加了 70% ;2011 年北京的金融业产值占 GDP 排名第一的广东的金融业产值的 76% ,占 GDP 排名第二的江苏省的 85% ,已经可以和我国的 GDP 大省相比。和其他省份相比,2011 年北京的金融业产值是福建省的 2.6 倍,贵州省的 6.5 倍,湖南省的 4.4 倍,重庆市的 3.1 倍和四川省的 2.5 倍。2007—2011 年间,北京的金融业产值占全国金融业产值的 9% —10% ,所占比重很大。

表 6-2　2007—2011 年北京市金融业产值跨省比较　（单位：亿元）

省、市	2007 年	2008 年	2009 年	2010 年	2011 年
北京市	1 302	1 519	1 603	1 863	2 215
福建省	385	497	612	767	862
浙江省	1 251	1 653	1 899	2 326	2 730
江苏省	—	1 298	1 596	2 105	2 600
贵州省	122	151	194	231	297
江西省	101	130	165	241	—
湖南省	260	334	402	463	501
广东省	1 705	1 972	2 283	2 658	2 916
重庆市	247	303	389	496	704
四川省	359	411	524	654	868
全国	12 337	14 863	17 767	20 980	24 958

数据来源：《中国统计年鉴 2012》及各省 2012 年统计年鉴。

在金融业的发展中，它其实支撑了一个很大的产业，即房地产业。例如，在新型城镇化的推进过程中，地方基建投资需要庞大的资金支持，而这主要依靠债务扩张。根据国家审计署的调查，银行贷款是地方政府债务扩张的主要融资方式。2010 年年底，地方政府债务资金来源中，79% 是银行贷款，规模为 8.5 万亿元。但是，2010 年 6 月份之后，由于地方政府通过银行贷款的渠道基本被掐住，因此 2012 年地方政府债券融资和信托融资大规模启动，成为地方政府债务扩张的主要途径。简单地说，如下两方面的原因强化了这种考察的必要性：第一，金融业与房地产业之间存在着千丝万缕的联系，而这种联系既是北京经济增长的因素，也是北京经济面临的挑战；第二，房地产业本身成为重要的产业，甚至曾一度被认为是我国的支柱行业，这不仅体现在全国范围，也体现在区域经济层面。

从全国范围来看，我国的房地产业的产值是逐年稳步上升的。就大多数省份而言，房地产业产值的年增长率为 10% 左右；2007—2011 年北京的房地产业产值的波动规律与全国的趋势不同，仅从 2007 年的 821 亿元增加到了 2009 年的 1 062 亿元，随后基本保持在 1 000 亿元的水平，在 2010 年还出现了轻微的下降，这与北京的房地产调控政策有一定的联系。相比 GDP 大省浙江、江苏，北京房地产业的产值 2011 年是浙江省的 64%，江苏省的 40%，但是仍然成倍于其他省份，如 2011 年北京的房地产业产值是湖南省的 2.1 倍，是重庆市的 2.7 倍，是四川省的 1.73 倍；在全国范围来看，北京房地产业仍然是处于领头羊地位的优势产业（如表 6-3

所示)。

表 6-3　2007—2011 年北京市房地产业产值跨省比较　(单位:亿元)

省、市	2007 年	2008 年	2009 年	2010 年	2011 年
北京市	821	844	1 062	1 006	1 074
浙江省	981	1 052	1 316	1 618	1 677
江苏省	—	1 626	2 025	2 600	2 747
湖南省	301	340	400	464	518
重庆市	196	191	229	266	396
四川省	376	453	548	558	620
全国	13 809	14 738	18 654	22 782	26 708

数据来源:《中国统计年鉴 2012》及各省 2012 年统计年鉴。

第三,高新技术产业的跨省比较。如前所述,在政府主导型的产业结构调整中,其实是政府引导和培育市场,从而扶持一个新型的产业出现、发展和壮大。这种产业变迁路径完全不同于发达国家的产业变迁路径,发达国家先是有产业,后是有产业政策。也就是说,政府完全有可能根据历史的或国外的经验来培育和引导一个新的产业。在我国,高新技术产业尚未发展起来之时,我们已经出台了相关的产业扶持政策。由于这种产业政策增加了潜在利润,甚至寻租机会,因而鼓励了相关产业的发展。鉴于此,我们来对高新技术产业进行一个跨省市比较。

如表 6-4 所示,2011 年北京科学研究业以及技术服务业的高新技术产业的产值突破了千亿元大关。2007—2011 年,北京市科学研究、技术服务产业的产值的增长率保持在年均 15% 左右,虽然略低于其他省份以及全国平均水平,但北京的基数较高,因而 15% 的增长速度仍属于一个较高水平。就 2011 年来看,北京的科学研究、技术服务业产值为 1 135 亿元,比江苏、浙江、福建、安徽四个省份的总和 1 023 亿元还要高。如果与单独省份进行对比,2011 年北京的产值是江苏省的 2.3 倍,浙江省的 3.9 倍,福建省的 9.4 倍以及安徽省的 9.7 倍,远远高于其他省市水平。2007—2011 年,北京市科学研究、技术服务业的产值均保持在全国总量的 18% 左右。首都区位优势使北京拥有发展技术服务业得天独厚的优势,发展基础在全国处于领先地位。

表6-4　2007—2011年北京市科学研究、技术服务业产值跨省比较

（单位：亿元）

省、市	2007年	2008年	2009年	2010年	2011年
北京市	566	706	816	941	1 135
江苏省	—	271	308	365	496
浙江省	164	182	185	234	289
福建省	59	71	90	103	121
安徽省	—	—	—	95	117
全国	3 441	3 993	4 721	5 636	—

数据来源：《中国统计年鉴2012》各各省2012年统计年鉴。

近年来，北京科技服务业发展迅速，产业规模不断扩大，已经成为北京重要的支柱产业，并且涌现出一批具有全国影响力的科技服务企业。根据北京市科委的数据，北京市全社会研究与试验发展经费支出932.5亿元，相当于地区生产总值的5.8%；专利申请量与授权量分别为7.8万件和4.1万件，分别增长36.1%和22%；全市技术合同成交额1 890.3亿元，占全国总额的40%，其中落地北京的技术合同成交额985亿元，比上年增长74.5%；全市技术交易额1 267.8亿元，占技术合同成交额的67.1%。截至2011年年底，北京地区国家级重点实验室、工程（技术）研究中心、企业技术中心等286家，占全国的30%以上；累计认定市级重点实验室、工程技术研究中心等632家，企业研发机构262家。

综上所述，到目前为止，北京市产业结构的转变到已经形成了以第三产业为主导的显著态势。而北京第三产业的支柱性行业，例如金融业、房地产业，以及增速较快的高新技术产业则是北京市第三产业发展的支柱。从促进经济增长方式转变的角度来看，产业结构的调整应该提高生产率水平较高以及增长速度较快的产业的比重，降低生产效率较低产业的比重，继而提高社会资源的配置效率。然而，正如前文所述，在产业结构转换的过程当中，产业结构本身具有强化第三产业而“去工业化”的趋势，因此，政府在这一过程中应该扮演什么样的角色至关重要：强化基于“无形之手”力量的产业演进趋势，还是弱化这种趋势，或者是存在第三种选择方式？就北京的产业结构演进而言，从跨时期和跨省市的理论和经验比较来看，产业结构高级化的确是产业结构合理化的一种结果，但是从长期来看，它究竟是有效率的产业选择，还是存在潜在的风险，对此需要仔细研究。

总之,产业政策的选择涉及一系列复杂的权衡问题,例如,农业承担着为工业提供原料等任务,而第三产业则具有间接或直接提高劳动生产效率,吸收第一、第二产业剩余劳动力的作用。也就是说,产业结构变迁的方式与经济增长之间存在着多重可能性,因此,其具体的影响机制需进行进一步的实证分析。

6.3 产业结构与经济增长的实证分析

无论是历史的考察,还是跨省市的考察,产业结构变迁与经济增长之间呈现出正相关关系。在这里,产业结构变迁简单地归结为这样一个过程:产业结构高级化过程,或者是第三产业比重不断上升而第一产业和第二产业比重不断下降的过程。当然这具体又体现在产业结构的合理化和劳动生产率的提高等方面。据此预期,第三产业的发展与经济增长之间呈现出一种正相关关系。如图 6-7 所示,各地 GDP 与第三产业的时间走势比较接近,因此,初步判断两个变量之间很可能存在长期均衡关系,即协整关系。或者说,当第三产业比重不断提高时,经济增长率将维持在较高水平;当第三产业的比重稳定在某一个理论的最优水平之后,经济增长率将维持在一个较低的水平上。对此,我们将通过实证检验来比较北京产业结构变迁对经济增长的贡献。

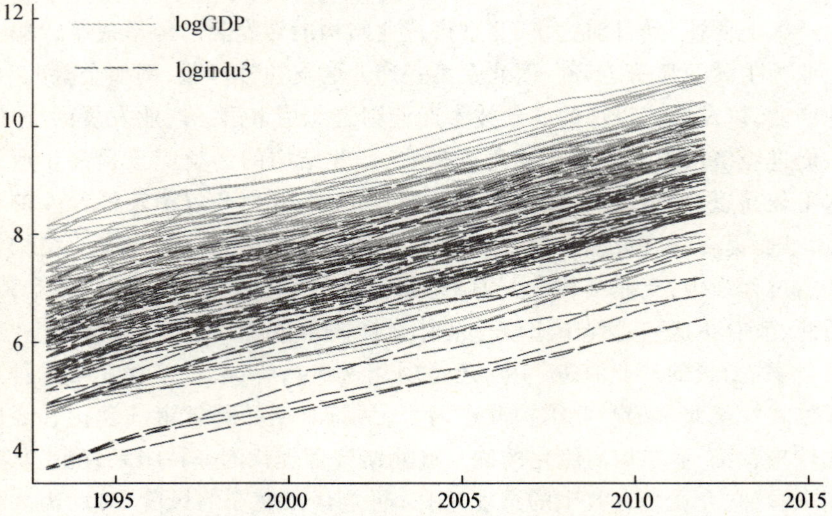

图 6-7 GDP 与第三产业的时间趋势

6.3.1 使用数据及变量说明

本研究采用中经网1993—2012年间东部、中部和西部地区各省、市、自治区三次产业产值增加值来进行实证分析。具体而言,东部地区包括北京、天津、河北、辽宁、上海、江苏、浙江、福建、山东、广东、海南11个省市;其中,又把北京、上海、天津和其他8个省份进行了比较分析。中部地区包括山西、吉林、黑龙江、安徽、江西、河南、湖北、湖南8个省。西部地区包括重庆、四川、贵州、云南、西藏、陕西、甘肃、青海、宁夏、新疆、内蒙古、广西12个省区市。不过,在西部地区的数据中,我们剔除了极端值较多的西藏;此外,为了保证统计口径一致,把重庆1997年后的数据加回四川省,因此,西部地区的有效截面数据是10个。在这里,为了研究其系数的线性影响程度,对所有的变量均取自然对数,因此,主要解释变量为三次产业产值 logindu1、logindu2、logindu3;被解释变量经济增长率由 logGDP 度量。虽然解释变量较少,拟合优度较低,但是 OLS 拟合优度 R^2 还是达到0.9以上,而且由于本研究关注各个产业对经济增长的相对贡献,而增加解释变量对此并无实质性影响,因此不再引进其他变量。

6.3.2 估计模型及结果

本研究采用动态面板数据来检验产业结构变迁与经济增长的关系。同时,采用 Arellano and Bond(1991)①, Blundell and Bond(1998)②提出的 GMM(Generalized method of moments)估计来解决动态面板数据估计的固有问题。具体来说,本研究采用三次产业的面板数据,最终建立了以下计量方程:

$$\text{logGDP} = \alpha + \beta_1 L1.\text{logGDP} + \beta_2 L2.\text{logGDP} + \beta_3 \text{logindu1} + \beta_4 \text{logindu2} + \beta_5 \text{logindu3} + \mu_t$$

首先,对我国三次产业与经济增长之间的关系进行一个初步分析,结果如表6-5所示,第一产业每增加一个百分点,GDP就会增加17.53个百分点;第二产业每增加一个百分点,GDP就会增加52.22个百分点;第三

① Arellano M., Bond S. Some Tests of Specification for Panel Data: Monte Carlo Evidence and an Application to Employment Equations[J]. The Review of Economic Studies, 1991, 58(2): 277—297.

② Blundell R., Bond S. Initial Conditions and Moment Restrictions in Dynamic Panel Data Models[J]. Journal of Econometrics, 1998, 87(1): 115—143.

产业每增加一个百分点,GDP 就会增加 24.39 个百分点。可见,从全国范围来看,第二产业仍然是我国经济增长的支柱性产业,这也意味着我国的产业结构升级还有待进一步提升。

表 6-5 我国三次产业与经济增长关系的计量结果

logGDP	Coef.	Std. Err.	P > |z|
L1. logGDP	0.98555	0.04165	0.000
L2. logGDP	-0.04298	0.00926	0.000
logindu1	0.17531	0.00393	0.000
logindu2	0.52219	0.01375	0.000
logindu3	0.24383	0.01913	0.000
_cons	0.09055	0.04499	0.000
Sargan test	1.0000		
M1 M2	0.0007,0.3625		

但是,我国幅员辽阔,地区之间差异较大,因此,需要考察不同地区的产业对经济增长的作用,从而比较北京和其他省市的产业结构差异及经济贡献。当分地区考察产业结构与经济增长的关系时,其面板由短面板变为长面板,而在处理时间序列长于面板数据时,要注意处理组内自相关与组间同期相关,因此,本研究考虑使用 FGLS 方法进行处理。

首先,对北京、上海和天津进行 OLS 估计(这里仅作为一个对比,不考虑自相关)和 AR(1)估计(考虑存在组内自相关的情形,但要求各组的自回归系数相同)。结果发现,是否考虑组内自相关,对估计系数有较大影响。比如,时间效应就变得比较显著。鉴于此,我们又考虑了容许各组自回归系数不同的组内自相关情形,即 PSAR(1)估计;同时还进行了 HETONLY 估计,即仅仅考虑不同个体扰动项存在异方差,而忽略自相关。四种方法的估计结果如表 6-6 所示。

表 6-6 OLS、AR(1)、PSAR(1)和 HETONLY 估计结果

Variable	OLS	AR(1)	PSAR(1)	HETONLY
logindu1	-0.12937769	-0.02706254	0.00801976	-0.12937769
	0.01531943	0.04258125	0.03681220	0.04135699
logindu2	0.46105333	0.49899940	0.49641107	0.46105333
	0.04919636	0.03743848	0.02945151	0.03074123

（续表）

Variable	OLS	AR(1)	PSAR(1)	HETONLY
logindu3	0.56338591	0.45548722	0.42095380	0.56338591
	0.05395459	0.04208358	0.04321633	0.03230130
place2	-0.07438323	-0.08489915	-0.07262011	-0.07438323
	0.03724396	0.03452353	0.04188765	0.02711564
place3	0.00534710	-0.10071379	-0.12797140	0.00534710
	0.05220785	0.04469849	0.05109836	0.03267516
t	0.00306440	0.01023233	0.01172672	0.00306440
	0.01098949	0.00611687	0.00634005	0.00525229
_cons	-4.6913928	-18.2585380	-20.9809980	-4.69139280
	20.4824540	11.4037910	11.8307170	9.78318620

注：表内数据为系数及相应的标准差。其中 AR(1)表示组内自相关，PSAR(1)表示容许各组自回归系数不同的组内自相关，HETONLY 表示仅考虑存在异方差而忽视自相关。

从如上回归结果中可以看出，HETONLY 的系数估计值与 OLS 的完全相同，但是前者的标准差反而比后者更小。究其原因，本研究在进行 OLS 估计时，使用了聚类稳健的标准差（考虑同一个个体不同期扰动项之间的自相关），而 HETONLY 仅根据组间异方差对标准差进行了调整。而对于面板数据而言，组内自相关问题通常比组间异方差问题更加严重。因为在某些情况下，不同个体之间扰动项可能存在“组间同期相关”，比如本研究中处理的省际面板数据，相邻省份之间的同期经济活动可能会互相影响。另外，AR(1)与 PSAR(1)的系数估计值比较接近，但与 OLS 的结果相去甚远。这意味着，需要对组内自相关进行检验。

不过，在检验组内自相关之前，我们首先对组内异方差进行检验。LR 检验结果和 Wald 检验（以保证稳健性）结果如表 6-7 和表 6-8 所示。不管是 LR 检验还是 Wald 检验，它们都强烈拒绝“组间同方差”的原假设，因此，本研究可以认为存在“组间异方差”。

表 6-7　LR 检验结果

Likelihood-ratio test	LR chi2(2) = 32.67
(Assumption: homo nested in hetero)	Prob > chi2 = 0.0000

表 6-8　Wald 检验(是否居中)

H0: sigma(*i*)^2 = sigma^2 for all *i*
chi2 (3) = 2 620.06
Prob > chi2 = 0.0000

现在,对组内自相关进行检验,在这里,使用 Wooldridge(2002)提供的自相关检验。考虑一阶差分模型,$\Delta y_{it} = \Delta x_{it}'\beta + \Delta\varepsilon_{it}$,在不存在组内自相关的原假设下,扰动项 $\Delta\varepsilon_{it}$的方差与自协方差(autocovariance)分别为:

$$\mathrm{Var}(\Delta\varepsilon_{it}) = \mathrm{Var}(\varepsilon_{it} - \varepsilon_{i,t-1}) = \mathrm{Var}(\varepsilon_{it}) + \mathrm{Var}(\varepsilon_{i,t-1}) = 2\sigma_{\varepsilon}^{2}$$

而 $\mathrm{Cov}(\Delta\varepsilon_{i,t},\Delta\varepsilon_{i,t}) = -\sigma_{\varepsilon}^{2}$。因此,自相关系数为:

$$\mathrm{Corr} = \frac{\mathrm{Cov}(\Delta\varepsilon_{i,t},\Delta\varepsilon_{i,t})}{\mathrm{Var}(\Delta\varepsilon_{it})} = -0.5$$

记 $\Delta\varepsilon_{i,t}$的样本值为 $e_{i,t}$,对其进行一阶自回归,

$$e_{i,t} = \rho\, e_{i,t-1} + \mathrm{error}_{it} \quad (i = 1,\cdots,n;t = 3,\cdots,T)$$

然后对原假设 $H_0:\rho = -0.5$ 进行 Wald 检验。检验结果如表 6-9 所示。从中发现,对于本数据,可以接受不存在一阶组内自相关的原假设。

表 6-9　Wald 检验结果(是否居中)

H0: no first-order autocorrelation
F(1,2) = 2.618 Prob > *F* = 0.2470

接下来,使用 Breusch-Pagan LM 检验(Greene,2003)[①],对于组截面相关性进行检验,结果如表 6-10 所示。从中发现,对于本数据,可以接受原假设,即认为不存在截面相关性。综上,对于东部三个直辖市,本研究认为采用考虑异方差,而不考虑组内自相关及组间自相关的 HETONLY 的系数估计值。

① Greene W. H. Econometric Analysis[M]. New Jersey, UA: Prentice Hall, 2003.

表 6-10 Breusch-Pagan LM 检验结果

Correlation matrix of residuals:	_e1	_e2	_e3
_e1	1.0000		
_e2	-0.1421	1.0000	
_e3	0.0738	0.5301	1.0000
Breusch-Pagan LM test of independence: chi2(3) = 6.132, Pr = 0.1053			

同理,对除北京、天津和上海之外的其他东部省份进行 LR 检验和 Wald 检验,检验结果如表 6-11 所示,拒绝“组间同方差”组内不存在自相关的原假设,因此,其他东部省份的数据存在异方差及存在一阶组内自相关。

表 6-11 东部其他省份的 LR 检验和 Wald 检验

LR 检验	
Likelihood-ratio test	LR chi2(7) = 107.58 Prob > chi2 = 0.0000
Wald 检验	
H0: sigma(i)^2 = sigma^2 for all i	chi2 (8) = 7996.62 Prob > chi2 = 0.0000
Wooldridge test for autocorrelation in panel data	
H0: no first-order autocorrelation	*F*(1, 7) = 67.242 Prob > *F* = 0.0001

使用 Breusch-Pagan LM 检验,对组截面相关性进行检验,结果如表 6-12所示。从中发现,对于本数据,强烈拒绝无截面相关的原假设。因此,对其他东部省份的系数估计中,认为不同个体的扰动项相关且具有不同的方差,同时容许每个面板的自回归系数相关。

表 6-12 东部其他省份的 Breusch-Pagan LM 检验

	_e1	_e2	_e3	_e4	_e5	_e6	_e7	_e8
_e1	1.0000							
_e2	0.1160	1.0000						
_e3	-0.4192	-0.7255	1.0000					
_e4	0.8367	-0.0528	-0.0466	1.0000				
_e5	0.3731	0.6478	-0.3889	0.2734	1.0000			
_e6	0.2888	0.9062	-0.7037	0.1282	0.4684	1.0000		

(续表)

	_e1	_e2	_e3	_e4	_e5	_e6	_e7	_e8
_e7	0.3662	0.4920	-0.3981	0.2735	0.8752	0.2775	1.0000	
_e8	0.5899	0.6396	-0.5496	0.5973	0.5314	0.7111	0.4722	1.0000
Breusch-Pagan LM test of independence: chi2(28) = 154.410, Pr = 0.0000								

如前所述,在估计方法的选择上,为了同时剔除面板之间的异方差以及面板内的序列相关问题,本研究采用可行广义最小二乘法 FGLS(Feasible General Least Square)进行模型估计。该方法的优势在于其在估计过程中允许面板内存在一阶自回归 AR(1)和跨截面的异方差,而不影响估计结果的准确性。但是,该方法要求有足够大的自由度,因为它必须需要估计许多额外参数,如方差、协方差以及序列相关系数。此外,虽然 FGLS 估计结果与非序列相关的最大似然估计结果一致,但是当面板内存在 AR(1)时,后者并不一定成立。鉴于此,本研究采用 FGLS 进行估计。对东部其他省份的 FGLS 估计如表 6-13 所示。

表 6-13　东部其他省份的 FGLS 估计

logGDP	Coef.	Std. Err.	*z*	*P* > |*z*|
logindu1	0.1445712	0.0053950	26.80	0.000
logindu2	0.4585279	0.0058137	78.87	0.000
logindu3	0.3976577	0.0081564	48.75	0.000
place2	0.0215583	0.0126806	1.70	0.089
place3	0.1232428	0.0236683	5.21	0.000
Place4	-0.0026012	0.0043214	-0.60	0.547
Place5	0.0153423	0.0104895	1.46	0.144
Place6	-0.0001660	0.0080986	-0.02	0.984
Place7	0.0059373	0.0071098	0.84	0.404
Place8	0.0229530	0.0080642	2.85	0.004
t	0.0003506	0.0009614	0.36	0.715
_cons	0.3409419	1.7945350	0.19	0.849

根据如上的检验过程,采用 LR 检验和 Wald 检验发现,中部省份和西部省份的三次产业之间存在异方差和一阶组内自相关;使用 Breusch-Pagan LM 检验发现,中部省份和西部省份的三次产业之间也存在截面相关。也就是说,认为不同的个体的扰动项相关且具有不同的方差,同时容许每个面板的自回归系数相关。因此,仍然采用 FGLS 估计中部省份和西部省份三次产业对 GDP 的贡献。估计结果如表 6-14 和表 6-15 所示。

表 6-14　中部省份的 FGLS 估计

logGDP	Coef.	Std. Err.	z	$P>\|z\|$
logindu1	0.2223363	0.0053744	41.37	0.000
logindu2	0.4757511	0.0058486	81.34	0.000
logindu3	0.3009778	0.0095090	31.65	0.000
place2	0.0019000	0.0057199	0.33	0.740
place3	-0.0125351	0.0062973	-1.99	0.047
Place4	0.0034285	0.0047351	0.72	0.469
Place5	0.0087214	0.0049775	1.75	0.080
Place6	0.0102092	0.0091083	1.12	0.262
Place7	-0.0022013	0.0052718	-0.42	0.676
Place8	0.0266523	0.0118869	2.24	0.025
t	0.0016925	0.0012607	1.34	0.179
_cons	-2.1531790	2.3492700	-0.92	0.359

表 6-15　西部省份的 FGLS 估计

logGDP	Coef.	Std. Err.	z	$P>\|z\|$
logindu1	0.2190510	0.0054782	39.99	0.000
logindu2	0.4565149	0.0073777	61.88	0.000
logindu3	0.3249061	0.0083530	38.90	0.000
place2	-0.0001764	0.0097804	-0.02	0.986
place3	0.0233739	0.0086750	2.69	0.007
Place4	0.0269167	0.0122741	2.19	0.028
Place5	0.0269533	0.0121133	2.23	0.026
Place6	0.0306469	0.0119055	2.57	0.010
Place7	0.0111084	0.0130666	0.85	0.395
Place8	-0.0031882	0.0073928	-0.43	0.666
Place9	-0.0056798	0.0055702	-1.02	0.308
t	0.0011369	0.0010172	1.12	0.264
_cons	-1.1045410	1.9023190	-0.58	0.561

6.3.3　实证结果分析

在上文的实证分析中,本研究首先采用 GMM 估计了全国范围内的三次产业对 GDP 的贡献,GMM 估计结果为:第一产业、第二产业和第三产业对经济增长的贡献分别为 0.17531、0.52219 和 0.24383。其中,单独考虑北京、上海和天津的三个直辖市的三次产业贡献系数分别为:

-0.12937769、0.46105333 和 0.56338591。从中发现,北京、上海和天津的第三产业对经济增长的贡献度远远高于全国平均水平,而且第三产业(主要是金融等服务业)的贡献率(0.56338591)已经远远超过第二产业(0.46105333)。在这三个地区,农业因为与当地第二、第三产业的边际效应相差太多而导致负影响(-0.12937769)。同时,各个直辖市之间的地区间联动效应不是特别显著,特别是京津地区,还没有形成有效的城市产业链。

其次,剔除北京、上海和天津三个直辖市的数据,采用较稳健的 FGLS 法对东部其他地区的三次产业对经济增长的系数进行了估计。估计结果显示,其他东部省份的第三产业贡献率则没有那么显著,三次产业贡献率分别为 0.1445712、0.4585279 和 0.3976577。也就是说,虽然东部地区经济较发达,但是第三产业的贡献程度(0.3976577)仍没有超越第二产业(0.4585279)。除广东省以外,其他省份之间的地区相互影响作用也不是十分显著。

第三,在中西部地区,第三产业贡献率普遍较低。中部地区的三次产业的贡献率分别为 0.2223363、0.4757511 和 0.3009778,低于其他东部地区(剔除北京、上海和天津)将近 10 个百分点,更加低于东部三大直辖市。西部地区三次产业贡献率分别为 0.219051、0.4565149 和 0.3249061。在这里,西部地区第三产业贡献率(0.3249061)略高于中部地区(0.3009778),其中一个主要原因是西部地区第二产业贡献率(0.4565149)(主要是工业及建筑业)落后于中部(0.4757511)及东部地区(0.4585279),而这导致西部地区政府很重视发展商贸,尤其是旅游业。此外,大部分西部省份临近国界线,具有较发达的边贸。

可见,中国各地之间的三次产业结构及其对经济增长的贡献存在较大差异。据此可以得到如下结论:第一,这种差异决定了中国不同省份在经济发展中所扮演的不同角色,对此,应因地制宜地建设不同经济区。金融业作为第三产业的代表,对第一和第二产业的发展具有举足轻重的作用,但是,其发展需要良好的产业环境做支撑,所以金融中心的建立一定要选择第三产业贡献较高的东部地区。在西部地区,农业、商贸业发达,应建立货物集散中心、大农场养殖中心;中部地区工业的贡献较大,距离人口输出大省较近,所以适宜建设工业集群区及加工业基地。第二,在东部地区,北京、上海、天津和其他省份的第三产业发展也存在差异,按照实证结果,北京、上海、天津的第三产业发展程度比其他省份更高,所以金融中心的建立地区更适合选择北京、上海和天津。第三,北京、上海和天津的产业结构升级与经济增长之间存在正相关关系,而且贡献大于其他省份,由此证实了产业结构升级的合理化,所以这种产业结构优化——在中国具体体现为政府主导型的产业结构升级过程——本身具有积极作用。第四,按照本研究的第三个推论,在政府主导型的产业结构调整中,金融业将是政府产业政策的重点扶持对象,而且金融业的发展将带动经济的持续增长。就北京的产业结构而言,传统的农业、工业、建筑业已经难以满足当地经济发展需要,而金融业这种高附加值、高人才需求的行业则正符合其禀赋优势,如北京高校众多,人才云集,经济基础好等。因此,产业结构升级和优化不仅是北京过去经济增长的主要推动因素,也是今后一段时间经济增长的推动力量。

6.4 本章总结

本研究认为,1978 年以来,北京的产业结构变动由“二、三、一”逐渐演变为“三、二、一”格局,正如产业优化理论所预期的那样,产业结构调整对经济增长起到重要的推动作用。此外,通过分析三大产业的劳动生产率和相应的份额可以看出,北京市劳动生产率最低的是第一产业,第一产业的份额也已经很低,而第二和第三产业的劳动生产率大致相同,在 2001—2011 年间,第三产业劳动生产率翻了一番;2011 年北京的劳动生产率是全国劳动生产率的 3.72 倍。但是,本研究也意识到,北京目前的第三产业比重已达 76.1%,所以其产业结构红利已经基本释放完毕,以致其经济发展难以依托显示市场化水平的产业结构效应。因此,北京需要深入到三大产业内部的行业间结构,重视各大产业,尤其是第二产业、第三产业内部各个行业之间的协调发展,通过调整和优化三大产业内部的细分行业结构,进而推动北京经济的后续增长。

从产业结构调整对经济增长的贡献来看,北京市的第一产业和第二产业对其经济增长的贡献均为逐渐减弱的趋势,而第三产业的贡献逐渐增强。但是,如前所述,产业结构的优化也面临边际收益递减规律的约束。也就是说,产业结构不合理的时候,调整力度就大,效果也大,对经济增长的贡献明显;而产业结构趋于合理的时候,其调整力度就小,效果也小。因此,从长期来看,北京市产业结构调整对经济增长的贡献呈下降趋势。按照本研究的推论,在政府主导型的产业结构变迁中,当经济增长受到约束时,政府会通过产业政策来培育和发展新型产业,如所谓的战略新型产业。事实上,北京产业结构调整的政策取向已经让位于技术进步的力量,如对高新技术产业的支持,这势必创造一个新的经济增长点。

根据以上结论,本研究有如下政策建议:

第一,总体而言,北京市产业结构红利已经基本释放完毕,产业结构已经基本符合市场化的要求,盲目发展第三产业并抑制另外两大产业发展的策略并不真正有利于经济持续有效发展。相对而言,促进产业内部行业间各个行业间的协调发展更为重要,因此,产业结构调整的侧重点应从三大产业的相对比重转变为各产业内部结构的优化和升级。

第二,三大产业中,第三产业对经济增长的促进作用较强。在对产业结构内部各行业的调整上,第三产业的调整相对更加有效。北京作为首都,事实上是中国的金融监管和决策中心。此外,由于证券行业的上市审批和登记结算均在北京进行,北京实际上承担了证券业功能中心的机能。因此,北京金融市场有着更大的潜力,应合理引导第三产业的发展,尤其是建立健全金融市场。这不仅能够促进北京及周边地区第三产业的发展,进一步促进北京市经济增长,还能通过完善第二产业投融资环境而对经济增长起到间接促进作用。

第三,北京市的产业结构基本走过了依靠要素投入促进经济增长的粗放发展阶段,而越来越进入依赖提升要素生产效率来保持经济持续增长的阶段。也就是说,产业结构优化体现为三次产业内部不同行业的调整和优化,而非第一和第二产业比重降低,第三产业比重提升的过程。这种产业结构优化方式转变的显著特点是,北京产业结构升级对经济增长的贡献在弱化,如北京经济增速的下降。因为在产业结构达到合理化之后,其经济增速将会小于尚未达到理想状态时的水平。因此,北京需要通过建立良好的科研环境,如加强知识产权保护、完善专利制度、推进科研成果转化平台构建等,加大科研资金投入和高层次科研人才培养力度,以促进技术进步和产品创新,进而促进北京从简单依靠第三产业比重提升和第二产业比重下降的粗放式产业结构调整方式,转向全面依靠技术进步和创新的集约型产业结构调整方式,最终实现北京经济的可持续增长。

第7章　北京市第三产业集聚度及金融业发展的实证研究

按照“配第-克拉克定理”，随着经济的发展，人均国民收入水平的提高，第一产业国民收入和劳动力的相对比重逐渐下降；第二产业国民收入和劳动力的相对比重上升；随着经济的进一步发展，第三产业国民收入和劳动力的相对比重也开始上升。

这种产业变迁过程，其实就是产业集聚过程。在这里，产业集聚主要表现为两个特征：一是许多产业内企业在地理上的集中，二是产业之间的经济联系程度加深。经验表明，这种集聚反过来会促进产业发展，并带来两类规模经济效应：一是内部规模经济效应，即随着投入要素的增加，单个企业的成本随之下降；二是外部规模经济效应，即由整个产业规模扩大所引起的产业内企业成本下降。

从“十五”期间开始，北京经济结构就出现了根本性变化，第三产业比重由2000年的64.8%上升为2005年的67.7%，2011年达到75%，领先全国平均水平30个百分点。截至2011年年底，北京市企业户数中三个产业占比分别为0.67%、9.32%、90.01%；注册资本占比分别为0.41%、16.95%、82.64%。可见第三产业在企业户数和注册资本规模上占据绝对主导地位。

鉴于此，本章以北京市第三产业为研究对象，通过比较各行业的集聚度选取集聚产业，论证金融业是北京市的集聚产业。具体而言，本章通过比较分析集聚度测度方法，以确定本章的研究方法，并运用区位熵法计算北京市第三产业各行业的集聚度。

7.1 产业集聚理论及其应用研究

产业集聚理论产生于马歇尔的《经济学原理》①一书。在该书中,他提出产业集聚带来三方面的利益:中间投入品的共享、劳动力共享和知识溢出。之后几十年,产业集聚理论发展缓慢。直到迈克尔·波特(1990)②将产业集群纳入竞争战略的研究,才改变了产业集聚理论在经济学界的边缘化状态,引发了产业集聚理论的研究热潮。20 世纪 90 年代,以 Krugman(1991)③为代表的新经济学第一次从企业层面引入规模报酬递增和不完全竞争理论,认为产业集聚是不完全竞争、递增收益、路径依赖、累积因果关系与范围经济共同作用的结果,从而使产业集聚理论进入了一个全新发展阶段。

在产业集聚度的度量上,测量方法较多。Krugman(1991)使用空间基尼系数测定了美国 3 位数行业的区位基尼系数。Amiti(1997)④计算了欧盟十国的 3 位数水平的 27 个行业的基尼系数及五国 65 个行业的基尼系数,以检验欧盟国家在 1968—1990 年间的工业是否更为集中。但是,Ellison and Glaeser(1997)⑤认为这一方法存在明显弱点,提出了产业地理集中指数,以考虑企业规模及区域差异的影响。

在国内,罗勇、曹丽莉(2005)⑥利用产业地理集中指数和自定义的集中度指数度量了我国制造业的集聚程度。此外,产业集聚度常用的指标还有区位熵指数和产业空间集聚指数。这些方法较多用于测度制造业、高新技术业和服务业的聚集程度。例如,孙畅、吴立力(2006)⑦利用区位

① Marshall Alfred. Principles of Economics[M]. London: The Macmillan Press, 1961: 32—39.

② 迈克尔·波特. 国家竞争优势[M]. 北京:华夏出版社,2002.

③ Krugman Paul. Increasing Returns and Economic Geography[J]. Journal of Political Economics, 1991(99): 483—499.

④ Amiti M. Specialisation Patterns in Europe, Centre for Economic Performance[J]. Discussion Paper No. 363, London School of Economics, 1997.

⑤ Ellison G., E. L. Glaeser. Geographic Concentration in U.S. Manufacturing Industries: A Dartboard Approach [J]. Journal of Political Economics, 1997(105): 899—927.

⑥ 罗勇,曹丽莉. 中国制造业集聚程度变动趋势实证研究[J]. 经济研究,2005(8).

⑦ 孙畅,吴立力. "区位商"分析法在地方优势产业选择中的运用[J]. 经济论坛,2006(21).

熵法对重庆市的优势产业进行了研究。赵玉林、魏芳(2008)①利用熵指数和行业集中度对我国高技术产业的集聚度进行研究。但是,他们对我国制造业集聚水平的测评结果存在差异,主要原因是:一是过于粗糙的行业分类可能导致结论出现偏差(白重恩等,2004)②;二是难以获取口径一致的统计数据,因而无法使用现有方法准确测度产业集聚水平(路江涌、陶志刚,2006)③。

由此可见,国内外学者主要着眼于产业集聚理论及其在制造业、高新技术业和服务业方面的应用研究,缺乏对金融业集聚程度的研究。目前,北京市正在调整产业结构,加快发展第三产业,构建金融中心。根据北京市第二次全国经济普查主要数据,北京市金融资产总量已经达到 47.4 万亿元,占北京市第二、第三产业资产总额 64.7 万亿元的 73.26%。“十一五”期间北京金融业增加值年均增长 11.6%,2010 年增加值为 1 838 亿元,占北京市地区生产总值的 13.4%。基于此,本章以北京市为例进行实证研究,分析其第三产业及其金融业集聚程度,从而探索北京建立金融中心的优势及其问题。

7.2 产业集聚度研究方法及其比较

前文表明,由于行业分类、统计数据口径和产业集聚度度量方法的不同,产业集聚程度实证结果之间存在较大差异。因此,本部分将对产业集聚度的度量方法进行比较分析,结合第三产业特征、北京市金融发展程度和各种测度方法的特点,确定适合本章的研究方法。

7.2.1 行业集中度

行业集中度又称市场集中度,是指某行业的相关市场内前 N 家最大的企业所占市场份额(产值、产量、销售额、销售量、职工人数、资产总额等)的总和,是对整个行业的市场结构集中程度的测量指标,用来衡量企业的数目和相对规模的差异,是市场势力的重要量化指标。计算公式为:

---

① 赵玉林,魏芳.基于熵指数和行业集中度的我国高技术产业集聚度研究[J].科学学与科学技术管理,2008(11).

② 白重恩,杜颖娟,陶志刚.地方保护主义及产业地区集中度的决定因素和变动趋势[J].经济研究,2004(4).

③ 路江涌,陶志刚.中国制造业区域聚集及国际比较[J].经济研究,2006(3).

$$\mathrm{CR}_n = \sum_{i=1}^{n} X_i \Big/ \sum_{i=1}^{N} X_i \tag{1}$$

其中,CR_n代表行业中规模最大的前 n 位企业的市场集中度,X_i代表行业中第 i 位企业的指标值,N 代表 X 产业的全部企业数。

一般认为,如果行业集中度 CR_4 或 $\mathrm{CR}_8 < 40$,则该行业为竞争型;如果 $\mathrm{CR}_4 \geqslant 30$ 或 $\mathrm{CR}_8 \geqslant 40$,则该行业为寡占型。从这里可以看出,行业集中度的测算较为简便,但是存在如下缺陷:一是 n 的确定具有一定的主观性;二是行业集中度仅考虑前几家企业的信息,未能综合考虑整个市场的情况;三是该指标在对不同行业间进行比较时不能考虑行业间的差异,例如,同样高达 80% 的 CR_4在两个的行业份额可能是不相同的,因为一个行业可能仅有几个企业而另一个行业则可能有许多企业,因此,它适合研究产业的集中度变化趋势问题。

7.2.2 *H* 指数

H 指数即赫芬达尔-赫希曼指数,是指基于该行业中企业的总数和规模分布,加总相关市场上的所有企业的市场份额的平方。这个指数最初由 A. 赫希曼提出,1950 年由哥伦比亚大学的赫芬达尔在他的博士论文《钢铁业的集中》①中进一步阐述。*H* 指数计算公式为:

$$H = \sum_{j=1}^{N} s_j^2 = \sum_{j=1}^{N} (X_j/X)^2 \tag{2}$$

其中,X 代表行业市场总规模,如销量、总收入等指标,X_j 代表 j 企业的该指标的规模,$s_j = X_j/X$ 代表第 j 个企业在市场上的占有率,N 代表该行业内部的企业数。

H 指数是为较理想的市场集中度度量指标:第一,*H* 指数考虑了行业内企业总数以及每家企业规模的影响,因而是比行业集中度更为全面的指标。第二,*H* 指数可理解为对每家企业赋予 s_j的权重,因此,当占有率大的企业市场份额出现变化时,*H* 指数变化较大;当占有率小的企业市场份额出现变化时,*H* 指数变化较小。因此,*H* 指数对市场竞争情况的变化比行业集中度指标更为敏感。鉴于此,*H* 指数成为政府审查企业并购的一个重要行政性标准。但是,行业内企业数据的可获得性限制了 *H* 指数的应用。

---

① Herfindahl O. C. Concentration in the Steel Industry[D]. Columbia University, 1950.

7.2.3 区位基尼系数

Krugman(1991)将洛伦兹曲线和基尼系数结合起来,提出了空间基尼系数,用于测定行业在区域间的分配均衡程度。与收入基尼系数反映收入分配的不均等程度类似,区位基尼系数刻画了产业空间分布的不均匀程度。它的值越大,表明产业在空间的分布越不均匀。换言之,产业的区位基尼系数越大,产业的空间集聚程度越高。其公式为:

$$G = \sum_{i=1}^{n} (P_{ij}/P_j - P_i/P)^2 \tag{3}$$

其中,G 为区位基尼系数,P_{ij}表示第 i 个地区第 j 个产业相关指标(如增加值、就业人数等),P_j为全国第 j 个产业相关指标,P_i为第 i 个地区相关指标,P 为全国相关指标,即 P_{ij}/P_j表示 i 地区 j 产业相关指标占全国该产业相关指标的比重,P_i/P 表示 i 地区相关指标占全国相关总指标的比重。区位基尼系数越大,产业集中度越高,最大值为 1。

区位基尼系数的显著优点是:思想直观,计算方便,可以利用最容易得到的数据对产业集聚程度做出基本度量。但是,该方法也存在明显缺陷:一是区位基尼系数没有考虑到企业规模的影响;二是区位基尼系数受地理单元设定影响;三是受产业分类影响;四是该指数没有考虑产业内部的组织构造和区域差异。

7.2.4 空间集聚指数

为了解决区域基尼系数的问题,Ellison and Glaeser(1997)提出了空间集聚指数用以对产业空间集聚度进行测量。该指标假设某一经济体的某一特定行业存在 N 个企业,并把该经济体划分为 M 个区域,因此,该特定行业的 N 个企业就分布于 M 个区域中。产业空间集聚指数的具体公式为:

$$\beta = \frac{G - (1 - \sum_i q_i^2)H}{(1 - \sum_i q_i^2)(1 - H)} = \frac{\sum_{i=1}^{M} (p_i - q_i)^2 - (1 - \sum_{i=1}^{M} q_i^2) \sum_{j=1}^{M} s_j^2}{(1 - \sum_i q_i^2)(1 - \sum_{j=1}^{N} s_j^2)} \tag{4}$$

其中,β 为空间集聚指数,p_i为该经济体中第 i 区域内某一特定产业的就业人数占全国范围内该产业就业总人数的比例,q_i为该区域中的就业总数占全国就业总数的比例,s_j为区域内第 j 个企业的市场占有率。G 为区位基尼系数,H 为赫芬达尔-赫希曼指数。

空间集聚指数是一种相对可行的测度产业区域集聚程度的指数,但总体来看,该指数计算量大,较为复杂,而且该指数在应用和设计上还存在如下缺陷:第一,β 指数对数据要求较高,不仅需要各行业各区域的产值(或职工人数等)累计情况,而且需要各行业内企业的市场规模信息;第二,β 指数波动性较大,其计算结果在行业间和同一行业不同年份间变化很大,与现实产业集聚发展变化相差较大;第三,计算得出的 β 指数本身是有偏的,可能出现集聚变量之间的虚假相关(薛艳,2009)[①]。

7.2.5 区位熵

在区域经济学中,通常用区位熵来判断一个产业是否构成地区专业化部门。它是一个地区特定部门的产值在地区工业总产值中所占的比重与全国该部门产值在全国工业总产值中所占比重之间的比值,其表达式为:

$$\mathrm{LQ}_{ij} = \frac{P_{ij}}{P_i} \Big/ \frac{P_j}{P} \qquad (5)$$

其中,LQ_{ij}表示第 i 个地区第 j 个产业的区位熵值,P_{ij}表示第 i 个地区第 j 个产业相关指标(如增加值、就业人数等),P_i 为第 i 个地区总的相关指标,P_j为全国第 j 个产业相关指标,P 为全国总的相关指标。区位熵大于 1,说明第 i 个地区的第 j 个产业集聚度高于全国平均水平,数值越大产业集聚度越高,专业化程度越高,相对优势越大。区位熵小于或等于 1,则认为该产业集聚度和专业化水平不高,属于自给性部门。

因此,通过计算某一区域各产业的区位熵,可以衡量出各产业的集聚程度和专业化程度,找出该区域相对于全国平均水平下的优势产业。此外,区位熵法还有如下优势:一是计算简便,数据容易获取;二是产业划分有相对明确的标准,有较强的实用价值。

7.2.6 熵指数

熵指数(简称 E 指数)是借用物理学中度量系统有序程度的熵概念,并将其应用到产业集聚度研究中。其度量公式为:

---

① 薛艳.产业集聚水平测度方法的实证研究[J].统计教育,2009(2).

$$E_j = -\sum_{i=1}^{N}(P_{ij}/P_j)\ln(P_{ij}/P_j) \tag{6}$$

其中，E_j为第j个产业的熵指数，P_j为全国第j个产业的总产值（或就业人口等其他指标），P_{ij}为第i个地区第j个产业的产值，全国共有N个地区。可以看出，熵指数实质上是对第i个地区第j个产业的产值份额赋予一个$-\ln(P_{ij}/P_j)$的权重，因此，熵值越大，各地区相关产业所占百分比相差越小，产业分布越均衡，集聚水平越低；反之，各地区相关产业相差越大，集聚程度越高，产业越趋向区域专业化。

在这里，熵指数计算较为简便，可以测度空间信息的不确定性，描述行业专业化水平（赵玉林、魏芳，2008），但是仅能对特定产业在全国的分布给出测度，不能对地区性的行业特征给出度量。此外，熵指数与H指数存在某些共同点：二者均属综合指数，均反映所有地区的情况；二者均为地区产值之和。因此，H指数的某些缺陷，也同样存在于熵指数法。

7.3　基于区位熵法的实证研究

如前所述，尽管产业集聚的测度指标有很多，但综合考虑，本章选取区位熵法，这是因为，第一，区位熵法计算简便，数据容易获取，而且有相对明确的划分标准，结果代表性强；第二，考虑到区域规模的差异性，直接进行市场占有率的比较会低估幅员较小区域的优势，因此利用相对份额来判断区域比较优势产业是较为合理、科学的方法，而区位熵是计量这种相对份额的重要指标（郑备，2006）①；第三，从实际研究结论来看，区位熵法是明确各部门或产业活动在区域经济发展中的功能差异、重点和薄弱环节所在以及评价和判断区域优势产业的有效方法（孙畅、吴立力，2006），更有利于揭示产业集聚度的动态变动趋势。因此，本章拟采用区位熵法实证研究北京市第三产业各行业的集聚水平，以论证金融业是北京市的优势产业。

所谓优势产业是指那些凭借该地区的资源禀赋条件，能够比其他区域以相对更低廉的成本生产某种产品，并能够在市场上获得较高市场占有率的产业部门。对于地方优势产业的判断和识别，可以根据既定产业产出的地区份额来判定。例如，孙畅、吴立力（2006）按照《国民经济行业

① 郑备．四川产业结构分析与优势行业的判断[J]．理论与改革，2006(1)．

分类》,选取了39个大类中的36个,对重庆市工业中的优势产业进行了测量和分析。2011年北京市第三产业产值占总产值的比重已达75%,领先全国平均水平30个百分点,因此,本章通过比较北京市第三产业中各行业的集聚度来确定优势产业。

鉴于数据可得性问题,本章以2004—2008年间数据为样本。据此,应用区位熵计算公式,就能够得到北京市第三产业各行业集聚度情况,如表7-1所示。为了进一步比较分析北京市第三产业中的优势行业,本研究设定:

(1)如果 LQ≥1,那么将该行业看作是显著优势行业;

(2)如果 1 > LQ≥0.7,那么将该行业看作是潜在优势行业;

(3)如果 LQ < 0.7,那么将该行业看作是比较劣势行业。

表 7-1 2004—2008 年北京市第三产业各行业集聚度

	2004年	2005年	2006年	2007年	2008年	变化趋势
交通运输、仓储和邮政业	0.60	0.58	0.57	0.52	0.48	↓
信息传输、计算机服务和软件业	1.67	1.85	1.86	2.00	1.99	↗
批发与零售业	0.74	0.78	0.80	0.81	0.85	↑
住宿和餐饮业	0.70	0.67	0.69	0.68	0.65	↓
金融业	2.09	2.13	1.84	1.62	1.60	↓
房地产业	0.96	0.89	0.96	0.92	0.90	↓
租赁和商务服务业	1.66	1.78	1.79	2.04	2.14	↑
科学研究、技术服务与地质勘查业	2.48	2.48	2.48	2.53	2.78	↑
水利、环境和公共设施管理业	0.71	0.74	0.75	0.72	0.73	↘
居民服务和其他服务业	0.51	0.40	0.37	0.32	0.25	↓
教育	0.86	0.78	0.76	0.73	0.71	↓
卫生、社会保障和社会福利业	0.64	0.61	0.64	0.62	0.64	↗
文化、体育与娱乐业	2.16	2.18	2.10	2.10	2.02	↓
公共管理与社会组织	0.52	0.50	0.49	0.46	0.42	↓

注:↓表示下降,↗表示波动上升,↑表示上升,↘表示波动下降。

数据来源:《中国统计年鉴2010》,《北京统计年鉴》。

7.3.1 计算结果及行业优势分析

从计算结果来看,区位熵大于1的行业主要集中在科学研究、信息传输和金融业等现代服务业,而区位熵小于1的行业主要集中在交通运输、仓储和邮政业,批发与零售业,住宿和餐饮业等传统服务业。这表明,相对于传统服务业,现代服务业在北京市的优势地位明显,有较强的竞争力。例如,区位熵大于 1 的 5 个行业在 2010 年的产值占到第三产业总产值的 50%。也就是说,现代服务业对北京市经济的发展具有重要的推动作用。

现在,根据前文的设定来比较分析北京市第三产业各行业情况:

第一,显著优势行业。如表 7-1 所示,在 2004—2008 年间,有 5 个行业的区位熵值大于 1,分别是科学研究、技术服务与地质勘查业,租赁和商务服务业,文化、体育与娱乐业,信息传输、计算机服务和软件业以及金融业。因此,它们是北京市的显著优势产业。

但是,5 个显著优势产业的集聚程度也存在差异。科学研究、技术服务与地质勘查业,租赁和商务服务业,以及信息传输、计算机服务和软件业区位熵值保持逐年递增的趋势,其中科学研究、技术服务与地质勘查业一直保持区位熵值第一的位置。这与北京市高校、科研机构、作为中国的政治中心、企业云集以及中关村科技园区的建设相关。文化、体育与娱乐业的区位熵值呈现逐年下降的趋势,但仍然保持较高水平,这与北京作为我国的文化中心、奥运会的举办相吻合。此外,金融业的区位熵值呈现下降趋势。

第二,潜在优势行业。北京市具有潜在优势的行业有 4 个,分别为批发与零售业、房地产业、教育业以及水利、环境和公共设施管理业。在这 4 个潜在优势行业中,房地产业的区位熵值最高,但是存在被批发与零售业超过的趋势。2008 年批发与零售业的区位熵值为 0.85,且区位熵值一直保持增长态势,这与北京作为全国经济发展最快的城市之一,人们消费能力的不断提高有关。教育业的区位熵值逐年降低,但是仍大于 0.7,这与北京高校云集、居民对于教育的重视程度有关。水利、环境和公共设施管理业的区位熵值在近 5 年基本保持不变。

第三,比较劣势行业。北京市处于比较劣势的行业有交通运输、仓储和邮政业,住宿与餐饮业,居民服务和其他服务业,公共管理与社会组织,卫生、社会保障和社会福利业,其区位熵值小于 0.7。其中,交通运输、仓储和邮政业,公共管理与社会组织以及居民服务和其他服务业的集聚度呈现逐年下降的趋势,尤其是居民服务和其他服务业下降得最为明显。住宿和餐饮业,卫生、社会保障和社会服务业的集聚度基本保持稳定,但是后者的集聚度有超过前者的趋势。

7.3.2 金融业的纽带作用

如表 7-1 所示，在显著优势行业中，金融业的区位熵值远低于科学研究、技术服务与地质勘查业，租赁和商务服务业，文化、体育与娱乐业，以及信息传输、计算机服务和软件业，区位熵值只有 1.60，而且呈现下降趋势，从 2004 年的 2.09 下降到 2008 年的 1.60。但是该值仍然要比潜在优势行业中区位熵值最大的批发与零售高出将近 1 倍。

这可能有三方面的原因：一是随着北京市经济增长，金融业的绝对产值增加，但是在第三产业中的增幅较慢，甚至下降了。如表 7-2 所示，在 2004 年，金融业产值为 713.8 亿元，占到第三产业的 17.44%；2006 年，金融业产值为 974.2 亿元，占到第三产业的 16.69%。在 2007—2009 年间，金融业绝对值从 1 367.8 亿元增加到 1 603.6 亿元，但是在第三产业中的比重却从 18.90% 下降到 17.47%。

表 7-2 北京市金融业与第三产业及 GDP 的关系

年份	GDP（亿元）	第三产业产值（亿元）	第三产业/GDP（%）	金融业产值（亿元）	金融业/GDP（%）	金融业/第三产业（%）
2004	6 033.2	4 092.2	67.83	713.8	11.83	17.44
2005	6 969.5	4 854.3	69.65	836.6	12.00	17.23
2006	8 117.8	5 837.6	71.91	974.2	12.00	16.69
2007	9 846.8	7 236.1	73.49	1 367.8	13.89	18.90
2008	11 115.0	8 375.8	75.36	1 493.6	13.44	17.83
2009	12 153.0	9 179.2	75.53	1 603.6	13.20	17.47

数据来源：《北京统计年鉴 2010》。

二是其他地区金融业的发展，促使全国金融业产值增加，而区位熵值是一个相对指标，因此，北京市的金融业集聚度指标下降。如表 7-2 所示，金融业占第三产业的比重呈现出波动性下降，但是在 2004—2009 年间，金融业占 GDP 的比重呈现上升趋势。尤其是在 2004—2007 年间，金融业占 GDP 的比重稳定上升，从 11.84% 上升到 13.89%。这表明，区位熵值的下降只能是由其他地区金融业发展所引起的。

三是金融业对其他行业的正向带动作用。冯科等(2013)[①]对北京市

① 冯科，孟蔚洋，丁昱洁，贾甫．金融发展与经济增长的实证研究：北京视角[J]．南方金融，2013(2)．

金融业发展与经济增长关系的研究发现,金融发展与经济增长之间存在正向促进关系,而且也存在格兰杰意义上的因果关系,实证分析结果如下所示:

$$GRE_t = 8.13 + 1.89FIR_t + 0.06SIR_t + 0.37IIR_t$$

$$R^2 = 0.82; D.W. = 0.73$$

其中,FIR、SIR和IIR分别表示金融相关比率、股票市场和保险市场发展程度。从实证结果来看,金融业发展对北京经济增长的影响较为显著,金融相关比率、股票市场发展程度和保险市场发展程度每增加1个百分点,人均GDP分别提高1.89、0.06和0.37个百分点。可见,在北京市的经济发展中,金融业具有明显的带动效应。

金融业对经济增长的促进作用,与其支持和带动显著优势行业等其他行业的发展紧密相关。例如,由于北京市人口众多,政府机构、公司企业云集,对于房地产的需求很大,这提高了北京市房地产业的集聚程度,也刺激了租赁和商业服务,交通运输、仓储和邮政业,住宿与餐饮业,居民服务和其他服务业等行业的发展,而这些行业的发展和完善需要雄厚的资金和金融体制支撑。此外,金融业的发展需要依靠计算机网络技术载体进行交易等,这又推动了诸如科学研究、技术服务,信息传输、计算机服务和软件业的发展。

金融业在产业发展中的这种纽带作用,在2010年10月《国务院关于加快培育和发展战略性新兴产业的决定》中得到充分体现:为培育和发展战略性新兴产业,必须鼓励金融机构加大信贷支持,推进知识产权质押融资、产业链融资等金融产品创新,发展中小金融机构和新型金融服务;积极发挥多层次资本市场的融资功能,完善创业板市场制度,支持符合条件的企业上市融资,推进场外证券交易市场建设,扩大中小企业集合债券和集合票据发行规模,推进企业债券、公司债券、短期融资券和中期票据发展,拓宽企业债务融资渠道等。

综上所述,金融业作为北京市第三产业中的中坚力量,已经成为推动其经济发展的支柱产业。特别是在进入21世纪后,北京的金融业更是取得快速发展。对此,北京市政府认识到金融业在北京经济发展中的重要作用,并于2008年4月正式发布了《关于促进首都金融业发展的意见》,明确将北京定位为国家金融决策中心、金融监管中心和金融信息中心。

7.4 本章总结

按照前文分析，北京市的优势行业较为突出，如优势行业中集聚度最低的金融业区位熵为 1.6，该值要比潜在优势行业中区位熵值最大的批发与零售业高出将近 1 倍，而且优势行业的集聚度在 2004—2008 年间均保持在高位。这表明，在现有的资源禀赋条件下，相对于批发与零售业等潜在优势行业以及交通运输、仓储和邮政业等比较劣势行业，北京市在科学研究、技术服务与地址勘查业，租赁和商务服务业，信息传输、计算机服务和软件业，以及金融业发展方面具有显著比较优势。因此，这些行业应成为北京市的先导产业或支柱产业。

潜在优势行业具备一定的集聚度和专业化水平，其中某些行业可能发展为优势产业，但优势地位不明显。因此，对于潜在优势行业需要引起政府的重视，某些行业应作为培养未来北京市新增长点的重点领域。例如，政府应该加大对教育业，水利、环境和公共设施管理业的投入，因为这些行业涉及民生工程等问题，均与居民的日常生活有很大的联系。

在比较劣势行业中，行业区位熵值小于 0.7，集聚程度较低，专业化程度较低，竞争能力较弱。因此，这些行业一般不应作为北京市支柱产业或主导产业的选择。但是，北京市应加大对比较劣势行业的深入研究，确定集聚度下降的原因：是投入不足还是自身效率问题所致。以此为参照，制定合理的产业政策，推动显著优势行业和潜在优势行业的发展。

综合来说，在显著优势行业中，金融业已经成为推动北京市经济发展的支柱产业。尤其是在国家加快培育和发展战略新兴产业的背景下，金融业在产业发展中的重要性更加凸显出来。因此，北京应加快金融资源与其他行业的融合，加大行业之间的联系，进而发挥金融业对北京市其他行业的带动作用。

第8章　北京市金融业投入产出效率

金融作为现代经济运行的枢纽和核心,对经济增长起着越来越重要的作用。近年来,北京依托其经济发展水平、优越地理位置及决策中心的信息优势,正在构建金融中心,吸引金融业企业在北京聚集,目前已形成了第三产业特别是金融业的规模经济优势和集聚效应。例如,根据《2010年北京市金融运行报告》提供的数据,2010年北京市银行业金融机构资产规模持续扩大,年末资产总额同比增长17.4%;利润创近三年最好水平,同比增长34.6%;不良贷款率为全国最低,比2009年下降0.4个百分点,继续实现地位“双降”的目标;证券公司营业部客户交易结算资金余额1 855.1亿元,同比增长37.8%;期货公司交易代理额458 169.2亿元,同比增长两倍;保险业总资产2 558.9亿元,同比增加471.2亿元。这表明,金融业已经成为北京市的集聚产业,对北京市的经济发展起到重要的推动作用。然而,不能仅仅关注量的增长,还应关注效率的问题,金融集聚效率的提高始终是金融集聚的重要目标和结果。那么,北京市金融业运行效率究竟如何?本章将对此进行实证分析。

本章采用DEA方法、选取BCC模型从地区、行业和跨时期三个维度检验了北京市金融业投入产出效率。并从区域、行业和时期三个角度对金融业效率进行分析。

8.1　金融效率理论及其实证研究

效率的高低能够反映银行等金融机构利用、整合资源的综合经营绩效,因而效率分析成为评价金融机构业绩的一种有效方法。在规模报酬不变的条件下,Farrell(1957)[①]将企业的总经济效率分解为纯技术效率、

---

① Farrell M. J. The Measurement of Productive Efficiency[J]. Journal of the Royal Statistical Society, 1957, 120(3): 253—290.

规模效率和配置效率三部分。Leibenstein(1966)[①]提出 X-效率理论,认为 X-效率是一种与组织或动机有关的效率,据此,银行效率被 Berger and Mester(1997)[②]分解为成本效率、标准利润效率和替代利润效率,而银行的 X-效率被定义为不受范围和规模影响的技术和配置效率(Feri et al.,2000)[③]。

Berger and Humphrey(1997)[④]对涉及 21 个国家的 130 项关于金融机构效率研究方法及结论所进行的分析表明,效率的测算一般采用前沿效率分析法,该方法又可进一步划分为数据包络分析方法(DEA)、无界分析方法(FDH)等参数方法和厚前沿方法(TFA)、随机前沿方法(SFA)和自由分布方法(DFA)等非参数方法。相较于其他方法,DEA 方法在减少误差等方面有着显著优势,所以成为测度银行等金融机构效率的主流方法,如 Sherman(1985)[⑤]首次将 DEA 技术运用于银行业。

在我国商业银行效率的研究中,秦宛顺、欧阳俊(2001)[⑥]通过 DEA 方法研究发现,过大的银行规模造成我国国有商业银行效率低于其他银行效率的局面。张健华(2003)[⑦]对我国三类商业银行 1997—2001 年间的效率状况进行了全面分析,测度了我国各类商业银行的效率值,对各家银行进行了效率排序,计算出了我国银行业的规模效率,利用 Malmquist 效率指数对我国银行业近年来的效率变化情况进行了分析。朱超(2006)[⑧]的研究发现,我国银行存在 13% 的投入资源浪费,而规模效率低

---

① Leibenstein H. Allocative Efficiency Vs. “X-Efficiency”[J]. The American Economic Review, 1966, 56(3): 392—415.

② Berger A. N., Mester L. J. Inside the Black Box: What Explains Differences in the Efficiencies of Financial Institutions? [J]. Journal of Banking & Finance, 1997, 21(7): 895—947.

③ Frei F. X., Harker P. T., Hunter L. W. Inside the Black Box: What Makes a Bank Efficient? [J]. Performance of Financial Institutions: Efficiency, Innovation, Regulation, Edited by Patrick T. Harker and Stavros A. Zenios, 2000: 259—311.

④ Berger A. N., Humphrey D. B. Efficiency of Financial Institutions: International Survey and Directions for Future Research[J]. European Journal of Operational Research, 1997, 98(2): 175—212.

⑤ Sherman H. D., Gold F. Bank Branch Operating Efficiency: Evaluation with Data Envelopment Analysis[J]. Journal of Banking & Finance, 1985, 9(2): 297—315.

⑥ 秦宛顺,欧阳俊. 中国商业银行业市场结构效率和绩效[J]. 经济科学,2001(4).

⑦ 张健华. 我国商业银行效率研究的 DEA 方法及 1997—2001 年效率的实证分析[J]. 金融研究,2003(3).

⑧ 朱超. 中国银行业效率动态变化的 Malmquist 指数研究:2000—2004[J]. 经济科学,2006(5).

影响了整体效率；技术效率变动与技术水平变动均退步 0.01，导致我国商业银行业全要素生产率轻微下降。赵永乐、王均坦(2008)①提出了一个能力模型，认为盈利能力、抵御风险能力、流动能力、资源配置能力和创新能力能够较好地解释我国商业银行效率。

在我国金融效率研究中，王广谦(1997)②将金融效率定义为金融运作能力的大小，并将其细分为机构效率、市场效率、宏观效率和调控效率四个层次。白钦先(2001)③提出了金融可持续发展理论，认为金融效率是质性发展与量性发展的协调统一。云鹤等(2012)④从资金的转化效率、配置效率和分置效率等三个层面考察了金融部门在金融活动中的效率，基本研究结论是：在样本期内，我国金融部门的资金转化效率与资金分置效率大约都在 60% 左右，相当部分的资金处于“转化失当”的状态。陆远权、张德钢(2012)⑤发现我国金融效率整体水平不高，在 2002 年以前金融效率的平均值大体上在 0.8 的水平，2002 年金融效率出现了一次性上升，达到了 0.9 的水平，之后就没有更进一步的提升。对东、中、西部地区和八大经济区金融效率差异的分解结果显示，区域内金融效率差异是造成金融效率总差异的主要原因，平均贡献率超过了 75%。

综上，国内外有关金融效率的研究主要集中在银行效率层面，而鲜有对金融业整体运行效率的研究。即使仅有的金融效率研究文献，也主要是围绕理论研究展开，而实证研究不足。但是，金融作为资源配置的手段，对其效率的实证研究至关重要。尤其是近年来，我国金融总量迅速扩张，更需要高度重视金融效率，以避免金融资源的浪费。此外，北京正在构建金融中心，而国内研究主要着眼于区域金融效率差异比较，对北京市金融效率的研究较少。因此，本章将采用 DEA 方法从两个方向三个维度测量北京市金融业的相对效率：横向比较北京市和全国其他省市以及北京市第三产业间的效率；纵向考察北京市金融业动态运行效率。

---

① 赵永乐，王均坦. 商业银行效率影响因素及其能力模型的解释结果[J]. 金融研究，2008(3).

② 王广谦. 真正把金融业作为现代产业来发展[J]. 金融信息参考，1997(1).

③ 白钦先. 金融全球化——一把双刃剑[J]. 求是，2000(1).

④ 云鹤，胡剑锋，吕品. 金融效率与经济增长[J]. 经济学，2012(11).

⑤ 陆远权，张德钢. 我国区域金融效率测度及效率差异研究[J]. 经济地理，2012(1).

8.2 DEA模型概述

DEA模型由美国运筹学家Charnes,Cooper and Rhodes(1978)[①]创立的,它是评价具有多输入和多输出决策单元(DMU)的相对有效性的一种方法,具体包括规模报酬不变的CCR模型和规模报酬可变的BCC模型。DEA模型有四大优势:数据不受量纲影响、不受函数形式约束、处理多投入多产出情况,以及给出提高效率的路径和方法,因此,本章选取DEA模型对北京市金融业投入产出效率进行度量。不过,在进行实证分析之前,本研究需要明确CCR模型和BCC模型的假设前提及其适用范围。

8.2.1 规模报酬不变的CCR模型

DEA最基本的规模报酬不变模型是Charnes,Cooper and Rhodes(1978)提出的,因此也称为CCR模型,它是在固定规模报酬的假设下得出的,具体采取如下形式:

$$\mathrm{Min}V_j = \theta$$

$$\begin{cases} \sum_{j=1}^{n} X_j\lambda_j + S^- = \theta X_0 \\ \sum_{j=1}^{n} Y_j\lambda_j - S^+ = Y_0 \\ \lambda_j \geqslant 0, j = 1, \cdots, n \\ S^- \geqslant 0, S^+ \geqslant 0 \end{cases}$$

CCR模型用于评价决策单元的总技术效率TE,反映企业产出最大化或投入最小化的能力。在这个模型中,该决策单元的有效值用q表示,第j个决策单元的投入向量用X_j表示,产出向量用Y_j表示,l_j为有效决策单元组合中第j个决策单元的比例,松弛变量和剩余变量为S_j^+,S_j^-。在这个模型中,S_j^+,S_j^-为待估参数。根据DEA模型,决策单元是否DEA有效的判断方法如下:

(1)如果$q=1$且$S^-=S^+=0$,则说明决策单元DMU为DEA有效的。也就是说,在由n个决策单元所构成的经济体系中,在投入X_0不变

① Charnes A., Cooper W. W., Rhodes E. Measuring the Efficiency of Decision Making Units [J]. European Journal of Operational Research, 1978, 2(6): 429—444.

的条件下，无法继续提高产出 Y_0；或者说，当减少投入 X_0 时，产出 Y_0 也随之减少。

（2）如果 $q=1$ 且 $S^-=S^+>0$，则说明决策单元 DMU 是弱 DEA 有效的。具体而言，在由 n 个决策单元所构成的经济系统中，当投入 X_0 减少 S^- 时，仍然能够得到 Y_0 的产出水平；或者说，在投入 X_0 不变的情况下，可以将产出 Y_0 提高 S^+。

（3）如果 $\theta<1$，则说明决策单元 DMU 不是 DEA 有效的，决策单元的资源配置没有达到最优水平，存在改进决策单元效率的余地。

8.2.2 规模报酬可变的 BBC 模型

CCR 模型假设决策单元都处于固定规模效率，也即不存规模无效率，但实际上决策单元有可能处于规模递增和规模递减的情形，即规模无效率有可能影响整体效率。据此，Banker, Charnes and Cooper (1984)①通过放弃 CCR 模型的规模不变假设，修正了 CCR 模型的适用范围，获得了规模报酬可变的 BCC 模型：

$$\mathrm{Min}V_j = \sigma$$

$$\begin{cases} \sum_{j=1}^{n} X_j\lambda_j + S^- = \sigma X_0 \\ \sum_{j=1}^{n} Y_j\lambda_j - S^+ = Y_0 \\ \sum_{j=1}^{n} \lambda_j = 1,\ j = 1,\cdots,n \\ \lambda_j \geqslant 0,\ j = 1,\cdots,n \\ S^- \geqslant 0, S^+ \geqslant 0 \end{cases}$$

在该模型中，技术效率 TE 进一步分解成纯技术效率 PTE 和规模效率 SE，三者之间的关系是 TE = PTE × SE，以此考察可变规模报酬条件下被考察企业与生产前沿面之间的距离。其中，纯技术效率 PTE 通过可变规模报酬（VRS）条件下的效率估计模型获得。具体来说，判断决策单元是否 DEA 有效的标准是：

（1）当 $q=1$ 时，决策单元 DMU 为弱 DEA 有效的；

---

① Banker R. D., Charnes A., Cooper W. W. Some Models for Estimating Technical and Scale Inefficiencies in Data Envelopment Analysis[J]. Management Science, 1984, 30(9): 1078—1092.

(2) 当 $q=1$,且 $S^{-}=S^{+}=0$ 时,决策单元 DMU 为 DEA 有效的。

综上所述,规模报酬不变的假设暗含着金融机构通过增加投入就可以等比例地扩大产出规模,即金融业的规模与其效率无关。但是,在市场失灵和政府失灵并存的条件下,诸如垄断、政府管制等因素都可能导致银行背离最优规模。例如,我国国有商业银行的资产规模是许多小型城市商业银行的 1 000 多倍,对此,小型商业银行如不经过几十年的经营或大量合并,很难达到国有商业银行的规模(张健华,2003)。这就是说,规模报酬不变的假设与现实不符,基于此,本章选取 BCC 模型来实证检验北京市金融业投入产出效率。

8.3 变量、数据说明与实证分析

目前,北京市正在调整产业结构,加快发展第三产业,构建金融中心。根据北京市第二次全国经济普查主要数据,北京市金融资产总量已经达到 47.4 万亿元,占北京市第二、第三产业资产总额 64.7 万亿元的 73.26%。“十一五”期间北京金融业增加值年均增长 11.6%,2010 年增加值为 1 838 亿元,占北京市地区生产总值的 13.4%。金融业发展对北京经济增长的影响较为显著,金融相关比率、股票市场发展程度和保险市场发展程度每增加 1 个百分点,人均 GDP 分别提高 1.89、0.06 和 0.37 个百分点。[①] 但问题在于,北京市金融业对其经济增长的贡献是否已经全部释放?它是否已经达到理想状态?对此,需要测算北京市金融业投入产出效率,从而确定其发展潜力。本部分采用 DEA 模型的规模报酬可变模型,从区域、行业和跨时期三个维度测量北京市金融业的相对效率。

8.3.1 变量及数据说明

应用 DEA 模型进行效率比较时,需要输入各决策单元的投入产出数据。其中,区域间效率比较以全国 30 个省、市、自治区的金融业投入产出数据为样本,把省区作为一个 DMU;行业间效率比较以北京市 2009 年第三产业投入产出数据作为 DMU;纵向效率比较以北京市 1998—2009 年间的数据作为 DMU。具体来说,金融机构的投入,以金融机构数量来代

① 冯科,孟蔚洋,丁昱洁,贾甫.金融发展与经济增长的实证研究:北京视角[J].南方金融,2013(2).

表,包括银行业、证券业和保险业的数据。金融行业劳动力投入,包括金融行业中各层次的从业人员,包括管理层、专业技术人员和后勤人员等。考虑到中国金融行业的分布特征,本章以金融行业城镇单位从业人员人数代表金融行业劳动力的投入。由于我国资本存量一直未有确切数据,而固定资产投资是金融行业最重要的资本投入,因此采用金融行业固定资产投资表示资本投入指标。产出指标中,本章用金融业增加值来代表金融集聚对金融产业的直接贡献,用地区生产总值代表金融集聚对其他产业发展和区域经济增长的间接贡献。

8.3.2 实证结果分析

在金融业效率研究中,将从横向效率和纵向效率两个角度展开,其中横向效率比较又包括两个维度,各省、市、自治区间金融效率比较和北京市第三产业内部各行业金融效率比较。在这里,区域间效率分析用来度量全国各省、市、自治区的金融业相对运行效率,产业间效率分析用来度量北京市第三产业间各行业的相对运行效率,而纵向效率比较是从历史数据的分析中考察北京市金融业运行效率的变化趋势。

1. 各省、市、自治区金融效率分析

运用DEAP 2.1软件,得出2009年北京、天津、河北等30个省、市、自治区的金融业综合技术效率,并按照BCC模型将其分解为纯技术效率和规模效率,结果如表8-1所示。

表8-1　2009年各省、市、自治区金融业的DEA分析结果

地区	综合技术效率	纯技术效率	规模效率	规模收益
北京	1.000	1.000	1.000	不变
天津	1.000	1.000	1.000	不变
河北	0.606	0.658	0.921	递减
山西	1.000	1.000	1.000	不变
内蒙古	0.389	0.414	0.941	递增
辽宁	0.569	0.593	0.960	递增
吉林	0.355	0.365	0.975	递增
黑龙江	0.794	0.841	0.944	递增
上海	1.000	1.000	1.000	不变
江苏	1.000	1.000	1.000	不变
浙江	0.860	0.931	0.923	递减

(续表)

地区	综合技术效率	纯技术效率	规模效率	规模收益
安徽	0.441	0.466	0.945	递增
福建	0.766	0.788	0.973	递增
江西	0.543	0.595	0.912	递增
山东	0.836	1.000	0.836	递减
河南	0.888	1.000	0.888	递减
湖北	0.601	0.614	0.979	递增
湖南	0.658	0.675	0.975	递增
广东	0.852	1.000	0.852	递减
广西	0.516	0.556	0.927	递增
海南	0.380	0.877	0.433	递增
重庆	0.541	0.556	0.973	递增
四川	0.955	1.000	0.955	递减
贵州	0.304	0.528	0.575	递增
云南	0.521	0.578	0.901	递增
陕西	1.000	1.000	1.000	不变
甘肃	0.778	1.000	0.779	递增
青海	0.315	1.000	0.315	递增
宁夏	0.451	1.000	0.451	递增
新疆	0.954	1.000	0.954	递增
平均值	0.696	0.801	0.876	

从 DEA 分析结果可以得出如下结论:

第一,平均来看,30 个省、市、自治区的金融产业综合技术效率不高,仅为 0.696,处在有效生产前沿面的下方。其中,贵州省的综合技术效率值最小,仅为 0.304,而金融业综合技术效率处在有效生产前沿面上的只有北京、天津、山西、上海、陕西和江苏 6 个省市,说明这些地区的金融资源投入产出达到了较佳的水平。由此可见,30 个省、市、自治区在金融产业的综合技术水平上存在较大差异。

第二,在三大经济圈的 8 个省市中,北京、天津、上海和江苏的综合技术有效;广东和山东的纯技术效率有效,而规模效率分别为 0.852 和 0.836,处在规模报酬递减阶段,说明金融业规模不宜扩张太快;浙江的规模报酬和纯技术效率均无效,且表现为规模报酬递减,说明需要改进技术和调整规模结构;在 8 省市中,辽宁的综合技术效率最低,只有 0.569,但是规模效率值达到了 0.960,趋近于规模有效。据此推断,辽宁较低的综合技术效率主要是由纯技术效率无效造成的,从而需要加强技术开发和管理。

第三,在 30 个省市中,北京、天津、山西、上海等 14 个省市的纯技术效率值为 1,说明这些地区的金融业达到了技术有效。但是,其他 16 个省市尚未达到纯技术有效,因此,这些地区需要通过调整金融业结构和改进技术,进一步提高金融业运行效率。

第四,在 30 个省市中,内蒙古、辽宁、吉林、黑龙江、安徽等 18 个地区处在规模报酬递增阶段,只有河北、浙江、山东、河南、广东和四川 6 个地区处在规模报酬递减阶段,而其他地区的规模效率值为 1,即处在规模报酬不变阶段。也就是说,我国金融业效率总体看是规模报酬非递减的,金融业存在进一步集聚的潜力。

2. 第三产业各行业效率分析

同理,对北京市第三产业中各行业的数据进行分析,并据此对各行业的综合技术效率、纯技术效率和规模效率进行评价,结果如表 8-2 所示。

表 8-2　2009 年北京市第三产业各行业 DEA 分析结果

行业	综合技术效率	纯技术效率	规模效率	规模收益
交通运输、仓储和邮政业	0.176	0.264	0.667	递增
信息传输、计算机服务和软件业	0.467	0.529	0.882	递增
批发与零售业	0.481	0.488	0.987	递增
住宿和餐饮业	0.147	0.346	0.425	递增
金融业	1.000	1.000	1.000	不变
房地产业	0.559	0.635	0.881	递增
租赁和商务服务业	0.176	0.265	0.665	递增
科学研究、技术服务与地质勘查业	0.295	0.371	0.796	递增
水利、环境和公共设施管理业	0.121	0.864	0.140	递增
居民服务和其他服务业	0.154	1.000	0.154	递增
教育	0.169	0.286	0.591	递增
卫生、社会保障和社会福利业	0.168	0.459	0.366	递增
文化、体育与娱乐业	0.260	0.617	0.421	递增
公共管理与社会组织	0.166	0.290	0.571	递增
平均值	0.310	0.529	0.610	

从分析结果本研究可以得出如下两点结论:

第一,平均来看,北京市第三产业各行业运行效率较低,而且除金融业处在有效生产前沿面上,其他行业均处在有效生产前沿面下方,处于规模收益递增阶段,并且其他行业与金融业在运行效率上存在较大差距。这意味着,一方面需要加强第三产业技术开发和管理,另一方面也需要调整规模,进一步发挥第三产业集聚效应。

第二,在北京市第三产业中,金融业、居民服务和其他服务业的纯技术效率值为 1,说明它们实现了技术有效。信息传输、计算机服务和软件业,批发与零售业以及房地产业趋于规模效率有效,故不需要太大调整,但是纯技术效率较低,需要技术改进。交通运输、仓储和邮政业,住宿和餐饮业,租赁和商务服务业,科学研究、技术服务与地质勘查业的纯技术效率值较低,规模效率值则略高于平均值,故两方面均需提高,但应以大力加强技术开发和管理为优先选择。教育等行业的纯技术效率和规模效率都很低,故需要从技术和规模两方面进行改进。

3. 1998—2009 年北京市金融业效率分析

上文从地区和行业角度证实了北京市金融效率的相对优势,现在仍以 BCC 模型为基础,对北京市 1998—2009 年间的金融业综合技术效率、纯技术效率和规模效率进行分析,从而评价北京市金融业效率的变迁情况,结果如表 8-3 所示。

表 8-3 1998—2009 年间北京市金融业 DEA 分析结果

年份	综合技术效率	纯技术效率	规模效率	规模收益
1998	0.562	0.973	0.578	递增
1999	0.785	1.000	0.785	递增
2000	0.810	1.000	0.810	递增
2001	0.837	0.982	0.853	递增
2002	1.000	1.000	1.000	不变
2003	0.626	0.654	0.956	递增
2004	0.590	0.660	0.894	递增
2005	1.000	1.000	1.000	不变
2006	0.836	0.838	0.998	递减
2007	0.964	0.977	0.987	递增
2008	1.000	1.000	1.000	不变
2009	0.977	1.000	0.977	递减
平均值	0.832	0.924	0.903	

根据上面的分析结果,本研究可以得出以下结论:

第一,在 1998—2009 年间,北京市金融业运行效率很高,综合技术效率的平均值达到0.832。其中,2002年、2005年和2008年表现为综合技术效率有效。众所周知,2002年是我国入市后的第一年,“入世效应”拓宽的发展机遇促进了金融业效率;2005年我国宏观经济运行处于“低通胀,高增长”的最佳状态,有利于金融业的健康发展;2008年国际经济虽然受美国次贷危机冲击,但是我国经济仍然维持了高达9.2%的增长,因而缓冲了外部风险对金融业的影响。可见,金融业的运行效率与整个宏观经济具有很强的关联度。

第二,在1998—2009年间,北京市金融业纯技术效率的平均值达到0.924,故总体上表现为有效。但是在2003年和2004年效率值有所降低,究其原因,很多银行的总部集中在北京市,银行业在北京市金融业中占据主要地位,而2003年我国开始对商业银行进行股份制改革,即2003年和2004年是银行改革和适应期,这可能引起了纯技术效率下降。

第三,在1998—2009年间,北京市金融业规模效率的平均值为0.903,而且规模效率总体上呈现逐渐改善的趋势。2005年之前,北京市金融业基本上处在规模报酬递增阶段,但是随着产业结构的改善和规模的提高,效率值逐渐提高;2005年之后,北京市金融业处在或接近于规模报酬有效阶段。2009年的规模报酬效率降低为0.977,且表现为规模报酬递减,这可能与2008年四万亿救市计划导致金融业过度膨胀有关。

8.4 本章总结

本章通过对北京市金融业运行效率的实证分析,发现在30个省、市、自治区的金融产业效率比较中,北京市金融业处在有效生产前沿面上,其金融资源投入产出达到了较佳水平;在北京市第三产业的14个行业中,金融业处在有效生产前沿面上,其他行业均处在有效生产前沿面下方,而且其他行业与金融业在运行效率上存在较大差距;在1998—2009年间,北京市金融业运行效率很高,综合技术效率、纯技术效率和规模效率的平均值分别达到0.832、0.924和0.903,即趋于技术有效和规模有效。总体来看,北京市金融业投入产出效率基本达到最佳状态,因而间接地证实了其对经济增长的贡献亦基本释放。

根据对北京市金融业运行效率的以上分析,本研究可以得到如下启示:

第一,加快金融资源与其他行业的相互融合、相互促进,实现虚拟经济与实体经济的平衡发展。根据北京市第三产业中 14 个行业的 DEA 数据分析结果,与其他产业相比,金融业的运行效率最高,且与其他行业之间存在较大的技术效率差距,而这种差距归根结底是资源配置不合理的产物,从而造成了金融业规模过度扩张的局面,使其背离最优规模,处在规模收益递减阶段。同时,由于其他行业处于规模报酬递增阶段,也需要加大这些行业的资源投入。因此,作为集聚行业的金融业,应加快与人文环境和其他优势行业间的纽带联系,共同促进经济发展,进而实现虚拟经济与实体经济的平衡发展。

第二,充分发挥北京市金融业的辐射作用,带动周边地区经济发展。DEA 数据表明,北京市金融业发展离不开区域经济以及我国宏观经济的健康运行,因此,北京市金融业应加大向周边地区辐射,与区域经济系统进行资源交换。例如,河北省的金融业综合技术效率低,处于规模收益递减阶段,北京市据此可以发挥金融业的辐射作用,促进河北省金融及经济发展。

第三,注重政府引导,不断完善金融业结构。DEA 数据表明,2009 年北京市的纯技术效率为有效,规模效率为 0.977,处在规模收益递减阶段,这说明北京市在发展金融业时,政府应注意调整金融业结构。此外,地区和行业间的实证结果也表明,金融业与产业政策、宏观经济都有很大的联系,因此,政府在其中可以担任重要角色,如以政策、机遇吸引金融人才,完善金融法律环境,加强监督和管理,不断完善金融业结构。

第9章 北京市金融业发展与经济增长的关系

北京依托其经济发展水平、优越地理位置及决策中心的信息优势,正在构建金融中心,目前已形成了第三产业特别是金融业的规模优势和集聚效应。本章在梳理金融业发展与经济增长理论及实证研究的基础上,通过协整、格兰杰检验分析了北京金融业发展对其经济增长的影响。基本结论是:北京市金融发展对经济增长具有显著的促进作用,但是银行业、证券市场和保险市场对经济增长的影响程度不一。其政策含义是:以银行业为主导渐进式地推动金融中心建设、完善北京金融市场体系和创建宽松的金融政策环境等。

9.1 实证分析背景

近年来,北京市的产业结构变迁具有强制性制度变迁的特点,即由中央政府与北京市政府联合推动,关停并转了大批落后产能和高污染、高能耗的工业企业。显然,这部分企业的退出会影响北京的经济增长速度,那么应当如何弥补去工业化带来的增长速度损失?对此,经济史学家 Gras (1922)[①]的都市发展阶段论能提供一些线索。他考察了都市发展为经济服务的四个阶段:商业、工业、运输业、金融业。也就是说,从都市经济发展的角度来看,发展金融业可以弥补北京去工业化带来的增长速度损失,而且由于金融业比商业、工业和房地产业具有更高的集中度,因此金融业的补偿效应可能大于去工业化所引起的损失效应。

事实上,北京依托其经济发展水平、优越地理位置及决策中心的信息优势,正在构建金融中心,吸引金融业企业在北京集聚,目前已形成了第

① Gras N. S. B. The development of Metropolitan Economy in Europe and America[J]. The American Historical Review, 1922, 27(4): 695—708.

三产业特别是金融业的规模经济优势和集聚效应。例如，根据《2010 年北京市金融运行报告》，2010 年北京市银行业金融机构资产规模持续扩大，年末资产总额同比增长 17.4%；利润创近三年最好水平，同比增长 34.6%；不良贷款率为全国最低，比 2009 年下降 0.4 个百分点，继续实现地位“双降”的目标；证券公司营业部客户交易结算资金余额 1 855.1 亿元，同比增长 37.8%；期货公司交易代理额为 458 169.2 亿元，同比增长两倍；保险业总资产 2 558.9 亿元，同比增加 471.2 亿元。

但是，北京建设金融中心还面临一些不确定性因素：依靠目前北京市乃至中国的经济发展水平，北京构建金融中心的条件是否成熟？经济能否承受这种强制性的跨越式金融中心建设？第二产业企业的迁出会对其经济产生何种影响？众所周知，倾斜式的政府政策使金融机构聚集北京的同时，也对第二产业企业具有挤出效应，如租金提升使很多第二产业企业不堪重负，迁出北京。也就是说，金融业发展存在两种效应：一是促进经济增长效应；二是抑制经济增长效应，所以总效应是不确定的。基于此，本章试图通过实证分析来考察金融业对经济增长的影响方向，从而为北京金融中心建设提供可行的政策建议。

接下来本章的结构安排如下：第二部分是文献综述，回顾金融发展与经济增长的理论及实证研究；第三部分考察北京的金融业发展现状，讨论北京金融中心建设的优势、劣势及其可行性；第四部分实证分析金融业发展与经济增长的关系，确定金融业发展对经济增长的影响方向；第五部分是结论和政策建议。

9.2 文献回顾

长期以来，国内外学者都在关注金融发展与经济增长之间关系的研究，但到目前为止，还没有形成一个统一的为人们所广泛接受和认可的结论。

关于金融发展与经济增长理论方面的研究，在理论上，McKinnon(1973)[①]

① McKinnon R. I. Money and Capital in Economic Development[M]. Brookings Institution Press, 1973.

和 Shaw(1973)[1]提出了金融抑制论和金融深化论。金融抑制论指出,发展中国家政府对金融活动和金融体系运转的过多干预,抑制了金融体系的发展,而金融体系的滞后阻碍了经济发展,从而造成经济落后和金融抑制的恶性循环。金融深化论指出,政府放弃对金融的过度干预,使利率和汇率充分反映市场供求状况,这样有组织的金融市场就会发展,金融就会深化。客观地看,金融抑制论和金融深化论引导了 20 世纪 70 年代以后发展中国家的金融改革和金融发展实践,但是它们并没有强调金融结构问题。Goldsmith(1969)[2]创造性地提出了金融结构的变化就是金融发展。他认为世界各地区的金融业发展都是通过金融结构的变化来实现的,并且金融结构都沿着一条共同的路径在演进:由简单到复杂,由低级到高级。近年来,有关金融结构的比较研究集中于以银行为主的金融体系和以市场为主的金融体系与经济增长之间的关系方面。

但是,金融功能论则认为以银行为主的金融体系和以市场为主的金融体系都在发挥自己的功能,都为经济增长提供了资金融通等功能。Levine(1997)[3]指出,在选择金融体系时,并不是选择以银行为主还是以市场为主的问题,而是如何改善银行体系与市场体系的功能问题,这样才能更好地服务于经济。

关于金融发展与经济增长关系的研究,最为著名的则是 Patrick 假说。Patrick(1966)[4]用供给导向和需求带动来区分金融发展与经济增长关系的不同性质。供给导向型金融是说金融发展对经济增长具有自主的积极影响,体现的是政府主导型的金融发展。而需求带动型金融则是指经济增长带动了金融发展,体现了市场主导型的金融发展。

对于如上理论,学者开展了大量实证研究。比如 Goldsmith(1969)使用金融中介资产总值与 GDP 的比率衡量一国的金融发展水平,研究了 35 个国家从 1860 年至 1963 年的金融发展与经济增长。McKinnon(1973)对 7 个国家的研究发现,金融体系提供的功能越完善,越能加速增长。King

① Shaw E. S. Financial Deepening in Economic Development[M]. New York: Oxford University Press, 1973.

② Goldsmith R. W. Financial Structure and Development[M]. New Haven: Yale University Press, 1969.

③ Levine R. Financial Development and Economic Growth: Views and Agenda[J]. Journal of Economic Literature, 1997, 35(2): 688—726.

④ Patrick H. T. Financial Development and Economic Growth in Underdeveloped Countries[J]. Economic Development and Cultural Change, 1966, 14(2): 174—189.

and Levine(1993)[①]通过构建新的金融指标检验了 80 个国家在 1960—1989 年间的情况,测试了金融发展预测长期经济增长、资本积累和生产率的可能性。

在国内,王广谦(1996)[②]指出,金融对经济增长的贡献体现在三个方面,即"对要素投入量提高的贡献、对要素生产率提高的贡献和通过自身产值增长对经济的直接贡献"。谈儒勇(1999)[③]的实证研究发现,在中国金融中介发展和经济增长之间具有显著的、很强的正相关关系,而股票市场、债券市场的发展与经济增长之间的关系较不明显。康继军等(2005)[④]的实证研究表明,中、日、韩三国的金融发展与经济增长之间存在因果关系,但在因果关系的方向上存在差异。武志(2010)[⑤]对我国金融发展与经济增长进行了格兰杰因果检验,发现两者间存在着明显的单向因果关系。王子明、周立(2002)[⑥]通过对中国各地区 1978—2000 年金融发展与经济增长关系的实证研究发现,中国各地区金融发展与经济增长密切相关,金融发展差距可以部分解释各地区经济增长差距,同时提出开放金融业可有效提高金融发展质量。王景武(2005)[⑦]发现区域金融发展与经济增长关系之间存在密切关系:东部存在正向因果关系,而西部地区则存在相互抑制关系。

综上,国外学者主要研究了金融抑制、金融深化、金融结构、金融功能及其对经济增长的影响,这为后续理论及实证研究提供了基础。对此,国内研究大多是在国外学者研究基础上,结合中国具体情况进行实证研究。但是,国内研究主要着眼于金融发展与中国经济增长的关系,而对金融中心研究较少。基于此,本章以北京市为例进行实证研究,分析北京市金融业发展与经济增长的因果关系,从而探索北京建立金融中心的潜在路径。

---

① King R. G, Levine R. Finance and Growth: Schumpeter Might Be Right[J]. The Quarterly Journal of Economics, 1993, 108(3): 717—737.

② 王广谦. 现代经济发展中的金融因素及金融贡献度[J]. 经济研究,1996(5).

③ 谈儒勇. 中国金融发展和经济增长关系的实证研究[J]. 经济研究,1999(10).

④ 康继军,张宗益,傅蕴英. 金融发展与经济增长之因果关系——中国,日本,韩国的经验[J]. 金融研究,2005(10).

⑤ 武志. 金融发展与经济增长:来自中国的经验分析[J]. 金融研究,2010(5).

⑥ 王子明,周立. 中国各地区金融发展与经济增长实证分析:1978—2000[J]. 金融研究,2002(10).

⑦ 王景武. 金融发展与经济增长:基于中国区域金融发展的实证分析[J]. 财贸经济,2005(10).

9.3 北京市金融发展现状

金融业在北京经济中占有举足轻重的地位,根据北京市第二次全国经济普查主要数据,北京市金融资产总量已经达到47.4万亿元,占北京市第二、第三产业资产总额64.7万亿元的73.26%。“十一五”期间北京金融业增加值年均增长11.6%,2010年增加值为1 838亿元,占北京市地区生产总值的13.4%。

据此,本研究将结合国内外理论分析及其实证研究,从金融相关比率、在第三产业中的占比和融资结构三个方面来考察北京金融业发展现状,并在此基础上检验金融业对北京经济增长的影响方式,继而确定北京金融业发展的影响因素。

9.3.1 金融相关比率

Goldsmith(1969)创造性地提出了衡量国家金融发展水平、金融结构和金融深化程度的金融相关比率(Financial Interrelations Ratio,FIR)指标,它是指某一时点上金融资产总额与国民财富的比例,通常用金融资产总额与国民生产总值之比来代替。从资产流动性来看,金融资产可分为货币、债券和股票三大类。由于我国目前缺乏地区货币余额等相关统计资料,因此无法按照货币、债券和股票三大类金融资产获取北京市的金融资产总额。

考虑到我国是以银行为主的金融体系,存款和贷款是其主要金融工具,股票和企业债券等其他金融工具所占比重较小,因此,本研究把银行存款和贷款总和作为金融资产的衡量指标。这样,金融相关比率(FIR)就采用如下形式:

$$FIR = (D_t + L_t)/GDP$$

其中,D_t代表银行等金融机构存款余额,L_t代表贷款余额。

据此,本研究计算出了金融相关比率,如表9-1所示。从金融相关比率来看,北京市的金融相关比率保持上升趋势。例如,在2000年金融相关率为5.67,2001年为5.86,在2002—2006年间基本保持稳定,从2007开始,金融相关率迅速提高,2009年达到7.24。北京市金融相关比率的逐年上升,与北京市的金融改革密不可分。也就是说,随着北京市场化改革的不断深化,以及分配体制改革带来的居民可支配货币收入的迅速增加,北京市金融相关比率也不断提高。

表 9-1　北京市金融机构存贷款与金融相关比率　(单位:亿元)

年份	存款余额	贷款余额	存贷款余额	地区生产总值	金融相关比率
2000	11 526.0	6 407.9	17 933.9	3 161.7	5.672233
2001	14 109.2	7 612.2	21 721.4	3 708.0	5.857983
2002	17 438.4	9 704.3	27 142.7	4 315.0	6.290313
2003	20 476.0	12 057.7	32 533.7	5 007.2	6.497384
2004	23 781.3	13 577.7	37 359.0	6 033.2	6.192236
2005	28 969.9	15 335.5	44 305.4	6 969.5	6.357041
2006	33 793.3	18 131.6	51 924.9	8 117.8	6.396426
2007	37 700.3	19 861.5	57 561.7	9 846.8	5.845728
2008	43 980.7	23 010.7	66 991.4	11 115.0	6.027113
2009	56 960.1	31 052.9	88 013.0	12 153.0	7.242081

数据来源:《北京统计年鉴 2010》。

9.3.2　在 GDP 和第三产业中的占比

近几年,北京市第三产业发展迅速,如表 9-2 所示。第三产业产值占 GDP 的比重从 2000 年的 64.81% 增至 2009 年的 75.53%。在第三产业中,金融业发展迅速且产值最高,如 2000 年金融业产值为 378.9 亿元,2009 年增加到 1 603.6 亿元。此外,金融业产值在 GDP 和第三产业中的比重也保持增长趋势,如 2000 年所占比重分别为 11.98% 和 18.49%,2009 年分别上升到 13.20% 和 17.47%。可见,在北京市的经济发展中,金融业具有显著优势。

表 9-2　北京市金融业与第三产业及 GDP 的关系

年份	GDP(亿元)	第三产业产值(亿元)	第三产业/GDP(%)	金融业产值(亿元)	金融业/GDP(%)	金融业/第三产业(%)
2000	3 161.7	2 049.1	64.81	378.9	11.98	18.49
2001	3 708.0	2 484.8	67.01	441.2	11.90	17.76
2002	4 315.0	2 982.6	69.12	485.3	11.25	16.27
2003	5 007.2	3 435.9	68.62	537.3	10.73	15.64
2004	6 033.2	4 092.2	67.83	713.8	11.83	17.44
2005	6 969.5	4 854.3	69.65	836.6	12.00	17.23

（续表）

年份	GDP（亿元）	第三产业产值（亿元）	第三产业/GDP（%）	金融业产值（亿元）	金融业/GDP(%)	金融业/第三产业（%）
2006	8 117.8	5 837.6	71.91	974.2	12.00	16.69
2007	9 846.8	7 236.1	73.49	1 367.8	13.89	18.90
2008	11 115.0	8 375.8	75.36	1 493.6	13.44	17.83
2009	12 153.0	9 179.2	75.53	1 603.6	13.20	17.47

数据来源:《北京统计年鉴 2010》。

但是,正如数据所显示的那样,北京市金融业产值在第三产业增加值和 GDP 中所占比重并不是一直保持上升趋势,甚至在第三产业增加值中的比重有下降趋势。面对这一情况,北京市如何大力发展金融业,提高金融业在第三产业和 GDP 中的比重,使之向国际金融中心的方向迈进,就显得尤为重要。

9.3.3 融资结构

Modigliani and Miller(1958)[①]发表的开拓性论文拉开了现代资本结构理论研究的先河。该文得出在完美市场假设前提下,公司的市场价值与融资结构无关的著名论断。

对此,林伟(2006)[②]的研究表明:公司价值随债务比例的提高而提高,到一定比例后随着负债比例的提高而下降;公司价值与大股东比例显著正相关,股权集中有利于提高公司绩效。吕长江等(2007)[③]指出,对于高财务杠杆的公司,负债融资比例的增加无法起到约束管理者利益侵占行为的作用,反而会激发其侵占行为;财务杠杆低的公司,负债增加不会增强侵占效应,经过调整的资本结构可能会达到最优。也就是说,多元化的融资结构有利于提高公司管理水平,增强投资的有效性和管理层对公司治理的积极性,还可以从源头上保证公司治理队伍的高效运转,避免高代理成本。同时,高度制衡的股权结构将迫使股东更加关心公司治理绩

---

① Modigliani F., Miller M. H. The Cost of Capital, Corporation Finance and the Theory of Investment[J]. The American Economic Review, 1958, 48(3): 261—297.

② 林伟. 中国上市公司融资结构及行为分析[J]. 中央财经大学学报,2006(4).

③ 吕长江,金超,韩慧博. 上市公司资本结构,管理者利益侵占与公司业绩[J]. 财经研究,2007(5).

效的高低,这有利于完善公司内部监督机制(冉光圭,2011)①。

事实上,如表 9-3 所示,在 2001—2004 年间,北京市非金融机构贷款比重持续上升,2004 年达到峰值,之后迅速降低,从 2004 年的 88.4% 下降到 2010 年的 46.4%。相比之下,直接融资所占比重持续上升,从 2001 年的 4.4% 上升到 2005 年的 39.6%;之后虽有所下降,但是在 2010 年已达到 47.4%,超过了贷款融资。股票融资在 2007 年达到了 43.6%,在其他年份都较低,而且波动幅度很大。由此可见,北京市非金融机构融资结构趋于改善。

表 9-3　北京市非金融机构融资结构

年份	融资量(亿元)	比重(%)		
		贷款	债券(含可转债)	股票
2001	1 476.0	82.1	4.4	13.5
2002	2 117.4	84.8	7.8	7.4
2003	2 843.7	83.5	7.8	8.7
2004	2 184.4	88.4	8.5	3.1
2005	3 174.6	60.3	39.6	0.1
2006	4 089.1	69.9	25.8	4.3
2007	6 200.0	38.8	17.6	43.6
2008	8 531.0	38.0	47.5	14.5
2009	16 553.9	47.6	43.3	9.1
2010	11 701.7	46.4	47.4	6.2

数据来源:《北京市金融运行报告 2010》。

9.4　北京市金融发展与经济增长的实证分析

如前所述,金融结构论认为金融变量的数量及结构影响经济增长,这样金融发展的有关指标(如总金融资产与 GDP 之间的比例)以及总金融资产的结构就构成了经济增长的重要影响因素。金融抑制论则强调价格变量是影响经济增长的更重要因素,认为实际利率与实际汇率的金融自由化是推动经济增长的重要途径,而低于均衡的实际利率与高估的国内货币等形式的金融抑制阻碍了经济增长。在这里,尽管金融结构论与金融抑制论研究问题的出发点有所区别,但所关注的问题的实质却是共同

① 冉光圭. 中国上市公司融资结构与公司治理绩效的实证研究[J]. 企业经济,2011(5).

的,都在寻求金融部门与稳定增长之间的联系。其基本思想是,金融变量对经济增长产生作用的主要渠道是投资资源的有效使用及生产效率的提高,完成的途径是较高水平的金融发展与金融深化。因此,下文将采用单整、协整方法检验各变量之间的长期均衡关系,并运用格兰杰因果检验确定各变量之间的因果关系。

9.4.1 指标选取和数据处理

如前所述,在衡量地区金融发展程度时,由于缺乏统计数据,无法直接使用戈氏和麦氏指标,因此这里使用存贷款数据作为金融资产的衡量指标。但是,若只使用金融相关比率这一个指标,仅仅考虑银行业的发展状况,不能全面反映北京市金融发展状况,所以还需要考虑证券业和保险业的状况。因此,本研究还选取了如下指标来度量区域金融发展及对区域经济增长的影响。

(1) 区域经济增长,即 GRE = Ln(人均 GDP)。

(2) 金融相关比率,作为银行业的发展指标,即 FIR = Ln[(金融机构存款余额 + 金融机构贷款余额)/名义 GDP]。

(3) 股票市场发展程度,由于很难找到北京市全部证券资产数量的资料,这里使用股票市场筹资额来衡量证券业发展程度,即 SIR = Ln[股票市场筹资额/GDP]。

(4) 保险市场发展程度,这里使用保费收入来衡量保险市场发展程度,即 IIR = Ln[保费收入/GDP]。

考虑到相关数据的可得性和北京市金融市场的发展实际,本章选取1994—2009 年作为实证分析的样本,并对所选数据进行了对数化处理,以平滑时间序列指数,消除异方差,剔除个别变量间存在的异常关系。

9.4.2 协整检验

本章采用 ADF 方法进行单位根检验,ADF 检验结果如表 9-4 所示。检验结果显示,GRE、SIR 和 IIR 均不能在 10% 的显著性水平下拒绝原假设,因而可以认为是一个非平稳序列。对变量的一阶差分序列进行 ADF 单位根检验,结果显示,四个变量的一阶差分序列可以在 10% 的显著性水平下拒绝原假设,其一阶差分序列是一阶单整的,符合协整检验的条件。

表 9-4 ADF 检验结果

变量	检验类型(A,T,P)	ADF 统计量	对应 p 值	检验结果
GRE	1,1,1	-1.168386	0.8765	不平稳
DGRE	1,0,0	-3.596227	0.0208	平稳
D2GRE	1,1,0	-5.842906	0.0025	平稳
FIR	1,1,3	-3.661907	0.0680	平稳
DFIR	0,0,3	-1.700343	0.0938	平稳
D2FIR	0,0,1	-2.866676	0.0082	平稳
SIR	1,0,0	-2.623171	0.1102	不平稳
DSIR	0,0,1	-4.641979	0.0002	平稳
D2SIR	0,0,1	-6.844256	0.0000	平稳
IIR	0,0,0	-1.461111	0.1295	不平稳
DIIR	0,0,0	-3.810458	0.0010	平稳
D2IIR	0,0,0	-6.094863	0.0000	平稳

注:检验类型中的 A 代表单位根方程包括常数项,T 代表时间趋势,P 代表滞后阶数。A 若是 0 则说明不包括常数项,若为 1 则包括常数项;T 的赋值方法和 A 相似;D 代表一阶差分,D2 代表二阶差分。

据此,以 FIR、SIR 和 IIR 为自变量,GRE 为因变量进行 OLS 回归,回归结果如下所示:

$$GRE_t = \underset{(4.82)}{8.13} + \underset{(3.19)}{1.89}\,FIR_t + \underset{(1.47)}{0.06}\,SIR_t + \underset{(0.27)}{0.37}\,IIR_t$$

$$R^2 = 0.82;\ D.W. = 0.73$$

现在对上式残差进行 ADF 单位根检验,结果如表 9-5 所示。

表 9-5 残差序列单位根检验

变量	检验类型(A,T,P)	ADF 检验值	显著性水平	临界值	P 值
μ	0,0,0	-3.911865	1% level	-2.740613	0.0008
			5% level	-1.968430	
			10% level	-1.604392	

检验结果显示,残差序列在 1% 的显著性水平下拒绝原假设,所以认为不存在单位根,即残差序列平稳。也就是说,GRE 与 FIR、SIR 和 IIR 之间存在协整关系,上述回归方程有意义,不存在"伪回归"。

9.4.3 格兰杰因果检验

为了考察金融业发展指标及其不同滞后期与区域经济增长之间的因

果关系，下文将对北京市 FIR、SIR 和 IIR 序列及其滞后 1 期、2 期和 3 期与 GRE 进行格兰杰因果检验，检验结果如表 9-6 所示。根据检验结果，FIR 和 SIR 的二阶滞后变量是 GRE 的格兰杰原因，而 GRE 不是 FIR 和 SIR 的格兰杰原因，IIR 和 GRE 之间不存在格兰杰因果关系。

表 9-6　格兰杰因果检验结果

原假设	滞后阶数	*F*-Statistic	Prob	因果关系结论
GRE 不是 FIR 的原因 FIR 不是 GRE 的原因	1	1.19783	0.29524	GRE 不是 FIR 的原因
		2.35102	0.15113	FIR 不是 GRE 的原因
	2	2.48078	0.13864	GRE 不是 FIR 的原因
		3.45078	0.07714	FIR 是 GRE 的原因
	3	0.55001	0.66644	GRE 不是 FIR 的原因
		1.62866	0.27943	FIR 不是 GRE 的原因
GRE 不是 SIR 的原因 SIR 不是 GRE 的原因	1	2.05997	0.17676	GRE 不是 SIR 的原因
		0.00104	0.97486	SIR 不是 GRE 的原因
	2	1.47715	0.27876	GRE 不是 SIR 的原因
		9.60493	0.00585	SIR 是 GRE 的原因
	3	2.40861	0.16554	GRE 不是 SIR 的原因
		9.30297	0.01128	SIR 是 GRE 的原因
GRE 不是 IIR 的原因 IIR 不是 GRE 的原因	1	2.26763	0.15796	GRE 不是 IIR 的原因
		0.13842	0.71635	IIR 不是 GRE 的原因
	2	1.58821	0.25660	GRE 不是 IIR 的原因
		1.02310	0.39777	IIR 不是 GRE 的原因
	3	2.18183	0.19115	GRE 不是 IIR 的原因
		0.31139	0.81696	IIR 不是 GRE 的原因

综上所述，从回归结果看，北京市的金融发展与经济增长之间存在正向促进关系，而且也存在格兰杰意义上的因果关系。从影响作用看，金融业发展对北京经济增长的影响较为显著，金融相关比率、股票市场发展程度和保险市场发展程度每增加 1 个百分点，人均 GDP 分别提高 1.89、0.06和 0.37 个百分点。但是由于数据有限，样本量较小，ADF 检验和格兰杰因果检验可能会导致结果不准确。但总体来说，金融业发展对北京经济增长具有积极效应，因而从地区视角证实了金融结构理论、金融功能理论和金融抑制理论的基本思想。

9.5 实证分析结论

本章结合国内外金融发展与经济增长理论及其实证研究,对北京市金融发展与经济增长相关性进行了实证分析,从中得出如下结论:

第一,北京市金融发展对经济增长具有显著的促进作用,但是银行业、证券市场和保险市场对经济增长的影响程度不一。其中,银行业的影响较大,保险市场的影响较小,证券市场的影响程度最小。这可能是由于股票市场融资额不仅与经济增长有关,而且与证券市场政策、投资者情绪、股权分置改革等因素相关。

第二,北京市的银行业发展和证券市场发展是经济增长的格兰杰原因,保险市场发展不是经济增长的格兰杰原因。经济增长对三个市场的发展均没有格兰杰意义上的因果关系。因此,北京金融中心的形成和发展应选择"供给推动型"的发展路径,即所谓的政府主导模式。

针对如上实证研究结果,本章的政策建议包括如下几个方面:

第一,以银行业为主导,渐进式地推动金融中心建设。从演变规律看,一个金融中心的形成与发展一般会经历以下几个阶段:以银行为主导的阶段、以资本市场为主导的阶段和证券化阶段。从实证结果看,银行业的发展对经济增长具有正向促进作用,因此,应以银行业为主导发展金融中心。

第二,完善北京金融市场体系。市场经济条件下,金融业对经济的促进作用是通过金融市场的资金融通来实现的,离开金融市场,金融对经济的促进作用便无从发挥。因此,北京市应当注重完善金融市场体系建设,进一步拓宽新的领域,譬如票据市场、产权市场、债券市场、衍生品市场。同时,依托中关村科技园区,积极推动产业投资、创业投资等股权投资市场发展。

第三,创建宽松的金融政策环境。金融业发展程度高将导致高效率的金融运行体系,从而提高资源配置效率和经济增长水平;高经济增长又会引致经济体系对金融服务的需求增加,从而促进金融业的发展和自由化。但是,在目前的金融政策环境下,较低的金融市场自由度与开放程度不仅制约了金融资源的有效配置,而且也阻碍了金融业的战略性发展。因此,政府应创建宽松的金融政策环境,提高金融市场的开放程度和自由度,从而促进我国金融市场的发展。

第10章　审批金融及其对经济增长的影响研究

——以北京为例

通过上一章的研究结果可以看出,金融发展的程度掣肘着经济的发展,金融体系的波动更是“牵一发而动全身”,迅速波及整体经济,20世纪80年代以来的墨西哥货币危机、阿根廷债务危机、欧洲汇率危机、亚洲金融危机以及2008年的美国次贷危机就是明证(冯科,2010)①,因此,金融机构设立及其发展在任何国家都受到严格审批和高度监管。例如,美国对批准单位或个人设立金融中介机构制定了非常严格的规定。想设立金融中介机构的个人或单位必须从州政府或联邦政府获得特许经营权。只有没有违法违规信用记录并拥有足够启动资金的公民或单位,才会被考虑给予特许经营权。英国的市场准入也很严格,金管局要求只有经它授权认可的机构才能从事金融业务,认可标准有:资本要求、大额贷款业务要求、流动性要求、坏账准备要求、系统与控制要求、董事、股东及经营要求。日本则施行市场准入管制和分支机构的开设管制。

按照寻租理论,在监督机制不完善的环境下,金融审批权的存在必然会诱致金融审批机构运用审批权对金融业的经济活动进行干预和管制,而各类金融机构也有激励从事寻租活动,以获取超额利润。但是,由于各国的金融体制都是在本国历史传统、社会文化、政治制度、经济体制和法制结构等多种因素综合作用下的制度安排,都是适合当地经济和金融发展需要的金融体制安排,都具有各自的特色,因此各国的金融审批及寻租程度也存在跨国差异,如相较于中国的金融审批中的寻租问题,美国、英国和日本金融业中的寻租行为明显要少。对此,虽然有很多研究文献,却鲜有关于审批金融对金融业、其他行业以及整体经济的影响研究,而金融

① 冯科.中国宏观金融风险预警系统构建研究[J].南方金融,2010(12).

业作为整个国民经济的命脉和枢纽，具有举足轻重的作用。因此，本章以北京为例，具体研究审批金融对经济增长的影响方式及程度。

10.1 寻租理论及其相关研究

寻租理论(Rent-seeking Theory)最早萌生于 Tullock(1967)①对政治决策机制的研究，他认为政治决策中充满着“政治寻租”，寻租的支出水平和结构决定着政府法令制造的特定租金。但是，“寻租”作为一个有价值的理论研究概念，是由 Krueger(1974)②发展起来的，她集中讨论了政府对经济活动的数量限制可能导致的社会福利损失。既然能够人为地创造租金，自然就会有人进行寻租活动。

一些学者把律师和银行家指标作为寻租的代理指标，考察了寻租与经济增长的关系。Laband and Sophocleus(1988)③发现，寻租导致美国 1985 年的 GNP 减少 22.6%；Murphy et al.(1993)④的跨国研究发现，GNP 与寻租成负相关，与生产成正相关；Rama(1993)⑤采用内生增长模型考察了寻租对乌拉圭经济增长的影响，发现寻租在短期会促进而在长期会阻碍经济增长。Cole and Chawdhry(2002)⑥认为 Rama 的研究可能存在向量自相关问题，据此，他采用内生增长模型重新进行了检验，发现寻租对经济增长、公共投资和公共服务等带来了直接或间接的阻碍作用。

近些年来，介绍寻租理论或者将寻租理论应用于中国现状的研究，特别是反腐败研究的文献逐步增多(例如，胡和立，1989⑦；陈裔金，1997⑧；

① Tullock G. The Welfare Costs of Tariffs, Monopolies, and Theft[J]. Economic Inquiry, 1967, 5(3): 224—232.

② Krueger A. O. The Political Economy of the Rent-seeking Society[J]. The American Economic Review, 1974, 64(3): 291—303.

③ Laband D. N., Sophocleus J. P. The Social Cost of Rent-seeking: First Estimates[J]. Public Choice, 1988, 58(3): 269—275.

④ Murphy K. M., Shleifer A., Vishny R. W. Why is Rent-seeking So Costly to Growth? [J]. The American Economic Review, 1993, 83(2): 409—414.

⑤ Rama M. Rent Seeking and Economic Growth: A Theoretical Model and Some Empirical Evidence[J]. Journal of Development Economics, 1993, 42(1): 35—50.

⑥ Cole I. M., Chawdhry M. A. Rent Seeking and Economic Growth: Evidence From a Panel of US States[J]. Cato J., 2002, 22: 211.

⑦ 胡和立. 1988 年我国租金价值的估算[J]. 经济社会体制比较，1989(5).

⑧ 陈裔金. 设租与寻租行为的经济学分析[J]. 经济研究，1997(4).

万安培,1995[①],1998[②];贺卫、王浣尘,1999[③];郭晋刚、马晓维,1999[④];谢平、陆磊,2003a[⑤],2003b[⑥])。胡和立(1989)对我国租金价值进行了估算,发现价差、利差和汇差三大项租金规模约占当年国民收入的30%以上,若加上其他杂项租金,总租金约占当年国民收入的40%左右。万安培(1995,1998)沿着胡和立的研究逻辑,估算了1992—1996年间除价差、利差和汇差之外进出口配额、税差、公共福利、股改和房地产等方面的租金。在动态考察中,他认为逐渐减少的价差租金、基本消失的汇差租金、明显增加的利差租金分别与价格改革、汇率改革和通货膨胀下市场贷款利率骤增相关。

在证券市场寻租行为的研究中,万安培(1995)认为,股市的租金主要是由股票在一级市场和二级市场的悬殊价格差引起,且受超额募集资金的规模影响。郭晋刚、马晓维(1999)主要从股票认购和定价角度阐述租金形式和租金额以及如何通过制度革新避免、清理和根治寻租行为。周培胜(1999)[⑦]认为,股票发行市场中的股票发行结构、发行规模、发行价格(包括新股发行和配股)和股票流通市场中的价格操纵、政府干预救市、信息披露失真等因素是影响证券市场租金的关键因素。熊剑庆(2004)[⑧]从信息经济学和制度经济学的视角出发,指出证券市场体制、结构、功能、法制的不完善以及上市公司产权制度缺陷是证券市场寻租形成的诱因。为了抑制证券市场的各种违法寻租活动,应建立合理的证券制度,如按市场方法完善证券发行制度,完善上市公司产权制度和证券市场监管体系等。

在商业银行信贷寻租行为研究中,周业安(1999)[⑨]将信贷租金分为贷款利差租金和存款利差租金。由于信贷市场分割,贷款利差租金分为对国有经济与集体企业、个体工商户贷款利差两部分,非国有企业一般很

---

① 万安培.租金规模的动态考察[J].经济研究,1995(2).

② 万安培.租金规模变动的再考察[J].经济研究,1998(7).

③ 贺卫,王浣尘.市场经济与转型期经济中的寻租比较[J].经济科学,1999(6).

④ 郭晋刚,马晓维.我国股票市场寻租行为初探[J].改革,1999(2).

⑤ 谢平,陆磊.金融腐败:非规范融资行为的交易特征和体制动因[J].经济研究,2003(6).

⑥ 谢平,陆磊.利益共同体的胁迫与共谋行为:论金融监管腐败的一般特征与部门特征[J].金融研究,2003(7).

⑦ 周培胜.我国股票市场寻租现状及其成因的信息经济学分析[J].经济科学,1999(6).

⑧ 熊剑庆.证券市场寻租行为的制度经济学分析[J].经济师,2004(3).

⑨ 周业安.金融抑制对中国企业融资能力影响的实证研究[J].经济研究,1999(2).

难得到贷款,即使得到也需要支付很高的利差和回扣,而对国企收取的贷款利差要小于非国企的。存款利差租金是由贷款利差租金引起的,指的是银行为获取贷款利差而愿意支付给存款客户的存款利差。刘艳(2004)①通过博弈的纳什均衡理论,对租金的收益、贿赂水平、净收益进行了定量分析,并指出加强金融监管只能改变寻租的约束条件,不能从根本上消除寻租行为,因此,应注重银行内部建设,鼓励和扶持中小股份制商业银行,打破银行的垄断地位。

在寻租与经济增长关系的研究中,张军(1995)②认为,政府对寻租的态度不是取决于寻租会造成多大的福利损失,而是取决于寻租会对经济增长造成多大的负面影响。如果寻租能够促进经济发展,就应该采取鼓励措施,反之就应该采取管制政策。例如,如果是为了改变无效率的产权结构而对现有分配制度进行改变,那么寻租对于社会而言就是一种有意义的或者说是理想的结果。李秉强(2010)③主要从寻找替代指标、采取内生与外生增长模型和在内生增长模型中引入政治经济学等视角进行了探讨。

综上所述,目前国内尚未有关于审批金融概念、估值及其影响的系统研究,缺乏基本的分析框架。据此,下文将以北京为例,运用寻租理论对审批金融及其价值进行估算,实证分析审批金融对其他产业的影响,从而在审批金融研究方面做些初步的尝试性工作。

10.2 金融审批权价值的估算——以北京为例

北京作为金融监管机构总部聚集地,具有上海、深圳所不具备的审批金融特点。首先,一行三会(中国人民银行、中国银监会、中国证监会、中国保监会)的总部都设在北京,北京自然是中央金融决策中心;其次,北京又是金融机构总部聚集地,工农中建四家国有商业银行总部、大型证券公司如中金公司和中信证券等、基金公司如华夏基金总部均设在北京,而包括银行贷款、票据等一些信贷的审批权也集中在商业银行总部;再次,我国的证券发行实施审批制而非注册制,如证券发行审批机构为证监会、企

① 刘艳.商业银行贷款寻租行为分析[J].广州广播电视大学学报,2004(4).

② 张军.特权与优惠的经济学分析[M].上海:立信会计出版社,1995.

③ 李秉强.寻租对社会影响的定量研究述评[J].重庆工商大学学报:社会科学版,2010(6).

业债券的审批机构为国家发改委，这使北京集中了主要金融融资手段的审批权力。

2008 年以来，北京更是借助举办奥运会的契机，对其产业结构进行去工业化调整，积极培育和发展第三产业，优化社会资源配置结构。在第三产业中，由于金融业是沟通整个社会经济生活的命脉和中介，在现代经济中处于核心地位，因此北京市政府更是将金融业作为城市经济发展的主导产业。在这种政策支持下，北京市金融业获得了快速发展，各主要金融审批渠道审批发行金额也随之不断增长。如图 10-1 所示，1998 年以来，贷款审批额持续大幅度增长。其中，证券发行额和企业债券发行额在 1998—2004 年间基本保持稳定不变，且保持在一个较低水平，但是在 2004 年之后，二者都出现了较快增长。

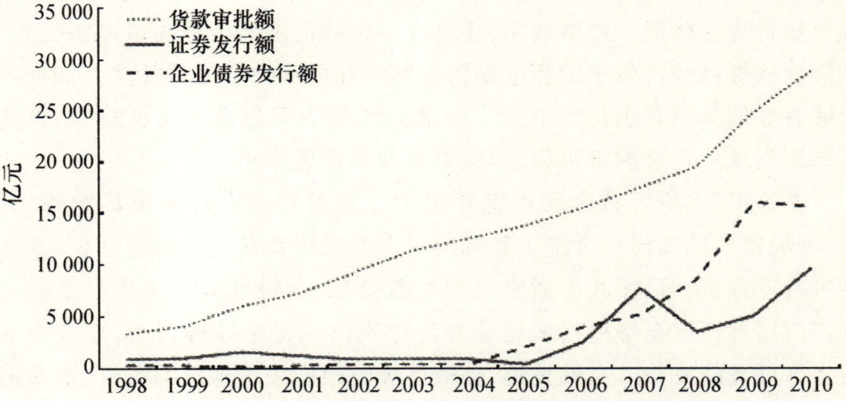

图 10-1　1998—2010 年不同金融渠道审批发行金额

按照寻租理论，在审批机制不健全的条件下，金融审批权的存在，必然会诱致寻租活动。如表 10-1 所示，在谢平（2003）对我国金融腐败指数的一项调查中发现，被监管部门的腐败程度与相应监管当局的腐败程度严格相关，而且公众把证券类机构列为金融机构中的第一腐败机构，其后依次是保险公司、城乡信用社、股份制商业银行、国有商业银行和政策性银行。在这里，与传统观点相反，股份制商业银行的腐败程度竟然高于国有银行。这一反常现象恰恰反映了金融业普遍的寻租问题，因为当股份制商业银行处于业务和机构的扩张期时，机构审批、高级管理人员任职资格审批、业务审批等需求一般要高于国有商业银行，这就给各类金融监管当局的权力寻租提供了契机。

表10-1 金融机构的腐败程度顺序

腐败程度	1	2	3	4	5	6
国有商业银行	97	114	157	133	255	130
股份制商业银行	51	72	174	228	159	148
城乡信用社	151	195	283	178	91	77
政策性银行	35	47	97	149	162	313
证券公司和基金管理公司	498	95	56	63	50	29
保险公司	87	310	98	107	130	67

注:表中数据为选择排序的人数。
数据来源:谢平(2003)①。

综上所述,金融审批权与金融机构的腐败程度之间存在着紧密联系,因而必然会影响到实际经济活动,因此,至关重要的问题是,金融审批权及寻租行为是降低了经济效率,还是在一定的范围之内提高了经济效率?其降低或提高经济效率的程度如何?其潜在的影响渠道是什么?如何才能够有效地抑制寻租行为?为了对诸如此类的问题进行实证检验,首先需要清晰地界定金融审批权、构成要素及其价值大小。

在这里,本研究将金融审批界定为金融审核和金融批准的统称,其中,金融审核的实质是金融主管部门对金融机构及其行为的合法性、真实性进行审查、认可,实践中通常表现为盖公章;金融批准的实质是金融主管部门同意特定金融机构取得某种法律资格或实施某种行为,实践中表现为许可证的发放。也就是说,金融审批是根据法律规定的条件,由金融主管部门来审核是否符合条件的行为。具体而言,本研究根据中国金融体系的现状,将金融审批权界定为如下组成部分:金融机构贷款审批权、企业债券发行审批权、证券融资审批权、基金发行审批权、保险审批权。下文将重点考察金融审批权各构成部分的估值方法及其价值大小。

10.2.1 对金融机构信贷审批权的估值

与企业自由进入或退出完全竞争市场相比,当出现金融审批且金融审批机构具有寻租倾向时,企业所承担的成本必然增加,主要表现为两方面:一是金融主管部门可能限制金融产品市场价格,如官方利率;二是在

① 谢平,陆磊.金融腐败:非规范融资行为的交易特征和体制动因[J].经济研究,2003(6).

缺乏有效监督或制衡机制的条件下，金融审批机构具有最大化自身利益的冲动，即通常意义上的官员寻租行为。例如，按照万安培(1998)对我国租金规模的估值分析，在泡沫经济色彩较浓的 1992 年、1993 年，市场利率普遍高达 18%—22%；自 1994 年整顿金融秩序以来，市场利率逐年下跌，但是依然高于官方利率 3%—4%；如果考虑贷款人为获取贷款所付出的 3%—4% 的诸如请客、返还回扣等寻租成本，则真实利差估计为 8% 左右。也就是说，从无审批制度转向审批制度时，存在某种利益再分配，即从无审批机构条件下的金融机构转向有审批机构条件下的金融审批机构，从根本上讲，这种利益再分配其实就是金融审批贷款的价值所在。据此，可以得出如下具体估值公式：

信贷审批权价值 = 人民币贷款余额 × 真实利差 × 腐败系数　(1)

其中，

真实利差 =(市场利率 - 官方利率 - 寻租成本)

关于此估值公式，需要强调如下两点：第一，本章利用万安培(1998)的研究成果，确定 1994—1998 年的利差率；利用傅新(2008)[①]对民间贷款现状的分析，确定 1999—2010 年间的利差率。具体而言，1994 年真实利差为 9%，1995—1996 年为 8%。按照傅新(2008)的研究，民间贷款利率在银行贷款利率的 4 倍以上，有的甚至达到 10 倍。

第二，关于腐败系数，本研究根据金融机构腐败程度排序，对表 10-1 中的数据进行评分，并通过数学处理后，得出证券和基金公司的腐败指数最高，如表 10-2 所示。在这里，当把证券业腐败系数设为 1 时，所得出的结论与相关文献中 3%—4% 的银行业寻租成本相吻合。基于此，本章将金融机构的腐败程度转化为腐败系数形式，如表 10-3 所示。

表 10-2　金融机构累计腐败分数

金融机构	累计腐败分数
国有商业银行	2 819
股份制商业银行	2 512
政策性银行	1 917
证券公司和基金管理公司	4 005
保险公司	3 112

① 傅新. 正视中小企业的融资痛苦[J]. 中国乡镇企业，2008(7).

表 10-3　金融行业累计腐败分数

金融行业	腐败系数
商业银行	10%
债券发行	12%
股票发行	50%
基金业	50%
保险业	5%

10.2.2　对企业债券审批权的估值

关于企业债券审批权价值的估算,在主要方面类似于银行信贷审批权价值的估算。二者的主要差异体现在审批机构和租金率方面,而租金率是由审批机构所面临的制度约束、资金状况、与其他部门的工资差异等各种因素决定的。一般而言,一个审批机构越是缺乏监督机制、资金越是短缺、越是冗员,或者与其他部门的工资差异越大,则该部门通过金融审批获取租金的冲动就越强烈,因而租金率就越大。因此,就能够把信贷审批权的价值估算方法套用到企业债券审批权价值的估算上来,具体采用以下形式:

企业债券审批权价值 = 企业债券发行额 × 真实利差 × 腐败系数　　(2)

需要强调的是:第一,在企业债券审批权价值的估算中,用企业债券发行额代替了公式(1)中的人民币贷款余额,这一原则同样适用于证券审批权估值、基金审批权估值和保险审批权估值;第二,企业债券的类型是多样化的,包括地方企业债券、重点企业债券、附息票企业债券、产品配额企业债券和企业短期融资券等。

10.2.3　对证券融资审批权的估值

采用上述审批权估值方法,证券融资审批权价值的估算方法如下:

审批权价值 = 证券融资额 × 平均发行费率 × 腐败系数　　(3)

需要说明如下三点:第一,从发行价格看,目前我国新股发行价按照全部股份流通的市盈率确定,而市盈率确定又受证监会的行政干预,因此,发行公司和券商计算出市盈率后报证监会核准才有效,这使一级市场价格上涨受限;同时,额度控制造成强大需求,进而拉动二级市场价格上涨,这使一、二级市场价格相差悬殊,租金额巨大。第二,此公式用平均发行费率替代了公式(1)和(2)中的真实利差,用以说明金融审批所引起的价值增进。第三,影响证券审批权价值大小的因素包括首次发行、再融资、股票规模等因素。

10.2.4 对基金审批权的估值

如图 10-2 所示,只有证券投资基金规模、证券投资基金成交额、证券投资基金只数和每年发行证券投资基金只数的数据,没有每年发行证券基金规模数据,但是,如果能够计算出平均每只基金规模,就能够用下列公式计算出每年发行证券基金规模。

$$\frac{\text{每年发行}}{\text{证券基金规模}} = \frac{\text{每年发行证券}}{\text{投资基金只数}} \times \text{平均每只基金规模}$$

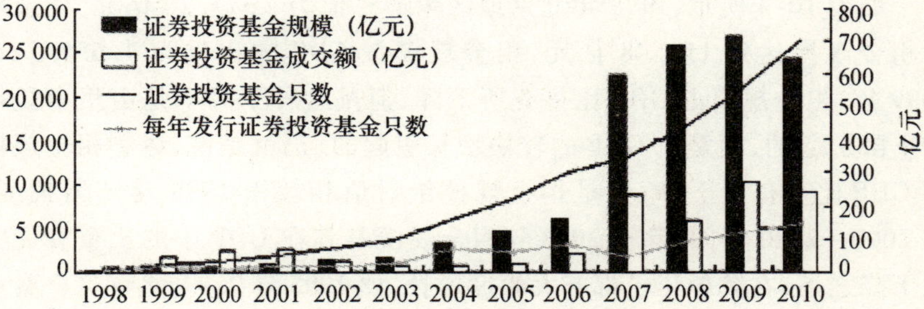

图 10-2　1998—2010 年间证券投资基金规模

在这里,可以根据证券投资基金规模和证券投资基金只数,计算出平均每只基金规模:

平均每只基金规模 = 证券投资基金规模/证券投资基金只数

据此得到下列基金审批权价值的估值公式:

$$\text{基金审批权价值} = \frac{\text{每年发行}}{\text{证券基金规模}} \times \text{租金率} \times \text{腐败系数} \qquad (4)$$

在这里,根据基金业的实际情况,并且通过比较分析信贷、企业债券和证券融资的租金率高低后发现,基金业一般具有较低的租金率,但是高于保险行业的租金率,因此,本研究将基金业的租金率设置为 1.5%,基金审批权价值的计算公式就具体化为如下形式:

$$\text{基金审批权价值} = \frac{\text{每年发行}}{\text{证券基金规模}} \times 1.5\% \times \text{腐败系数} \qquad (4')$$

10.2.5 对保险审批权的估值

如前所述,与信贷、企业债券、证券融资和基金行业相比,保险行业的整体租金水平受审批环节的影响较小,因此具有较低的租金率。基于此,并且根据已有文献,本研究把保险行业的租金率设置为1%,于是得到如下保险审批权的估值公式:

保险审批权价值 = 全国保险公司保费收入 ×1% ×腐败系数 (5)

10.2.6 金融租金价值的估值

根据前文界定,金融审批权价值应是各个构成部分价值的简单加总,而上文已经考察了信贷、企业债券、证券融资、基金和保险行业金融审批权估值公式,因此,通过加总各构成部分价值,就可以估计出北京金融业租金规模。

如表 10-4 所示,1998 年北京地区生产总值为 2 377.20 亿元,而金融业租金规模达到 110.48 亿元,租金规模占 GDP 的比重为 4.65%。在 1999 年,租金规模占 GDP 比重有所下降,但是这种下降不是由租金规模的下降引起的,而是由 GDP 的较快增长引起的,也就是说,尽管租金规模占 GDP 比重有所下降,但是租金规模绝对值相较于 1998 年却增长了。在 2000—2020 年间,除了 2008 年租金规模及其在 GDP 中的比重有大幅度下降之外,在其他年份都有大幅度增长,如 2005 年以来,北京市金融业的租金规模总价值占北京 GDP 比率在 14%—20%,其中以 2007 年证券市场繁荣时期比率为最高。租金规模在 2008 年的这种大幅度下降可能与美国次贷危机相关,此次危机引起了中国实体经济和虚拟经济的放缓,从而引起银行信贷、企业债券、证券融资、基金和保险行业的扩张都有所收缩。大致而言,在整体的租金价值中,每贷款 100 元,就会产生 1—4 元审批权租金;每审批 100 元证券融资,会产生 3—8 元审批权租金;每增加 100 元基金和保险规模,会增加 0.2—0.7 元审批权租金。

表 10-4 北京租金价值规模估算

年份	北京地区生产总值(亿元)	金融业租金规模(亿元)	租金规模/GDP(%)
1998	2 377.20	110.48	4.65
1999	2 678.80	114.81	4.29
2000	3 161.70	161.87	5.12
2001	3 708.00	255.74	6.90
2002	4 315.00	322.64	7.48
2003	5 007.20	389.43	7.78

（续表）

年份	北京地区生产总值（亿元）	金融业租金规模（亿元）	租金规模/GDP（%）
2004	6 033.20	435.05	7.21
2005	6 969.50	898.64	12.89
2006	8 117.80	1 195.11	14.72
2007	9 846.80	1 853.44	18.82
2008	11 115.00	1 453.76	13.08
2009	12 153.00	2 281.41	18.77
2010	14 113.60	2 602.63	18.44

按照寻租理论，大规模租金的存在是利益相关者进行寻租、追逐利益最大化的根本动因，而且从历史的研究文献得知，租金的存在既可能抑制经济增长，也可能促进经济增长。因此，下文将实证分析金融审批权及其租金规模影响经济增长的具体方式。

10.3 审批金融对经济增长影响的实证分析

按照国家统计局对第三产业的划分，中国第三产业包括流通和服务两大部门，具体分为四个层次：一是流通部门，如交通运输业、邮电通信业、商业饮食业、物资供销和仓储业；二是为生产和生活服务的部门，如金融业、保险业、房地产管理业、公用事业、居民服务业、旅游业、信息咨询和各种技术服务业；三是为提高科学文化水平和居民素质服务的部门，如教育、文化、广播、电视、科学研究、卫生、体育和社会福利事业；四是国家机关、政党机关、社会团体、警察、军队等。由于北京对产业结构进行去工业化调整，将产业结构导向第三产业，因此，本章将重点考察金融审批权对第三产业的影响。此外，根据上述划分并结合 Cole and Chawdhry（2002）的研究方法，本章分别从第三产业的前三个层次中选取餐饮住宿，商业服务如律师、会计师、券商等，以及公共福利保障作为各自代表来研究审批金融对北京经济增长的影响。其中，餐饮住宿业代表实体经济活动，商业服务代表中介活动，公共福利保障用来分析审批权金融对社会保障和公共福利的影响。在这里，行业产值、运营数据选取 1998—2010 年间的年度数据。在这些条件下，本章分别建立如下三组回归模型：

审批金融对餐饮住宿业的影响:

$$H_t = \alpha_0 + \alpha_1 F_t + \alpha_2 I_t + \mu_t \quad (6)$$

审批金融对服务业的影响:

$$S_t = \alpha_0 + \alpha_1 F_t + \alpha_2 C_t + \mu_t \quad (7)$$

审批金融对公共福利业的影响:

$$G_t = \alpha_0 + \alpha_1 F_t + \alpha_2 E_t + \alpha_2 U_t + \mu_t \quad (8)$$

回归模型中各变量及其经济含义列示在表 10-5 中。

表 10-5 回归模型中各变量经济意义

符号及公式	经济意义
F = Ln(金融机构、证券融资额,保险、基金审批额的租金价值)	金融审批权(银行、证券审批的租金价值)
H = Ln(住宿和餐饮业产值)	住宿和餐饮业产值
I = Ln(城镇家庭平均每人全年消费性支出)	平均消费性支出(元)
S = Ln(服务业产值)	中介服务(如律师、会计师、券商)产值
C = Ln(律师事务所非诉案件数 × 价格因素)	律师服务情况
G = Ln(社会保障和福利业产值)	社会保障和福利业产值
E = Ln(基本养老保险基金支出)	养老保险金支出
U = Ln(城镇登记失业人员)	社会失业水平

10.3.1 审批金融对餐饮住宿业的影响

本章的实证研究思路是:首先,对时间序列数据进行 ADF 单位根检验,以判断数据的平稳性特征;其次,进行协整检验,估计各变量系数;最后,对审批金融与餐饮住宿、商业服务和公共福利保障进行格兰杰因果检验,以确定它们之间的因果关系,从而验证本章的基本假设,即审批金融对北京第三产业及经济增长的影响。

对 H_t、F_t、I_t 进行 ADF 单位根检验,结果如表 10-6 所示。

表 10-6 ADF 单位根检验结果

变量名称	检验形式 (C,T,L)	t 值	p 值	一阶差分 (C,T,L)	t 值	p 值
H_t	(C,T,2)	-3.270815	0.1185	(C,0,0)	-5.198808	0.0023
F_t	(C,T,0)	-3.821383	0.0635	(C,0,0)	-4.890187	0.0054
I_t	(C,T,0)	-2.280635	0.4121	(C,0,0)	-5.279764	0.0020

结果显示,各变量不能在 5% 水平拒绝原假设,因此,变量的时间序列不平稳;但是 ADF 一阶差分值检验显示,各变量的一阶差分序列可以在 1% 的显著性水平下拒绝原假设,即一阶差分序列是一阶单整的,符合协整检验的条件。按照恩格尔-格兰杰检验法,将 H_t对 F_t和 I_t回归,得到如下回归结果:

$$H_t = \underset{(3.65)}{4.33} + \underset{(0.15)}{0.21} F_t + \underset{(0.48)}{0.86} I_t + \mu_t \quad (9)$$

$$R^2 = 0.9745;\ D.W. = 2.4220$$

对上述回归结果的残差项进行单位根检验,由于残差序列的均值为 0,因此选择无截距项、无趋势项的 ADF 检验。对(9)式残差进行 ADF 单位根检验,结果如表 10-7 所示,残差序列平稳,因此,审批金融与餐饮住宿业之间存在协整关系。

表 10-7　残差序列单位根检验

变量	检验形式(C,T,L)	t 值	显著性水平	p 值	结论
μ	(0,0,1)	-4.306729	1%(-2.816740)	0.0006	平稳

现在,分别选取对 F_t、I_t的滞后 1 期、2 期与 H_t进行格兰杰因果检验,以确定它们的影响方式,结果如表 10-8 和表 10-9 所示。根据检验结果,F_t和 I_t的一阶和二阶滞后变量是 H_t的格兰杰原因,而 H_t的一阶、二阶滞后变量是 F_t的原因,因此,审批金融和餐饮住宿业互为因果关系。

表 10-8　F_t、I_t与 H_t的格兰杰因果检验

原假设	F 值	p 值
F_t 不是 H_t 的格兰杰原因	9.11749	0.0145
H_t 不是 F_t 的格兰杰原因	4.65509	0.0593
I_t 不是 H_t 的格兰杰原因	13.78930	0.0048
H_t 不是 I_t 的格兰杰原因	0.17633	0.6844

表 10-9　F_t、I_t与 H_t的格兰杰因果检验

原假设	F 值	p 值
F_t 不是 H_t 的格兰杰原因	1.42984	0.3103
H_t 不是 F_t 的格兰杰原因	3.46485	0.0999
I_t 不是 H_t 的格兰杰原因	11.87790	0.0082
H_t 不是 I_t 的格兰杰原因	0.08793	0.9170

综上所述,在"审批金融对餐饮住宿业的影响"的实证研究中,金融审批权和餐饮住宿业互有影响。金融审批权每增加 1 个单位,就会增加 0.21 个单位的餐饮住宿业产值。如果将餐饮住宿作为寻租的主要工具,餐饮住宿会产生更多的金融审批权;反之,金融审批权的存在会带来更多的寻租行为。然而,从实际经济分析角度看,过度地把资源消耗在餐饮住宿行业不仅不利于产业结构优化,而且还会滋生浪费等现象。

10.3.2 审批金融对商业服务业的影响

按照上文方法,对 S_t、F_t、C_t进行 ADF 单位根检验,结果显示,变量不能全部在 5% 水平下拒绝原假设,即变量的时间序列不平稳;但是 ADF 一阶差分值检验结果显示,各变量的一阶差分序列可以在 5% 的显著性水平下拒绝原假设,因此,其一阶差分序列是一阶单整的,符合协整检验的条件。将 S_t对 F_t和 C_t回归,得到如(10)式所示的回归结果。

$$S_t = \underset{(0.38)}{5.87} + \underset{(0.08)}{0.48}\,F_t + \underset{(0.08)}{0.12}\,C_t + \mu_t \tag{10}$$

$$R^2 = 0.9735;\ D.W. = 1.1488$$

同理,对(10)式的残差项进行单位根检验,由于残差序列的均值为0,因此选择无截距项、无趋势项的 ADF 检验。对(9)式残差进行 ADF 单位根检验,结果显示残差序列平稳,因此,审批金融与商业服务业之间存在协整关系。最后,分别选取 F_t、C_t的滞后一期、二期与 S_t进行格兰杰因果检验,以确定它们的影响方式,检验结果表明,变量之间不存在明显的因果关系。

总之,在"审批金融对商业服务业的影响"的实证研究中,金融审批权对产业经济中的服务业有正向作用,每增加 1 个单位的金融审批权,就会增加 0.48 个单位的服务业产值。一方面,可以将中介服务(如律师、会计师、券商的服务)看作是实体经济寻租的工具;另一方面,实体经济的成长发展也离不开专业化的中介服务。因此,合理利用中介服务,会促进中介服务业的健康发展。但是从格兰杰因果检验看,变量之间不存在明显的因果关系,即审批金融权价值与服务业产值虽然有长期的协整关系,但是因果关系并不明显。

10.3.3 审批金融对公共福利业的影响

同理,采用审批金融对餐饮住宿和商业服务的检验方式,对 G_t、F_t、E_t

和 U_t 进行 ADF 单位根检验，结果显示，各变量不能在 10% 显著性水平下拒绝原假设，因此各变量并不是平稳的时间序列；但是 ADF 一阶差分值检验显示，各变量的一阶差分序列可以在 10% 的显著性水平下拒绝原假设，因此，认为其一阶差分序列是一阶单整的，符合协整检验的条件。G_t 对 F_t、E_t 和 U_t 回归结果如(11)式所示。

$$G_t = \underset{(0.14)}{0.29} - \underset{(0.06)}{0.13}\, F_t + \underset{(0.08)}{0.65}\, E_t + \underset{(0.05)}{0.07}\, U_t + \mu_t \qquad (11)$$

$$R^2 = 0.9969;\ \text{D. W.} = 2.3528$$

对(11)式的残差项进行单位根检验，由于残差序列的均值为 0，因此选择无截距项、无趋势项的 ADF 检验。结果显示残差序列平稳，因此，审批金融与社会福利保障业之间存在协整关系。最后，分别选取 F_t、E_t 和 U_t 的滞后一期、二期与 G_t 进行格兰杰因果检验。检验结果表明，F_t 的滞后一阶是 G_t 的格兰杰结果，其他变量之间不存在格兰杰因果关系。

总之，在“审批金融对公共福利业的影响”的实证研究中，金融审批权对产业经济中的社会福利有负向作用：每增加 1 个单位的金融审批权，就会减少 0.13 个单位的社会福利。从格兰杰检验看，福利的减少会带来更多的寻租，实体经济希望通过寻租获得额外的收益，以弥补福利损失。由于这种经济现象在实际中是普遍存在的，而且也会导致整个社会更大的福利损失，因此，不利于经济的健康发展。

10.4 本章总结

总的来讲，金融审批权的存在，既会促进部分产业的发展，又会对公共福利造成负面影响。就其促进的产业来看，金融审批权对产业经济中的餐饮住宿业和商业服务业有正向作用，如每增加 1 个单位的金融审批权，就会增加 0.21 个单位的餐饮住宿业产值和 0.48 个单位的商业服务业产值。但是，金融审批权对一些产业的影响具有不确定性，且容易导致产业的畸形发展。就其对福利的影响来看，金融审批权对第三产业中的社会福利有负向作用，每增加 1 个单位的金融审批权，就会减少 0.13 个单位的社会福利。因此，需要更加注重金融市场化建设，减少金融审批权造成的产业结构畸形化发展及福利损失。

结合上述研究结论，本研究认为需要从如下几个方面降低我国审批金融中的租金：

第一,深化利率市场化改革,减少信贷审批环节的金融租金。从发达国家实施利率市场化的经验来看,利率市场化既是金融市场发展到一定阶段的自身诉求,也是金融机构和金融当局在利率管制的弊端日益明显暴露之后的必然选择。利率市场化改革,国际上普遍采取的路径是先银行间再存贷款、长期大额,后短期小额,如美国和日本为此先后经历了20年左右的市场化改革历程。中国人民银行应该建立更完善的调控框架和实施步骤,探索适合中国国情的公开市场操作工具、目标利率选择等一系列重要制度安排。

第二,推进证券发行改革,分散证监会在股票、公司债券发行中过度集中的审批权。从谢平等人的研究来看,证券市场的腐败指数明显大于信贷市场,因此,长期来看,监管层要持续推行发行制度的改革,注重对股权文化的培育和投资人风险的教育,以及相关法规制度环境的改善。在短期,监管层应注重加强买方和发行机构承销机构的责任,继续完善证券市场信息披露问题和定价问题。总之,在IPO审核制度的改革方面,应通过长期策略和短期策略配合运用,逐步推进IPO审核的改革。

第三,拓展运行渠道,减少保险、基金业的租金。在证券市场行情不理想的情况下,银行作为基金公司重要的销售渠道,成为基金公司销售所争先抢占的重要资源。随着新基金平均发行份额的不断下降,基金公司支付给银行的尾随佣金比例一再提高。但是,银行更倾向于推销理财产品而非基金产品,结果基金公司为了维持基金规模,赚取管理费,不得不积极寻租,为银行支付巨额寻租成本。对此,需要建立如基金超市的第三方销售机构,使竞争更加自由化,减少银行和券商单一销售渠道下的租金。

第11章　利用关键事件促成北京金融中心建设
——基于伦敦和纽约的案例研究

路径依赖理论指出，一个具有正反馈机制的体系，一旦在外部偶然事件的影响下被系统采纳，便会进行"自我强化"、"自我积累"，沿着一定的路径发展演进，而很难为其他潜在的甚至更优的路径所替代。在这一框架下，本章梳理、分析和总结了伦敦和纽约金融中心演进过程中的关键事件、后续效应和经验启示。在此基础上，结合北京经济金融发展现状，提出了北京金融中心建设能够运用的关键事件及其路径选择。

11.1　引　　言

伦敦和纽约作为世界金融中心，其成功不是必然的，分析其演进轨迹，它们都是伴随着本国及世界各种重大事件的出现而成功崛起的，如本国经济的崛起、国际自由贸易的兴起、自然灾害破坏、区域性或世界性战争、其他国家的错误战略选择和世界性经济危机的爆发等。也就是说，与同时期其他国家相比，美国和英国在应对和处理各种事件方面更为成功，因而为伦敦和纽约崛起为世界金融中心提供了机会，并使它们始终保持持续发展。

近年来，随着中国经济的快速发展，中国在世界经济体系中的地位随之上升。与此同时，受互联网泡沫破裂、"9·11"事件、阿富汗和伊拉克战争以及次贷危机的拖累，美国经济至今处于低迷状态。欧洲的希腊、西班牙、意大利等国受困于主权债务危机，国内经济低迷，失业率居高不下，而德国、法国、英国等主要欧盟成员国就解决主权债务危机的方案互相掣肘，尚未找到走出主权债务危机的可行方案，也无迹象显示欧盟能够很快走出危机的阴影。在这样的国际大背景下，中国应该充分运用不断提升的综合国力和国际影响力,加快推动上海、北京和深圳向全球金融中心迈进。

尽管中国在推动全球金融中心建设方面取得了显著进步——按照新华社同标准道·琼斯指数公司在上海陆家嘴联合发布的最新全球国际金融中心排名,2012 年上海居第六位,居于纽约、伦敦、东京、香港和新加坡之后,北京上升到 11 位,深圳首次跻身前 20——但是它们仍有提升空间。尤其是北京,作为中国的政治、文化和国际交往中心,其作为经济和金融中心的重要地位更不容忽视,特别是在进入 21 世纪后,北京的金融业取得了迅猛发展。实际上,北京市政府认识到金融业在北京经济发展中的重要作用,为此,北京市委市政府于 2008 年 4 月正式发布了《关于促进首都金融业发展的意见》,明确将北京定位为国家金融决策中心、金融监管中心、金融信息中心。从中可以看出,与上海金融中心相比,北京作为金融审批中心和决策中心的地位得到凸显。就建设北京金融中心的优势来说,中国可以通过提升政治和经济影响力,为其争取全球性的金融资源和发展机遇。

本章的结构安排如下:第二部分介绍路径依赖理论及其在经济金融中的应用,提出事件的具体概念;第三部分在路径依赖框架下梳理伦敦和纽约金融中心演进中的关键事件及其启示;第四部分介绍北京经济金融发展现状;第五部分是经验启示。

11.2 路径依赖理论及其应用

North(1990)[①]指出,路径依赖是指一个具有正反馈机制的体系,一旦在外部偶然事件的影响下被系统采纳,便会进行"自我强化"、"自我积累",沿着一定的路径发展演进,而很难为其他潜在的甚至更优的路径所替代。具体而言,受偶然因素影响的"正反馈机制"具有如下几个特征:(1) 多重均衡,即系统演进的结果不是单一的,而是存在多个方案;(2) 闭锁(lock in),一旦偶然性因素使某一方案被采纳,收益递增机制便会阻止它被其他方案所替代;(3) 可能低效率,即陷入闭锁状态的方案并非最优;(4) 路径依赖,即系统演进的路径决定于系统的初始状态,对初

① North D. C. Institutions, Institutional Change and Economic Performance[M]. Cambridge University Press, 1990.

始状态中的偶然性事件十分敏感,系统一旦采纳某方案,该系统的演进路径便会呈现前后连贯、相互依赖的特点(刘元春,1999)[①]。由于路径依赖理论包含了历史事件会影响未来制度变迁路径的传统思想,而且与制度变迁及制度多样性现实相吻合,因而得到了广泛应用。

11.2.1 在经济学中的应用

经济学家 David(1975)[②]最早运用了路径依赖的思想。之后 Arthur(1989)[③]对路径依赖进行了归纳总结:经济学中的路径依赖过程是指一个特殊的、偶然的事件会对随后分配过程具有一个持久的效应;历史上的小概率事件或偶然事件可能会主导长期的技术选择和制度演变;这些偶然选择之所以能主导未来,关键在于规模效应、学习效应、技术和预期增强效应等自我强化机制;这些因素的共同作用降低了单位成本,完善了该选择的支撑体系。在这些条件下,即使有更优的选择,转换成本也非常高,人们也不愿意改变现状,而会维持和锁定原有的技术或制度。Liebowitz and Margolis(1995)[④]对路径依赖理论进行了拓展,指出路径依赖包含"看不见的手",即私人的最优化行为将导致个体的财富最大化分配。

11.2.2 在中国经济改革中的应用

在 North(1990)的路径依赖理论基础上,国内学者对路径依赖进行了应用。吴敬琏(1995)[⑤]指出,路径依赖理论对中国的体制改革具有重要的指导意义。改革能否成功,不仅取决于主观愿望和最终目标,而且依赖于最初的路径选择,以及伴随体制改革过程的细微变化。杨小凯(2004)[⑥]和林毅夫(2003)[⑦]进行了社会经济制度模仿的路径依赖研究。

---

① 刘元春.论路径依赖分析框架[J].教学与研究,1999(1).

② David P. A. Technical Choice Innovation and Economic Growth: Essays on American and British Experience in the Nineteenth Century[M]. Cambridge University Press, 1975.

③ Arthur W. B. Competing Technologies, Increasing Returns, and Lock-in by Historical Events[J]. The Economic Journal, 1989, 99(394): 116—131.

④ Liebowitz S. J., Margolis S. E. Path Dependence, Lock-in, and History[J]. Journal of Law, Economics, & Organization, 1995: 205—226.

⑤ 吴敬琏.路径依赖与中国改革——对诺斯教授演讲的评论[J].改革,1995(3).

⑥ 杨小凯.后发劣势[J].新财经,2004(8).

⑦ 林毅夫.后发优势与后发劣势——与杨小凯教授商榷[J].经济学(季刊),2003(2).

杨再斌、黄运成(2003)①研究了上海建设金融中心的路径依赖和锁定以及限制因素;陆冠虚(2007)②提出了上海建设金融中心的路径选择和发展方式。可见,国内运用路径依赖理论探讨金融中心建设与发展的文献并不多,因此,本章试图通过分析伦敦金融中心和纽约金融中心演进中的路径依赖作用,来探讨当前世界经济政治格局下,中国应如何利用路径依赖,把握机遇建设北京金融中心。

11.2.3 在构建金融中心中的应用

按照路径依赖分析框架,当一个经济体系进入某种低效率的演进路径时,收益递增机制和其他因素就会阻止它被其他最优方案所替代。据此推论,唯有通过外力干预和冲击从而改变其结构和行动者的基本关系,才能使其从低效率路径中逃逸。而经验证据表明,国际金融中心的演进历史与路径依赖理论逻辑具有高度一致性,因此本研究将这一框架及其推论应用到国际金融中心的研究中,以探寻北京金融中心构建过程中的机遇和挑战。

大体而言,国际金融中心的演变经历了兴衰更替的历史:佛罗伦萨是13 世纪的国际金融中心,但 14 世纪时由于英国国王爱德华三世不偿还其债务而大受打击,并从此一蹶不振。佛罗伦萨沉落之后,意大利凭借其建立在金银贵金属基础之上的信贷制度在热那亚崛起。但是好景不长,17 世纪的阿姆斯特丹取代了热那亚,因为意大利当时是都市国家,而阿姆斯特丹是一个民族国家,有整个荷兰的国力支持。工业革命后英国成为世界上最强大的工业国家,战胜拿破仑以后又成为全球最强大的军事国家,而且英国比欧洲其他国家更早拓展了其海外帝国,因此 18 世纪的伦敦取代了阿姆斯特丹的国际金融中心地位。虽然 19 世纪和 20 世纪柏林、法兰克福、巴黎、苏黎世、米兰等国际金融中心先后兴起,但始终未能挑战伦敦金融中心的地位。纽约国际金融中心形成于第一次世界大战后,但是由于 1929 年的"大萧条"给美国造成的打击远甚于英国,因此直到第二次世界大战以后美元成为世界中心货币,才使纽约国际金融中心的地位得到稳固。20 世纪六七十年代香港、新加坡、东京等一些新的金

① 杨再斌,黄运成.上海建设国际金融中心的模式选择约束条件分析[J].国际金融研究,2003(11).

② 陆冠虚.上海国际金融中心建设的目标定位和实现路径[J].上海金融,2007(9).

融中心崛起，它们和纽约、伦敦金融中心一起引领全球金融市场的发展。

全球金融中心的这种变迁史显示，外部偶然因素如主权国风险、技术进步、市场机遇、战争、经济起飞、监管政策等是决定一个金融中心能否持续发展的关键因素，据此，本研究结合路径依赖理论，将金融中心兴衰演变史的多重选择路径归纳到图 11-1 中。

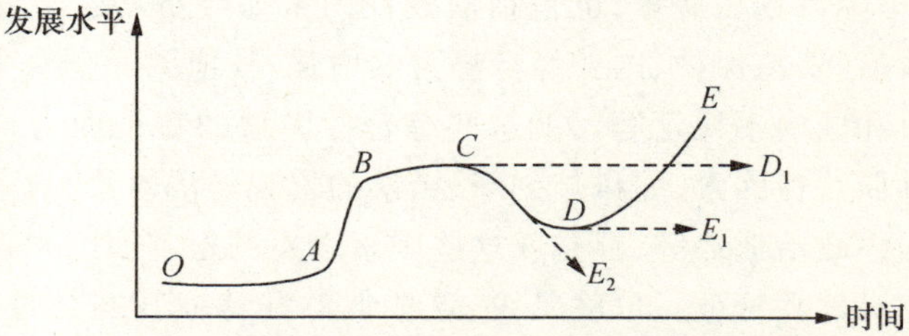

图 11-1　基于路径依赖理论的金融中心发展路径图

如图 11-1 所示，*OA* 阶段是金融中心发展的初始阶段，按照路径依赖理论，金融中心在诸如经济增长、政策监管和其他外部因素作用下保持稳定发展，而且其规模效应、学习效应、技术创新不断强化，从而推动其进入 *AB* 阶段。

AB 阶段是金融中心扩张阶段，由于金融中心的规模效应、学习效应、协作效应、技术溢出效应等各种好处在此阶段得到充分发挥，因而使其获得了快速扩张。但是随着金融中心的迅速扩张及其带来的金融市场发展，金融市场不断完善和饱和。因此，最终在某一时点，金融中心的各种利益得到完全释放，因而由扩张转为 *BC* 阶段的稳定发展。

在 *BC* 阶段，金融中心可能维持发展势头，即沿着 CD_1 方向持续发展，也可能受国内经济增长放缓、国际政治压力和国外金融中心竞争等因素，沿着路径 *CD* 下降。

当然，一旦金融中心地位受到挑战，政府必然会出台一系列保护性政策、经济刺激计划和金融创新等应对措施，以扭转其下降趋势，从而促使其沿着路径 *DE* 向上发展；但是在其他国际金融中心兴起的条件下，这些暂时性补救措施至多也就能维持其现有发展水平，即沿着路径 DE_1 持续发展，而不可能重新恢复之前的金融中心地位。

实际上，正如国际金融中心演变史所显示的那样，在大多数情况下，各种不利因素以及老牌金融中心在处理危机方面的迟钝反应往往使老牌金融中心的地位岌岌可危，而新兴金融中心在应对和处理危机方面具有先天优势,即新兴金融中心其实是作为现有金融中心发展困境的补救措施而出现的,因此,老牌金融中心最终被新兴金融中心所替代,从而使金融中心不是沿着路径 DE_1 持续发展,而是沿着 DE_2 路径快速下降。

综上所述,金融中心的兴起、发展、完善和衰落源于各种综合因素,既包括积极性因素如一个国家的经济增长、政策保护、完善的市场体制、科技发展、国际市场拓展等,也包括消极性因素如经济增长放缓、错误的宏观经济政策、贸易保护、国外经济势力的增强、其他国际金融中心的兴起、金融危机和国内不稳定等。就这些综合性因素的特征而言,它们主要表现为各种偶然性因素,如科技创新、错误的宏观经济政策、战争金融危机、恶化的国内政治形势等,但是就这些因素爆发的根本原因来说,它们则具有显著的必然性特征。也就是说,这些偶然性特征其实是过去各种选择和制度安排长期积累的产物。就此而言,金融中心的变迁史其实是各种偶然事件所串联起来的一个必然事件。

因此,关于金融中心变迁的研究隐含着如下逻辑:从长期或宏观视角来看,金融中心的兴起、发展、完善和衰落是一个历史必然过程,但是从短期或微观视角来看,它又是诸多偶然事件的产物。由此可见,长期和短期的这种内在联系,与前文所述的路径依赖框架具有逻辑一致性。此外,对于中国建设国际金融中心的长远目标来说,如何在短期内推动金融中心的健康发展是成功打造国际金融中心的关键环节。鉴于此,下文将在路径依赖框架下分析短期内的各种偶然事件及其对国际金融中心的影响方式。具体而言,本章将选取伦敦和纽约国际金融中心作为考察对象,以期获得经验启示。

11.2.4 关键事件

按照路径依赖理论,一些特殊的、偶然的事件或细微变化,会对制度变迁路径产生极其重要的影响。而上文关于国际金融中心变迁史的分析显示,这些事件包括经济增长、国际贸易环境、宏观经济政策、国内政治状况、国际政治压力、基础设施建设、科技创新、金融监管、国外经济发展状况和战争冲突等一系列因素。从短期来看,这些事件具有偶然性特征,尽管在长期呈现为一种必然性特征。但是在如下含义上,这些因素的确具有偶然性特征,即它们的出现表现为一种非预期的特征,或者至少人们很难预期它们出现的确切时机。

本研究将对制度变迁路径产生重要影响的事件定义为关键事件。这一界定包括两层含义:一是从事前看,这些事件具有非预期性,即虽然人们可能预期到某类事件的发生,但不能预期此类事件发生的确切时机;或者是即使人们能够预期到未来的不确定性,却不能预期事件的具体类型;二是从事后看,这类事件具有关键影响,即它们足以改变制度变迁的未来演进路径。因此,接下来的任务是,借助路径依赖框架及其关键事件概念,通过分析伦敦和纽约金融中心的演变轨迹,找出国际金融中心演变中的关键事件及其对制度变迁的影响,从而探索中国建设国际金融中心的可行路径、机遇及潜在挑战。

11.3 国际金融中心案例研究:伦敦和纽约

比较分析伦敦和纽约国际金融中心的发展过程具有重要意义:首先,尽管纽约金融中心和伦敦金融中心存在激烈竞争,但是纽约国际金融中心的崛起并没有动摇伦敦金融中心的国际地位,这不同于早期国际金融中心的发展过程。在早期,热那亚取代了佛罗伦萨,阿姆斯特丹取代了热那亚,伦敦又取代了阿姆斯特丹。其次,在新兴国际金融中心崛起的条件下,伦敦和纽约国际金融中心非但没有衰落,反而不断发展,如 20 世纪六七十年代香港、新加坡、东京等一些新的金融中心崛起,但是它们对纽约和伦敦金融中心并没有构成实质性挑战。因此,现在的问题是,伦敦和纽约金融中心为何能够逃脱佛罗伦萨、热那亚、阿姆斯特丹等国际金融中心的衰落命运?下文将对此展开论述。

11.3.1 伦敦的案例研究

伦敦作为国际金融中心,其起源可以追溯到 5 个世纪以前,当时英国以海军强权为基础的殖民地扩张和随之而来的贸易往来是伦敦金融中心兴起的关键事件。虽然伦敦金融中心具有悠久历史,但是由于数据不能追溯得更远,本章只能选取特定时期 1966—2010 年间作为研究范围,试图通过已有数据分析历史事件的影响方式及其效果。在制度变迁研究中,缩短研究范围具有显著的局限性,因为不同时期的制度安排是不同关键事件作用下的产物,而且这类事件通常不会重演。不过,按照前文分析,路径依赖机制在连接不同时期的关键事件方面具有重要作用,从而为人们通过观察现有制度安排来推断过去关键事件的后续影响提供了可能,也为预测当前关键事件对未来发展路径的潜在影响提供了基础。就此而言,研究范围缩小所引起的潜在问题可能被其优势所抵消,至少不会带来太严重的问题。

现在,通过研究 1966—2010 年间伦敦交易所股市市值及变化率情况,并通过回顾历史进程中伦敦及英国经济、金融发展,在路径依赖框架下描述和梳理关键事件。

事件一:1971 年布林顿森林体系崩溃,浮动汇率推动了外汇交易,为经济和金融注入了活力。但之后的美元贬值使产油国通过提价恢复真实收入,油价翻倍引发了 1974—1975 年的全球经济衰退、房地产崩盘。英国政府在 1977 年卖出 BP 英国石油公司的股份,促进了私有化改革,对伦敦经济和金融发展起到了推动作用。

事件二:1979—1986 年的金融改革巩固了伦敦金融中心地位。1979 年英国宣布取消汇率管制,允许英国人在任何地方投资、买卖美元证券等。1983 年政府继而取消了交易所最低手续费限制,允许证券经纪商的竞争性定价。

事件三:1986 年撒切尔夫人发动了以金融综合经营为特征的金融服务业自由化改革,加快了私有化进程,向华尔街开放了金融市场。在此期间,欧洲美元市场逐步发展成为欧洲货币市场,积极的创新使伦敦国际金融中心的地位得到巩固。但未结清 FRN(欧洲债券市场的浮动利率票据)的急剧扩张直接导致了市场崩溃。

事件四:1990—1995 年间,华尔街投资银行进一步占领欧洲市场,使金融市场竞争更加激烈。这种残酷的金融市场竞争环境,使英国国内的银行破产或被收购,而另一些在向美国市场扩张的征途中被淘汰。

事件五:2000 年网络泡沫和随之而来的新一轮监管,以及 2008 年次贷危机和之后的去杠杆化,使伦敦金融中心在其既定的路径中稳步发展。但是近几十年,经济周期明显缩短,暂时的繁荣主要是由资产泡沫引起的,这反映出英国经济内生动力的不足。

11.3.2 纽约的案例研究

在世界范围内,纽约和伦敦同作为国际金融中心,它们的兴盛繁荣既是此起彼伏又是共同发展的。本部分将描述和梳理影响纽约国际金融中心发展的关键事件。

事件一:1914 年第一次世界大战。英国处于战争状态,其国际金融中心地位也受到了拖累,而美国远离战火,积极发展本国经济,这使世界经济中心向美国转移。战后,美国恢复了金本位制,美元成为国际贸易和清算的重要手段,纽约随之崛起为国际金融中心。

事件二:1929—1931年金融危机之前,混业经营、监管放松、产品创新等给金融业的发展创造了空前机会,但随之而来的股市泡沫和经济衰退促使美国政府加大监管力度。1933年政府通过实施分业经营制度,对风险进行管控。

事件三:1939年第二次世界大战爆发,英国进入全面管制时期,而远离战火的美国凭借其强大的国内经济迅速扩张贸易和输出资本,这为纽约成为国际金融中心奠定了坚实的经济基础。战后,美国又通过布雷顿森林体系实现了美元与英镑相抗衡的国际地位,大量国际借贷和资本筹措也都随之集中于纽约,此时纽约已成为国际最大的资本供给中心。

事件四:1950年朝鲜战争爆发,美国出兵干预,中国派兵抗美援朝。在此期间,美国冻结了中国在美存款。由于政治风险因素,东欧各国将美元转移到英国,欧洲美元开始兴盛。此外,美国国际收支赤字和利率支付监管更促进了欧洲美元市场的发展。

事件五:2008年,由华尔街引发的金融危机迅速扩散到全世界范围,2010年欧洲债务危机又开始蔓延,它们都导致了当前不景气的世界经济形势。而且短期来看,无论是纽约还是伦敦,它们都缺乏占领市场先机的资本。

11.3.3 案例总结

按照上文分析,伦敦和纽约金融中心之所以能够逃脱佛罗伦萨、热那亚、阿姆斯特丹等国际金融中心的衰落命运,可能是由于一些关键事件起了推动作用,而这些作用在路径依赖作用下又得到不断强化的结果。具体来说,伦敦和纽约金融中心的这种稳固国际地位,得益于如下关键事件的影响:

(1) 伦敦和纽约金融中心的比较分析显示,在早期,国际金融中心的形成、发展和完善与战争高度相关。在这里,战争具有两面性:一方面,它使某一金融中心停滞,甚至衰落;另一方面,战争给其他远离战火的国家创造了机会,它们可以借此发展本国经济,获取世界经济的重要地位,从而推动国际金融中心的迅速发展。

(2) 突变的技术革新、金融产品创新、对手的决策失误等,都是伦敦和纽约国际金融中心发展壮大的关键事件,如科技进步、固定利率制度的取消等是金融中心发展的内部关键事件,而诸如其他国家的资本管制和贸易保护等是金融中心发展的外部关键事件。

(3) 在经济全球化背景下,一国范围内的经济危机、金融危机会波及整个世界范围。在这种条件下,各个国家的市场波动具有一致性,因而没有金融中心能够独善其身。但是,一个国家通过基础设施建设、提升经济实力和自我竞争力,比其他国家先走出危机,就能够获得先机,从而吸引国际资本,推动本国金融中心的发展。

11.4 北京金融发展现状

前文指出,伦敦和纽约国际金融中心的崛起是各种因素综合作用的结果,它既表现为一种偶然过程,又体现为一种必然过程。之所以必然,主要是因为在金融中心的演进过程中,英国和美国一直保持着世界经济强国的地位。可见,任何一个金融中心的崛起,不能脱离国家或当地经济的强大支撑,东京、新加坡和香港金融中心的崛起也不例外。因此,关于北京金融中心的建设机遇和挑战分析,需要立足于中国经济及北京的经济金融现状而进行。

11.4.1 北京金融发展现状

如表 11-1 所示,北京市 2011 年 GDP 为 16 000.4 亿元,同比增长 8.1%。其中,第三产业实现增加值 12 119.8 亿元,增长率 8.6%,占 GDP 比重为 75.7%。第三产业中,金融业产值 2 055.0 亿元,增长率 4.4%,产值占 GDP 比率为 12.8%。在 2011 年证券市场成交额中,受股票市场行情影响,股票成交额下降,而债券交易额大幅增长。其中,股票成交额 61 743.2 亿元,下降 22.7%;基金成交额 1 494.8 亿元,下降 12.8%;债券成交额 15 275.3 亿元,增长 3.5 倍。但整体证券市场成交额比 2010 年减少将近 8 000 亿元。

表 11-1 2010—2011 北京市金融发展情况

北京市金融发展	2010 年	2011 年
GDP(亿元)	14 113.6	16 000.4
金融业增加值(亿元)	1 838.0	2 055.0
金融业增加值/GDP(%)	13.4	12.8

（续表）

北京市金融发展	2010 年	2011 年
存款余额（亿元）	66 584.6	75 001.9
贷款余额（亿元）	36 479.5	39 660.5
金融相关率（%）	7.3	7.2
证券市场各类证券成交额（亿元）	87 575.4	79 103.1
保费收入（亿元）	966.5	820.9

数据来源：《北京市金融运行报告》。

总之，在复杂多变的国际环境和调结构、转方式的国内大背景下，2011 年北京主导产业增长放缓、对房地产的调控抑制了房地产业的发展、汽车限购政策和北京去工业化转型影响了工商业发展，这使北京经济增速出现回调，增长率低于全国增速 9.2% 的平均水平。同时，北京的经济结构也出现了较大变化，更加注重信息服务业、文化创意产业等第三产业的发展，信息传输、计算机服务和软件业，租赁与商务服务业分别增长 22.9% 和 18.2%。

11.4.2 北京金融中心的特点

相对于上海、深圳金融中心，北京具有其独特优势。第一，由于一行三会（中国人民银行、中国银监会、中国证监会、中国保监会）的总部都设在北京，因此，北京自然是中央金融决策中心；第二，由于金融在任何国家都是一个受到高度监管的行业，而金融企业与监管机构的沟通特别重要，因此，作为金融监管机构总部聚集地，北京具有其他地区不可比拟的信息优势；第三，工农中建四家国有商业银行总部、大型证券公司如中金公司和中信证券等、基金公司如华夏基金总部均设在北京，而包括银行贷款、票据等一些信贷的审批权集中在商业银行总部，因此，作为金融机构总部聚集地，北京具有其他城市所不具备的总部优势；第四，我国的证券发行实施审批制而非注册制，如证券发行审批机构为证监会、企业债券的审批机构为国家发改委，这使北京集中了主要金融融资手段的审批权力。当然，相较于上海证券交易所从证券、期货、黄金到钻石的完备交易体系，于 1994 年成立的北京产权交易所目前专注于如下两个方面：一方面以规范和服务为原则，促进国有企业改制重组和国有产权有序流转；另一方面提供非公产权交易服务，改善以中关村高新技术企业为代表的中小企业融投资环境。

11.5 本章总结

根据本章分析,关键事件对伦敦和纽约国际金融中心的发展产生了关键影响,如今北京建设国际金融中心的机遇和挑战并存。因此,如何借鉴伦敦和纽约的成功案例,趋利避害,推动北京金融中心的建设,就显得十分必要。

和平与发展是当今时代的主题,大范围的战争和以发达国家为战场的战争很难出现,因此,借助战争推动北京金融中心建设的可能性非常小。当然,在发达国家对外战争中,如阿富汗战争、伊拉克战争、利比亚战争等,中国可以借西方发达国家拖累于战争泥沼的困境而大力发展本国经济、提升产品竞争力和输出资本,从而推动金融中心的建设。此外,通过技术革新、金融产品创新等突变因素以及水利、铁路、港口等基础设施兴建来推动城市及其金融中心发展的可能性也微乎其微。因此,北京金融中心的发展,必须立足于中国的综合国力、合理的经济结构、不断提升的企业自主创新能力、完善的金融体制、健全的市场经济体制、成熟的宏观经济调控体系和稳定的国内政治经济环境。

结合前文分析以及伦敦和纽约的发展现状——2008年次贷危机、纽约的"占领华尔街"运动、欧洲主权债务危机、日本经济疲软等使得欧美各国出现经济衰退,并拖累了金融市场的发展。在这种条件下,北京应抓住世界经济格局变动契机,把握关键事件,促成北京金融中心发展路径沿着超常规方向进行,从而缩小与纽约、伦敦金融中心之间的差距。具体来说,中国可以把握和运用如下关键事件,推动北京国际金融中心的建设:

第一,优化北京经济结构,推动经济可持续增长。从纽约的经验看,金融中心往往先是经济中心,其金融中心地位的几次腾飞,都与美国经济腾飞分不开。因此,北京市在去工业化进程中,必须加强第三产业建设,充分利用经济优势,保证经济的协调可持续发展。

第二,鼓励资本输出,投资国际市场。中国应抓住欧美经济低迷的时机,拓展我国企业在海外的市场。目前,欧美国家对中国的对外投资抱有警惕心理,因此需要中国强化对欧美的外交攻势,使其逐渐认识到中国投资所带来的实际利益。

第三,规则约束下的相机抉择政策。伦敦和纽约的经验表明,在合适的时机进行适当的刺激或紧缩,会有利于提升金融中心的国际地位。在当前证券市场低迷、经济形势不明朗的环境下,适当的贸易保护、投资刺激,会使北京的经济得到更快恢复,从而更具有竞争力。当然,相机抉择的政策选择必须受规则约束,而不是无约束的。

第四,推动金融体制改革,缓解小企业融资难问题。北京应多发挥金融审批的优势,以股权投资基金的形式,通过技术、资金、渠道的支持,帮助创新型企业发展,帮助小企业在全球经济复苏时期,进行市场的维护和扩张。

第五,逐步放开资本管制,推动人民币国际化进程。例如,证券方面,开放国际板,吸引国际公司到中国上市;债券方面,向欧洲发行人民币债券,推动人民币国际化。目前,中日双方的国家间合作已经显示出中国强化人民币影响力的战略选择。

第六,将北交所拓展为全国范围的产权交易中心。虽然北京没有公开的证券交易场所,但是其证券交易活跃程度在全国市场中占有重要地位。不过从发展趋势看,北京交易额占全国比率略有下降。无论如何,北京应积极抓住国家准备引入做市商制度这一时机,将北交所产权交易拓展到全国范围的科技领域,帮助企业融资,同时提升北京交易活力,弥补北京交易所竞争力不足的困境。

第12章　建立“十大中心”的建议与规划

北京作为首都，汇集了全国四大金融监督和管理机构，工农中建四家国有商业银行总行和多数股份制商业银行总行、四大资产管理公司总部、四大全国性保险公司总部、中国国债登记结算中心、中国金融业四大行业协会、中国证券期货登记计算中心。北京控制着全国80%左右的资金，聚集着80%以上银行、证券、保险、基金公司的总部，已是全国无可争议的金融管理中心、资金清算中心、资金调控中心。因此，为配合国家经济与金融产业的发展，北京需要合理规划与构建金融中心。

结合上文分析，本章将提出在北京市构建金融中心的具体建议与规划。围绕完善北京市金融中心、基础设施建设、人才培养与学术交流三大方面，提出以合理构建和完善十大中心为依托，推动北京市逐步向金融中心发展的可能路径。

12.1　构建金融中心的管理决策机制

北京市作为我国中央政府所在地，掌握我国金融市场的发展方向和命脉。人民银行、证监会、银监会、保监会等金融行业的重要监管机构均设立在北京，因此北京市是我国金融行业的重要管理决策中心。从金融产品的监管与审批的角度上看，北京市又是债券、证券、保险产品的研发与审批中心。监管决策中心与审批中心的角色，使北京市在构建金融中心的过程中具备了得天独厚的优势。

12.1.1　金融产品发行审批与监管中心

传统的金融中心理论中，金融中心是指聚集着银行、证券发行者和交易商，承担着资金交易中介和跨区域价值贮藏功能的中心区。由于中国金融市场化程度不高，许多金融交易或金融活动都需要通过政府的行政审批才可进行。

北京市目前高度集中了我国金融行业的重要决策管理、监管和审批机构,构成以一行三会为中心的核心监管体系,由央行进行金融市场的宏观调控与监管,由证监会、银监会、保监会及附属机构进行债券、证券、保险产品的研发与审批工作。这一监管体系对于增强银行、证券、保险三大市场的竞争能力、更大范围地防范金融风险起到非常重要的作用。

在北京市构建金融中心的进程中,需要强化其作为审批和监管中心的政策优势。优化金融监管环境则是重中之重。应当构建金融管理部门与地方政府之间更加科学合理的协调配合机制。支持中国人民银行、中国银监会、中国证监会、中国保监会完善监管设施,建设金融后台项目。支持人民银行营业管理部、北京银监局、北京证监局、北京保监局加强和改善监管,提升监管服务质量,形成科学有效、信息通畅、预警及时、监管到位的监管体系,创造公开、公平、公正的市场竞争环境和良好的金融生态环境。

12.1.2 金融业决策中心

金融街集中了中国人民银行、中国银监会、中国证监会、中国保监会等中国最高金融决策和监管机构,几乎所有有关中国金融的重大决策都在这里酝酿、讨论和最终形成。金融行业的稳定健康发展关系到一国经济发展的重要层面,这一行业在任何国家都是一个受到高度监管的行业,因此金融企业与监管机构的沟通特别重要。作为金融监管政策的诞生地,北京具有其他地区不可比拟的信息优势。

在北京市构建金融中心、推动我国金融市场稳定健康发展的进程中,应当充分发挥北京市的这一管理决策优势,培养审慎开放的监管理念,完善信息披露机制。加紧制定有关资本市场的有关法规,尽快完善各项实施细则和指导意见;充分发挥北京金融决策中心的角色,建立全面预防的预警机制与处置方案;借鉴新加坡内紧外松的管理方法,在培育宽松的金融投资环境时,对重点行业或项目采取审慎监管态度;坚持与时俱进,保持信息敏感性,及时更新世界先进的管理制度与理念信息,根据北京市本市具体情况采取相应措施;充分利用电子化、网络化的高科技手段,提高监管效率;培育独立的征信机构,完善信用信息数据库,塑造良好的信用环境;完善信息披露机制,充分利用信息平台,及时发布有关金融产品交易的相关数据和情况,实行交易情况报告制度,加强事前动态监控;提高监管过程中的透明度,加强对监管人员的监督,并尽快完善行业自律监管。

12.2 构建金融中心的基础设施

12.2.1 金融产业集聚中心

在全球化、信息化的宏观背景下,金融集聚现象是现代经济发展的必然结果和切实需要。金融产业集聚的高度发展形成了金融中心。所谓金融中心是指金融机构大量聚集、金融市场开放自由、金融信息运转流畅、金融体系健全高效的城市或地区。Gehrig(1998)①指出,向心因素和离心因素的相互博弈最终决定金融中心的产生。向心因素包括规模经济、信息溢出效应、市场流动性;离心因素包括市场进入成本、政治干涉及地方保护所造成的进入壁垒。上述向心因素往往由大规模金融企业集聚产生,当这些向心因素大于离心因素,也就是金融产业集聚发展到一定程度和水平时,才会形成金融中心。金融中心可根据金融机构的业务范围分为国内金融中心、区域性国际金融中心和全球性国际金融中心。

金融中心有利于金融企业进一步集聚。金融产业集聚是一个动态过程,当一个地区由于金融产业集聚高度发达而形成金融中心后,就会凭借其竞争优势形成强大的吸引力,从而吸引更多的金融机构迁往此地,进而促使该地区的金融产业集聚向更高的水平发展。金融中心对金融企业的吸引力主要体现在以下三个方面:一是外部经济效应,这主要表现为市场流动性的提高,知识和信息的溢出,融资和投资的便利,融资成本和投资风险的降低,以及配套产业的共享等;二是创新效应,金融企业的大量集聚会引发金融机构之间激烈的竞争,从而促使各种新技术和新知识不断涌现,而这些技术和知识创新的传播又迅速增强了当地金融企业的竞争力;三是政策效应,对于金融中心,政府一般都会加大投入,制定相关优惠政策,以吸引和保护金融企业,从而维持金融中心的持续繁荣和竞争力。

金融集聚的形成和发展不仅要求金融集聚区自身拥有良好的金融条件,还需要金融集聚区稳定宽松的政策环境和夯实的经济基础。北京作为中国的首都,具备了发展现代金融业的独特优势,且在政府的支持下,金融业已经成为北京经济的支柱产业和龙头产业。

但由于北京金融市场以及中国经济发展的限制等原因,北京金融体

① Gehrig T. Competing Markets[J]. European Economic Review, 1998, 42(2): 277—310.

系的成熟度还相对不足，需要从金融体系、经济实力、金融监管、政策扶持、人才补充、周边互动等六个方面来完善和促进金融集聚化、提高金融体系的效率和功能。这有利于北京发挥首都经济优势，加快产业结构调整升级，服务好民生，优化资源配置，促进经济又好又快发展，构建社会主义和谐社会。

12.2.2 金融信息数据集聚中心

北京不仅仅是全国金融决策中心、金融管理中心，还是我国金融统计数据和金融信息的汇总地和发布地。中国人民银行、财政部、国家统计局、国家信息中心、国务院发展研究中心、社科院等权威信息发布机构、研究机构和北京大学等经济领域知名学府的存在，使北京成为全国最大的经济和金融信息中心。另外，各类金融机构，如银行、投资银行、证券公司等的集聚效应也组成了相应的网络联系，进而能够迅速传递出资金动向、市场供需情况等各类信息。

目前，为顺应金融信息化的发展潮流，国内大型商业银行正在进行数据的集中和应用整合，目前，我国商业银行已经基本完成数据集中，国外大部分大型商业银行还建有多个数据中心，其集中整合的趋势也愈加明显。北京作为许多金融机构的总部所在地，自然而然成为数据集中整合的理想地点之一。目前我国大型商业银行中，工行、农行、中行、建行分别构建了数据集中工程，并将数据处理中心集中到北京或上海或在北京建设同城备份中心。数据大集中在我国金融信息化发展史上无疑是具有里程碑意义的大事件，极大地推动了银行管理体制的深刻变革和各项业务的创新发展，加快了银行核心竞争力的形成。

同时我国金融行业大数据中心目前仍然存在管理和维护成本高、计算机硬件和应急处置风险高、资源共享性差、利用效率有待提高、人才队伍尚不成熟等问题。但随着云计算技术的不断成熟、管理技术的不断提高，绿色、虚拟化、可用性和服务性强已经成为金融数据中心的发展趋势。北京市应当充分利用已有的资源和现有优势，扩大金融数据中心规模，提升数据中心的技术水平、管理水平、抗压能力，为北京市构建国际金融中心提供强有力的信息服务和数据支持。

12.2.3 金融机构总部物理中心——泛金融街

北京市金融街占地1.18平方公里，是北京市第一个大规模整体定向开发的金融产业功能区。金融街聚集了中国人民银行和中国银监会、中国证监会、中国保监会等金融监管部门及众多国内外大型金融机构和国企总部,是本市资金、技术、知识密集度最高,税收增长最快的地区之一,也是本市乃至全国一平方公里高端产业最聚集、创造价值最大的区域。

从金融行业的角度看,我国工、农、中、建四家商业银行占据了中国银行业业务总量的60%以上,它们的总部设在北京金融街。此外,中信集团、光大集团、国家开发银行、民生银行、华夏银行的总部都设在北京。由于三大保险公司(中国人寿、中国人保、中国再保险)的总部都设在北京,这说明70%以上中国保险业的资金由北京统一运作。当前各家银行都在建立集中的统一数据库,把整个银行的资金集中到总部统一运作,这说明中国银行业90%的信贷资金集中在北京地区。此外,大型证券公司的总部、中国证券登记结算公司、中国国债登记结算公司也在北京,北京成了全国最大的金融结算中心。金融街金融机构管理的金融资产总额巨大,控制着全国90%以上的信贷资金、65%的保费资金,每天的资金流量超过100亿元人民币。另外,特大型国有企业的总部绝大多数在北京,而国有资产的总量有一半以上由总部在北京的企业所控制。这些国有企业的经营活动需要完善的金融服务,为北京市建设金融中心提供了广阔的市场和发展空间。

随着金融产业的快速发展和金融街吸引力的不断增强,拓展金融街地区,进一步增强产业发展的承载能力成为必然。建立泛金融街区域,从拓展物理空间着手,进一步提升该区域的金融产业集中度,增加对周边区域的辐射力量,是构建北京市金融中心基础设施建设的重要物质基础。

12.2.4 金融学术研究与会议中心

北京市本身已经具备丰厚的人才储备和大量的金融研发机构。中国三分之一的高级计算机软件人才,近二分之一的高级智能系统集成人才,一半以上的半导体专家都在北京,北京拥有全国最多的高校和科研机构,具有独一无二的智力优势,北京金融研发中心的地位是其他城市所无法取代的。

北京聚集了全国最多的金融专业人才,硕士、博士学位人才的比例在几年间大幅上升,人才的聚集越来越向高层次、高标准方向发展。

金融中心的蓬勃发展和金融行业有效运行,需要高素质的金融及相关人才。北京应当加快金融、法律、外语等紧缺人才的培养,并针对人才缺口，加强校企合作、国际合作、教育培训等；此外，还应加快城市的基础设施建设，形成良好的生活和工作环境，吸引更多的国际型人才和专业型人才进京。更进一步地，应塑造良好的人才环境，重视人才、开放人才市场，建立人才激励机制，保留并重用人才。

北京市高校、研究所、科学院等高等学术研究机构云集，“211”高校19所，“985”高校13所。众多高校和研究机构，以及各类金融机构所设立的研究部门，使北京市成为金融学术理论和实践的研究中心。这些学术研究机构与各监管机构密切交流沟通，同时通过学术会议聚集全国各地的人才与资源，为金融学各个理论分支和金融行业各个领域的理论实践都提供了丰富的研究成果和实践指南，不断推动我国金融学理论体系的沿革与发展，并为我国金融行业的发展与探索提供理论支持。

在北京市构建国际金融中心的进程中，必须充分利用本地所有的学术研究资源，确立北京市金融学术研究与会议中心的地位，为北京市“去工业化”进程和金融中心的建设提供软支持。

12.3 构建金融中心的市场环境

北京作为一国政治中心，社会环境和谐稳定至关重要，因此不适合设立大规模的二级市场交易场所，如证券、期货交易所。但是仿效伦敦的发展经验，可以通过银行、保险、外汇等金融产品的交易中心，推动北京向国际金融中心的方向发展。也可以创建新型的金融市场，提高资金、资产的流动性，提升北京信息和服务腹地的作用，从而促进金融中心的建设。因此，结合北京市目前实体经济与金融行业的发展状况，北京适合设立交易规模不大、交易周期相对较长、市场风险相对较小的债券、产权、股权、碳汇等金融产品交易市场。

12.3.1 债券交易中心

我国债券的交易分为两类，一类在银行间债券市场进行，另一类在证券交易所进行。我国目前的债券品种主要包括国债、金融债、企业债和可转债以及央行票据，并在不同的交易场所发行与交易。银行间债券市场和交易所债券市场交叉的产品为国债，但并非所有国债产品都交叉挂牌，只有少数跨市场发行产品如此；金融债和央票主要在银行间市场发行和交易；企业债和可转债主要在交易所发行与交易；柜台市场则主要交易凭证式国债。

参与主体为商业银行、政策性银行、农村信用社、保险公司、基金公司、其他非银行金融机构大型企业;交易所债券市场参与者是证券公司、基金公司、保险公司、个人投资者。银行间债券市场在我国债券市场上的份额和影响力不断扩大。从 2011 年年底的数据来看,银行间债券托管量已达到 69 625.13 亿元,已占全部债券托管量的 94%;在二级市场交易量方面,2011 年银行间债券市场的现券交易量 677 585.53 亿元,占我国债券交易总量的 95.6%;银行间回购交易量达到 156 784 亿元,占回购交易总量的 87.1%。银行间债券市场已经逐步确立了其在我国债券市场中的主板地位。

银行间债券市场交易由央行公开市场操作,主要托管在中央国债登记结算公司;在交易所交易的债券则托管在中国证券登记结算公司上海与深圳分公司;柜台交易由中央国债登记结算公司通过商业银行进行二级托管。北京市是我国央行的所在地,加之银行间债券市场在我国债券市场所占据的主导地位,因此是名副其实的债券交易中心。债券市场是金融市场的重要组成部分,完善的债券市场将对一国财政规划和实体经济发展产生强大的推动力量。随着国债期货交易市场的启动,债券市场期、现货交易机制的完善,我国的债券市场的活跃性、流动性、定价功能等必将得到更大的提升和发挥。因此,要推进北京市构建国际金融中心的进程,就需要继续完善银行间债券交易市场的交易市场环境、优化监管机制,逐步审慎开放对债券发行和交易的管理和限制,进一步提升北京市作为债券交易中心的地位。

12.3.2 产权、PE 股权投资中心

产权市场作为国有产权转让的法定场所,能解决国有企业改制中的信息不透明、资产流失等复杂问题。产权市场通过充分发挥“投资人发现”和“价格发现”的两大功能,能积极推动国有产权的有序流转,并实现国有资产的保值和增值。非上市企业股权交易是产权市场未来的发展方向,企业再造、兼并重组等需要借助产权市场这个非上市股权交易的资本平台。

北京中关村地区汇聚了 17 000 多家高科技企业,有 60% 的企业资金不足,资金缺口在 1 000 亿元左右,80% 靠间接融资完成,甚至还有连间接融资也无法获得的成立时间较短的中小型高科技企业,仅靠间接融资无

法满足这些企业的资金需求。因此,在北京市设立产权、股权交易市场能够极大地推动高新科技企业的长期发展。股权交易市场能够在高科技中小企业成长过程中,为风险资本的相关投融资方提供一个集中的交易平台。北京产权交易所的主要功能定位于推动科技企业的股份制改造,加强未上市企业的股权管理以及促进非上市企业股权的交易。因此,进一步强化北京市作为产权、PE股权交易中心的地位,有助于推动国有企业股份制改革透明化运作,更有助于为高新科技企业开拓新的融资渠道、提升融资规模,完善北京市金融行业层次和体系,引导和促进北京市产业结构“去工业化”的发展进程。

12.3.3 碳交易中心

中国作为碳排放量大国与国际CDM市场交易活跃有直接关系。但是,近几年,碳排放交易在中国才开始。2008年8月5日,上海环境能源交易所作为国内首个环境能源交易平台宣告成立。在上海环境能源交易所成立半个小时之后,北京环境交易所正式在北京金融大街挂牌。9月25日,在天津滨海新区天津排放权交易所成立。同时间段,在北京、上海等地举行了碳交易峰会,该会是由民间推动的。碳排放交易开始在中国萌芽并活跃起来。我国的碳交易所都是依靠政府,不论是CDM项目,还是自愿减排交易的碳交易,数量和规模都是有一定限制的。可以说,上海环境能源交易所、北京环境交易所和天津排放权交易所当前处于碳交易所的初级状态。在此情况下,迫切需要通过完善碳交易所,探索碳排放交易的核查体系和监管体系,减少减排成本,提高减排效率,推动低碳发展。产业发展到一定程度就需要金融强有力的支撑,因而低碳产业振兴的关键点在于碳金融的支撑。

在北京市建立碳汇交易中心具有多方面优势。首先,北京作为中国首都具有独特的区位优势,且市场要素完整,国际买家、主要中介结构和企业都集中在这里,北京汇聚了总量60%以上的国有资产,而国有经济把握着我国经济的命脉,占据着能源开发、电网、水利等重要行业,参与者众多,碳交易潜在市场前景广阔。其次,北京有能够支持发展环境权益交易的相关金融衍生产品开发的、很好的金融资源;环交所在国内领先是由于北京市委、市政府的高度重视,作业团队与相关国家监管部门的高效率沟通;另外,人力资源的集中以及北京产权交易所的相关实践经验也促进了环境权益交易的形成。

2008 年,国家级环境权益交易机构之一——北京环境交易所在北京市金融街挂牌成立。目前许多发达国家都已经建立起自己的碳交易所,如果中国不能尽快建立交易所,将丧失碳交易的定价权,在国际竞争中处于被动地位。从国内外形势的发展趋势来看,中国最终会加入强制减排国家行列,国内企业适应这种刚性变化需要有一个市场机制来做出缓冲和适应,在北京环境交易所设立碳交易中心具有极高的可行性和必要性。

12.3.4 传统银行金融创新中心

商业银行创新内容按照商业银行创新内涵和商业银行的功能,大致可分为业务创新、组织创新、经营管理创新、银行监管创新以及技术创新五部分。

第一,业务创新。商业银行业务创新,是指商业银行通过在金融产品或服务、交易方式、交易手段,以及金融市场等方面的创造性活动,运用新思维、新方式和新技术,实现经营利润最大化的一系列经济行为和过程,即适时引进适合中国国情的新金融商品、新技术等;同时积极进行原创性创新活动,不断创造或改造出具有中国特色的金融商品。

第二,组织创新。商业银行组织创新,是指根据商业银行资源的情况和经济金融市场的需求,进行的针对其外部组织机构、内部组织结构有创意性的活动,还包括涉及商业银行组织管理的其他一系列经济行为和过程。因为中国是开放的市场经济,本研究应尽量弱化与西方商业银行组织创新之间的差异。考虑中国商业银行创新的目的和要求,商业银行的组织创新应该注意以下几点原则:一是符合客户的需求;二是符合业务创新的需求;三是强调以科技为核心;四是有助于信息采集、加工、研究、利用;五是有利于资源配置;六是精简高效。

第三,经营管理创新。商业银行管理创新是指商业银行利用先进的管理理念、制度、方法,实现了健康有序、有效和高效的管理效率,提高管理效率,同时树立了良好的企业形象,以及针对商业银行经营管理的一系列经济行为和过程。在营销理念、体制、传导机制等方面借鉴工商企业的经营管理战略和策略而推陈出新。遵循以客户为中心,以市场为导向,以风险控制为保障的市场化经营管理机制。

第四,银行监管创新。商业银行监管创新是指商业银行与金融监管的博弈,一般是指金融监管当局利用规范来约束商业银行的创新活动,并产生新法律、新规则和新操作规程等具有制度性和结构性的创新活动,总的来说是商业银行为了克服金融监管而进行的创新活动。从商业银行监管创新的角度来看，它主要包括国内金融管制、银行业互律、银行自律和国际金融监管协调等创新活动。

第五，技术创新。知识经济时代，先进的计算机和通信网络、高度发达的信息服务系统确保了商业银行综合性、高容量地进行业务创新。这使得商业银行提供的产品更新换代快，成本越来越低，价格下降呈几何级数，银行的组织形态、科学的管理、人员素质、信息网络、服务标准，甚至经营方式和理念将受到强大的影响力。自动化、电子化、网络化和虚拟化的银行服务最终将上升为新的商业银行代表。这就是说，谁的技术领先，谁有高科技的金融产品，谁有广泛的服务，谁的业务方便客户接受，谁就将抢得市场先机，赢得竞争主动权。

1. 传统银行金融创新动因

根据西尔伯（Silber）的金融创新诱致假说，金融创新是指为了在微观上寻求利润最大化，为了减少外部环境对金融组织产生的金融影响，金融组织采取的自我保卫行为。商业银行只有提高金融创新的动力，才能成为利润最大化的追求主体。因此我国金融创新一个至关重要的因素就是对银行的改革，我国商业银行进行金融创新的根本内因是体制改革的成功实施。进入21世纪以来，鉴于内部、外部环境的双重压力，国有商业银行都加强了银行股份制改革。同时，三大政策性银行也加大了内部改革的力度。主要的14家商业银行都已经上市，成功完成了股权多元化，银行业改革取得了突破性进展。

同时，我国金融脱媒的趋势日趋明显。2013年，我国直接融资规模占比仅10%左右。但在西方发达国家，直接融资与间接融资的比例为7∶3左右。由此对比，我国金融脱媒继续深化的可能性很大。而这也将导致一部分银行资金转向收益率较高的资本市场；企业股权融资、短期融资券和企业债券将会挤压银行在融资市场上的份额。同时，反过来，金融脱媒也是银行金融创新的动力和机遇。第一，加大了大客户直接融资比例，降低了对银行的依赖程度，在为大客户提供具有吸引力的新产品的时候，银行又创新性提出了中小企业客户融资产品，使客户结构多元化；第二，直接融资给商业银行带来了许多发展中间业务的机会，通过发展银证合作、财务顾问、投资银行、公司理财等中间业务产品创新提高了非利息收入。

阿罗（Arrow）在他建立的阿罗模型中证明了创新激励在竞争条件下

大于在垄断条件下。进入 21 世纪以来,国内银行之间产生了越来越激烈的竞争。国有商业银行在市场上的份额有所降低;政策性银行加快了商业化进程;股份制银行市场份额呈现上升趋势;将收购城市商业银行中实力比较弱的银行,实力比较强的将实现跨区域发展;外资银行得到了国民待遇,取消了在境内经营人民币业务的地域和客户限制。不断增多的行业新进入者和快速发展的新兴银行极大地提升了行业竞争程度,市场竞争的加剧使银行产品创新达到了白热化。

制度创新论的代表人物戴维斯(L. E. Davies)、塞拉(R. Scylla)、诺斯(D. North)等认为金融创新与社会经济制度有紧密相关性。归纳起来,我国金融制度的改革主要有三个方面:一是利率体制改革——其核心是利率市场化。2007 年上海银行间同业拆放利率(Shibor)的推出大大加速了我国利率市场化进程。利率管制的逐步放开,让商业银行在定价方面有了更多的自主权,在积极利用金融创新进行资产负债管理方面,也对商业银行提出了新的要求。二是汇率体制改革——2005 年 7 月 21 日,我国开始实行以市场供求为基础、参考一篮子货币进行调节、有管理的浮动汇率制度,2010 年 6 月 17 日,进一步深化人民币汇率形成机制的改革,加强了人民币汇率的弹性。三是人民币国际化——随着中国与东盟国家及内地与港澳地区经济和贸易关系的迅速发展以及国际金融危机的出现,以人民币当作支付手段的需求越来越大,我国逐步加快跨境人民币结算的步伐,这亦为商业银行跨境人民币金融创新的快速启动奠定了坚实的基础。

2. 建立金融创新中心的可行性

北京经济连续十年保持两位数增长,2010 年已达到 12 153.0 亿元。按照世界银行划分的富裕程度的标准,2009 年北京已经跨入中等富裕城市行列。同时,北京随着金融产业结构不断优化,第三产业占生产总值的比重逐年提高,截至 2011 年,第三产业占生产总值的比重已达到 76.1%,北京已形成了以生产性服务业为主,智力型、知识性的现代服务体系。雄厚的经济实力为在北京建立金融创新中心提供了可能。

同时,北京是天然的金融监管中心、金融信息中心、金融决策中心、资金调度中心、资金清算中心。国内金融机构的总部、分支机构、金融监管机构与结算机关云集在北京,2009 年,北京地区已有跨国公司地区总部 224 家,跨国公司的投资性公司 165 家;国资委管理的 136 家大型企业集团中,有 104 家企业总部设在北京。《财富》全球 500 强中有 26 家企业总部在北京。全国国有大企业总部也集中在北京。高度集中的银行体系和企业总部资金统一集中运作模式所带动的资金流,同样是北京成为国际金融中心的有力支撑。

强大的科研资源也是北京建立传统银行金融创新中心的重要因素之一。北京汇聚了全国1/3以上的科研机构和优秀人才。到2005年年底为止,北京地区拥有以中科院为代表的政府科研院所267家,国家重点实验室66个,中国科学院院士400人,中国工程院院士307人,两院院士占全国50%以上。2006年,以清华、北大为代表的高等院校82所,普通本专科在校学生有55.5万人,研究生有17.8万人。

3. 建立银行金融创新中心的作用

北京建立银行金融创新中心的积极作用可以从对经济社会产生的效用和对商业银行自身发展的影响等方面进行考察。

第一,提高效益和效率。商业银行在激烈竞争中不断推出新的金融产品、金融交易手段和方式,加大市场交易量,如果商业银行总业务收入增长,它们降低了各种金融交易的直接成本。另一方面因为商业银行创新提供了一个多功能、多元化和高效率的金融产品或服务,所以金融消费者有了更多的选择,消费者的偏好将被激活,而金融交易的活跃必然导致成交率上升,从而降低交易的机会成本。此外,许多商业银行的创新也具有降低交易的风险成本,增加相对投资收益的优势,从而吸引更多的消费者进入金融市场。这些创新活动的叠加过程导致社会总成本的不断下降,从而使社会资源得到更有效的配置。

第二,促进自身发展。商业银行创新提高了经营管理水平。商业银行的效率可以从市场价格、交易品种、风险状况、交易成本等方面来进行估算。受信息不对称的影响,在金融市场中,交易过程产生了巨大的摩擦,从而增大了交易费用。交易成本差距越大,也就是金融市场效率越差,商业银行运作效率也就越差。一方面,创新就是用增加金融市场的交易品种和交易方式的方法来提高交易效率,降低交易成本,促进金融市场交易的有效推进,从而达到自身经营效率的提高;另一方面,商业银行创新活动的大量进行,有效推进了商业银行经营管理向更高、更深层次的发展,促使商业银行在经营管理过程中更注重考核经营成果,更突出电子化经营手段,更关心控制财务成本,更合理安排组织机构,更讲究运用激励机制,并希望由此实现利润最大化。

商业银行创新拓展了其经营范围。20世纪70年代后,因为科学技术的进步,以及金融的自由化、国际化、电子化,创新涉及商业银行金融领域的绝大部分方面。从金融商品方面看,产生了期权、期货、货币掉期、利率掉期、债务掉期等金融衍生产品;从交易方式方面看,产生了银团贷款、欧洲票据、可转让贷款证券等新的交易方式;从操作手段方面看,产生了电话银行、银行信用卡、自动出纳机、自动清算所、电子转账系统等;从业务范围方面看,摆脱了商业银行传统业务,开展了投资银行业务、保险业务以及信托业务;从组织结构方面看,出现了虚拟银行、传统银行、金融百货公司、国际银行等;从经营管理内容方面看,有资产管理、资产负债表外管理、资产负债比例管理、负债管理和市场营销管理相呼应。

创新使得商业银行业务多元化,随着业务的快速发展,商业银行业务收入呈大幅增长,营业成本随着业务量的增长趋于下降。发达国家的经验表明了这一点。

创新提升了商业银行承受个别风险的能力,尤其是通过设计各种避险性金融工具和交易的新技术,具有较强的个别风险排除功能。创新也可以实现商业银行风险分散或降低个别银行的风险敞口。商业银行不断创新,既满足了经济社会多样化的金融产品需求,同时也分散了自身经营的风险,也就是从经营的分散化过程中使得风险降低。

12.4 本章总结

纵观世界上国际金融中心发展的历程,无外乎有两种模式:一种是自然形成模式,这种模式是随着贸易和经济的发展,在某一地区形成一个区域性的经济中心,然后逐步发展成为全国性的金融中心,随着国际交往的不断加深,又逐步形成国际性金融中心,如伦敦、纽约等。另一种是政府主导模式,这种模式是指在经济尚未发展到特定水平的情况下,利用该地区的某一优势,由政府推动形成金融中心,如新加坡、迪拜等。

结合北京市实体经济与金融行业现状,其发展更接近第二种金融中心形成的情况,在已经具备较强的经济和产业基础上,由政府推动,提供优惠政策和良好的制度环境,加快产业结构的"去工业化"调整,促进第三产业的稳定健康发展,从而推进北京十大金融体系的构建与完善,使其发展成为国际金融中心。

第13章　结论和建议

13.1　结　　论

本研究以北京为例研究“去工业化”的都市金融中心构建。政府主导下的产业结构调整使大批落后产能和高污染、高能耗的工业企业搬离北京，从而推动了第三产业尤其是金融业的规模经济优势和集聚效应。但是，随着北京金融中心构建过程的逐步深入以及金融业企业的不断聚集，必然会对原有的传统制造业企业和重工业企业形成挤出效应：一方面，金融中心的构建会加快经济重心从制造业转向服务业，对传统制造业构成直接冲击；另一方面，金融中心的构建促使租金提升，间接地加重了第二产业的企业负担。也就是说，这样的一个“去工业化”过程，在某种程度上导致北京的GDP增长速度存在下降压力。尤其是依靠目前北京市乃至中国的经济发展水平，北京市构建金融中心的条件是否成熟尚需仔细研究，否则，政府主导的金融中心构建将使北京的都市发展出现问题，而经济能否承担得起这些问题是攸关北京金融中心建设成败的重要因素。

针对这些问题，本研究依据产业结构演进和优化理论、产业选择理论、产业集聚理论、区域金融学、路径依赖理论和国际金融中心分类理论，通过对国内外金融中心地理环境、经济环境、历史因素、金融发展程度的比较分析，研究了北京金融产业集聚模式，探索了其集聚效应。在此基础上，利用最新数据实证分析北京第三产业及金融业集聚程度、北京金融业投入产出效率状况、北京金融业对其经济增长的贡献度，确定了北京的显著优势产业、潜在优势产业和比较劣势产业，提出了北京构建金融中心的策略选择和潜在政策建议。

总览全文，可以得出以下几条结论：

第一，基于查阅文献研究金融中心构建的一般理论，定位本研究的重点在于从产业结构变迁的视角研究北京构建金融中心的路径，着重将产业结构理论与金融中心构建理论相结合,同时针对现有研究中较缺乏的定量实证研究,力求设计出一个良好的指标和评价体系,进而分析北京建设金融中心的效应。

第二,本研究分阶段考察了农业时代、商业革命时期、工业化早期、工业化成熟和后工业化时代的金融中心演进过程,从中发现:世界金融中心的形成多与战争等因素相关,战争的爆发使某一金融中心发展停滞,却给其他的金融中心得到蓬勃发展的机会。战争之外的国家可以抓住机遇发展本国经济,获取世界经济的重要地位,在此基础上,形成金融的纽带。从金融中心的发展进程和路径来看,突变的革新、渐变的发展与积累、对手的决策等,都是它们一步步发展壮大不可缺少的因素,如科技贸易的发展、港口的形成、战后宽松的环境、固定利率制度的取消等是金融中心发展的内生动力;再如对手国家的贸易保护、紧缩政策等是金融中心发展的外生动力。从历史角度看,当世界范围发生经济危机、金融危机时,某一金融中心很难从中获取自身发展的机会。全球经济增长会全面放缓,随后各国会通过管制等手段促进本国经济发展,从而恢复金融中心的地位。在这种路径下,不同金融中心的经济金融波动是同方向的,某一金融中心的地位很难获得提升,从而超越其他金融中心。但是可以凭借比其他国家先走出危机的方式,获得有利地位;也可以利用其他国家实施的资本管制与保护,吸引国际资本。

第三,通过对北京与上海、香港、东京等其他金融中心的比较分析发现,北京具有其独特优势。首先,与上海相比,北京是中央金融决策中心,金融监管机构总部聚集地,很多商业银行总部、大型证券公司如中金公司和中信证券等,基金公司如华夏基金,总部均设在北京,北京具有上海所不具备的总部优势。此外,由于证券行业的上市审批和登记结算均在北京进行,北京实际上承担了证券业功能中心的职能。其次,北京的经济和金融市场较香港更有增长的潜力,但金融中心的规模要小,市场结构不完整,缺少配套的基础设施。同时,北京金融市场吸引外资的能力还有待增强。最后,北京和东京在建设金融中心的过程中,必须将金融中心对国内地区的辐射效应以及整个国家对于世界的经济影响力乃至政治影响力纳入考虑范围。

与上海和香港相比,北京也有其劣势。一是从历史发展的角度讲,北京不具备上海的历史沉淀。二是从地理位置角度讲,上海是中国最大的港口城市,依附长三角地区发达的经济,进行金融发展,北京则不具备此地理优势。三是从发展现状角度讲，上海金融业发展水平居全国前列，北京虽然有北交所，但是其地位远不及上海完备的交易体系。

第四，对于存在的问题，进行北京市产业结构与经济发展的实证研究。结果表明，北京市劳动生产率最低的是第一产业，第一产业的份额也已经很低，而第二和第三产业的劳动生产率大致相同。第一产业和第二产业对经济增长的贡献均为逐渐减弱的趋势，而第三产业的贡献逐渐增强。北京需要深入到三大产业内部的行业间结构，重视各大产业，尤其是第二产业、第三产业内部各个行业之间的协调发展，通过调整和优化三大产业内部的细分行业结构，进而推动北京经济的后续增长。产业结构调整的政策取向已经让位于技术进步的力量，如对高新技术产业的支持，这势必创造一个新的经济增长点。

第五，在现有的资源禀赋条件下，相对于批发与零售等潜在优势行业以及交通运输、仓储和邮政业等比较劣势行业，北京市在科学研究、技术服务与地质勘查业，租赁和商务服务业，信息传输、计算机服务和软件业，以及金融业发展方面具有显著比较优势。因此，这些行业应成为北京市的先导产业或支柱产业。尤其是在国家加快培育和发展战略新兴产业的背景下，金融业在产业发展中的重要性更加凸显出来。因此，北京应加快金融资源与其他行业的融合，加大行业之间的联系，进而发挥金融业对北京市其他行业的带动作用。

第六，金融业在产业发展中的重要性尤为突出，因此本研究又对北京市金融业投入产出效率做出实证分析。总体来看，北京市金融业投入产出效率基本达到最佳状态。我们需要做的是加快金融资源与其他行业的相互融合、相互促进，实现虚拟经济与实体经济的平衡发展，充分发挥北京市金融业的辐射作用，带动周边地区经济发展，注重政府引导，不断完善金融业结构。

第七，北京市金融发展对经济增长具有显著的促进作用，但是银行业、证券市场和保险市场对经济增长的影响程度不一。北京市的银行业发展和证券市场发展是经济增长的格兰杰原因，保险市场发展不是经济增长的格兰杰原因。我们应该以银行业为主导，创建宽松的金融政策环境，渐进式地推动金融中心建设。

第八，金融发展的程度掣肘着经济的发展，总的来讲，金融审批权的存在，既会促进部分产业的发展，又会对公共福利造成负面影响。就其促进的产业来看，金融审批权对产业经济中的餐饮住宿业和商业服务业有正向作用。但是,对第三产业中的社会福利有负向作用。因此,应该深化利率市场化改革,减少信贷审批环节的金融租金。推进证券发行改革,分散证监会在股票、公司债券发行中过度集中的审批权。拓展运行渠道,减少保险、基金业的租金。注重金融市场化建设,减少金融审批权造成的产业结构畸形化发展及其福利损失。

第九,研究伦敦和纽约国际金融中心的发展,发现关键事件产生了关键影响。在发达国家对外战争中,如阿富汗战争、伊拉克战争、利比亚战争等,中国可以借西方发达国家拖累于战争泥沼的困境而大力发展本国经济、提升产品竞争力和输出资本,抓住世界经济格局变动契机,把握关键事件,促成北京金融中心发展路径沿着 NP 方向进行,从而缩小与纽约、伦敦金融中心之间的差距。

第十,本研究首次提出了构建十大金融中心的设想。这十大金融中心是:金融产品发行审批与监管中心,金融决策中心,金融产业集聚中心,金融信息数据集聚中心,金融机构总部物理中心,金融学术研究与会议中心,债券交易中心,产权和 PE 股权投资中心,碳交易中心,传统银行金融创新中心。根据北京的特点,本研究指出了北京金融中心构建中需要剔除的部分,如证券、期货交易等,从而避免由市场波动所引发的突发事件及政治稳定性影响。

结合北京市实体经济与金融行业现状,其发展更接近政府主导模式金融中心形成的情况,在已经具备较强的经济和产业基础的情况下,由政府推动,提供优惠政策和良好的制度环境,加快产业结构的“去工业化”调整,促进第三产业的稳定健康发展,从而推进北京十大金融中心的构建与完善,使其发展成为国际金融中心。

13.2 建　　议

根据对北京市金融业运行效率的实证分析,本研究得到如下启示:第一,加快金融资源与其他行业的相互融合、相互促进,实现虚拟经济与实体经济的平衡发展。第二,充分发挥北京市金融业的辐射作用,带动周边地区经济发展。第三,注重政府引导,不断完善金融业结构。第四,地区和行业间的实证结果表明,金融业与产业政策、宏观经济都有很大的联系,因此,政府在其中可以担任重要角色,如以政策、机遇吸引金融人才,完善金融法律环境,加强监督和管理,不断完善金融业结构。

从对北京市金融发展与经济增长相关性的分析中得了如下政策建议:第一,以银行业为主导,渐进式地推动金融中心建设。第二,北京市应当注重完善金融市场体系建设,进一步拓宽新的领域,譬如票据市场、产权市场、债券市场、衍生品市场。同时,依托中关村科技园区,积极推动产业投资、创业投资等股权投资市场发展。第三,政府应创建宽松的金融政策环境,提高金融市场的开放程度和自由度,从而促进我国金融市场的发展。

为了将北京建设成为国际金融中心,中国应该掌握和运用以下六个重要事项:第一,在工业化进程中,北京必须加强对第三产业的建设,使经济优势得到充分发挥,确保经济的协调可持续发展。第二,中国应借欧美经济下滑之机,扩大我们在海外市场的业务。第三,鉴于目前证券市场不好、经济形势不确定,通过对贸易进行适当的保护、以投资拉动经济,北京将获得更快的经济复苏,从而更具竞争力。当然,必须利用规则对相机抉择的政策选择进行约束,而不是任意进行。第四,北京应该利用金融审批的长处,利用股权投资基金,利用技术、资金、渠道,并帮助创新型企业发展,在全球经济复苏的时候,帮助小企业进行市场维护和扩展。第五,资本管制的逐步开放,推动人民币国际化的进程。例如,对于证券,开放国际板,促使国际公司在中国上市;对于债券,在欧洲发行人民币债券,推动人民币国际化。第六,中国准备引进做市商制度,北京应积极抓住这一机遇,将北交所产权交易扩大到全国的科学和技术领域,帮助企业融资,同时提高北京的交易活跃度,使北京解决竞争力较弱的问题。

北京还需要从如下几个方面降低审批金融中的租金:第一,深化利率市场化改革,减少信贷审批环节的金融租金。中国人民银行应该建立更完善的调控框架和实施步骤,探索适合中国国情的公开市场操作工具、目标利率选择等一系列重要制度安排。第二,推进证券发行改革,分散证监会在股票、公司债券发行中过度集中的审批权。长期来看,监管层要持续推行发行制度的改革,注重对股权文化的培育和投资人风险的教育,以及相关法规制度环境的改善。在短期,监管层应注重加强买方和发行机构承销机构的责任,继续完善证券市场信息披露问题和定价问题。第三,拓展运行渠道,减少保险、基金业的租金。在证券市场行情不理想的情况下,银行作为基金公司重要的销售渠道,成为基金公司销售所争先抢占的重要资源。但是,银行更倾向于推销理财产品而非基金产品,结果基金公司为了维持基金规模,赚取管理费,不得不积极寻租,为银行支付巨额寻租成本。对此,需要建立如基金超市等第三方销售机构,使竞争更加自由化,减少银行和券商单一销售渠道下的租金。

本研究针对北京金融业发展中的优势和劣势,提出了北京构建金融中心的策略选择和潜在政策建议,包括借鉴伦敦和纽约金融中心崛起的成功经验,利用关键事件促成北京金融中心的建设。本研究围绕完善北京市金融中心、基础设施建设、人才培养与学术交流三大方面,提出以构建和完善“十大中心”为依托,推动北京市逐步向金融中心发展趋近,同时指出,在淘汰低端制造业、推动产业结构升级和构建金融中心的过程中,不能放弃高端制造业,否则就会出现产业空心化问题,这不仅会抵消金融产业的集聚效应和规模效应,而且可能引发严重的社会问题。唯有如此,才能构建全新的产业结构体系,促进北京经济可持续、健康的发展。